新しい✦行政不服審査制度

橋本博之・青木 丈・植山克郎 著

弘文堂

はしがき

平成26年６月、52年振りに現行法を全部改正する新しい「行政不服審査法」が成立した。これにより、行政救済手続の一般法である行政不服審査法は、文字通り一新される。同時に、「行政不服審査法の施行に伴う関係法律の整備等に関する法律」および「行政手続法の一部を改正する法律」も成立し、前者は、新しい行政不服審査法の施行に伴って改正が必要となる361本の法律を一括して改正し、後者は、行政不服審査制度の改正に合わせて国民の救済手段の充実・拡大を図るべく、行政手続法の一部改正を施している。これら３つの法律が相まって、わが国の行政不服審査制度は、国民の目線に立った簡易迅速かつ公正な行政救済手続に転換することが期待される。

新しい行政不服審査制度は、わが国の行政救済システムのあり方に、画期的な変革をもたらし得るものである。本書は、今回の法改正のもつ重要な意義に鑑み、新行政不服審査法を中心とする法制度改革の全体像について、可能な限り詳細かつ客観的に分かりやすく解説し、公務員や法律実務家はもとより、広く国民一般の理解に資することを願って執筆された。

本書は、以下の３部から構成されている。

第１部は、行政不服審査法関連３法の全体を概観し、その意義を解説する。本書の「総論」に相当し、行政法研究者の立場から、橋本博之が執筆を担当した。行政不服審査法関連３法の基本構造、その制度趣旨、将来に向けた検討課題が浮き彫りとなるよう、骨太の解説を心掛けて執筆されている。

第２部は、新行政不服審査法の逐条解説である。全87条から成る本則および全６条から成る附則について、総務省の立法担当として関わった植山克郎氏が基礎となる詳細な原稿を作成し、橋本が形式面を中心に補訂するかたちで執筆が進められた。新法の立法趣旨を精確に理解し、その解釈運用に方向性を与えるために不可欠な、信頼に足る逐条解説として、大方の利便に資するものと確信している。なお、上記箇所の引用等に際しては、橋本・植山の共著として扱われることを乞う。

第2部「補論」は、新行政不服審査法の国会審議にあたり、衆参両院により附された附帯決議について、青木丈氏が詳細に解説を加えている。税理士である青木氏は、内閣府および総務省に民間登用され、特に総務省企画官として行政不服審査法関連3法の立案にも深く関わった。新法の解釈運用の方向性を画するものとして、各位に読み解いていただけると幸いである。

第3部では、行政不服審査法の全部改正に伴う国税通則法改正を軸とする国税不服申立てに関する制度改革について、解説する。行政不服審査制度の改正について、手続の一般法の部分を抽象的に捉えるだけでは、何がどのように改革され、どのように使いこなせばよいか、具体的理解に至るのは困難である。そこで、第3部では、国民生活との関係で重要度の高い国税不服申立てに光をあて、立法過程と租税実務の両面に精通された青木氏に、解説を依頼することとした。納税者救済手続に関する分かりやすい解説は、今回の制度改革の具体的・立体的な理解に不可欠なものとなろう。

以上の全体を通して、本書は、新しい行政不服審査制度が実務上十分に定着・機能し、その結果として、わが国の法治行政が深化・発展することに寄与するものと信ずる。本書の趣旨に賛同し、短い期間に充実した原稿を寄せていただいた青木氏、植山氏には、厚く御礼を申し上げる。

本書の企画は、総務省行政管理局長の上村進氏の尽力の賜物である。この場を借りて、上村氏からの貴重な支援・協力に、深く感謝申し上げる。また、本書の編集作業については、弘文堂の清水千香氏にお世話になった。記して謝意を表する。

2014年10月

橋本　博之

新しい行政不服審査制度●CONTENTS

第2部　行政不服審査法（平成26年法律第68号）逐条解説

第3部　改正国税通則法の解説

凡　　例

1　法令名・条文

法令名・条文の引用については、下記略語に従うほか、大方の慣例による。

2　判例

判例の表記は次の例によるほか、一般の慣例による。

最判昭和36・7・21民集15巻7号1966頁

＝最高裁判所昭和36年7月21日判決最高裁判所民事判例集15巻7号1966頁

3　法令等の略語

新法（新行審法）	行政不服審査法（平成26年法律第68号）
旧法（旧行審法）	行政不服審査法（昭和37年法律第160号）
整備法	行政不服審査法の施行に伴う関係法律の整備等に関する法律（平成26年法律第69号）
行手法	行政手続法（平成5年法律第88号）
改正行手法	行政手続法の一部を改正する法律（平成26年法律第70号）
行訴法	行政事件訴訟法
改正国通法	行政不服審査法の施行に伴う関係法律の整備等に関する法律（平成26年法律第69号99条により改正された国税通則法）
現行国通法	国税通則法（昭和37年法律第66号）

4　文献等の略語

小林	小林久起『行政事件訴訟法』（商事法務・2004）
塩野・行政法Ⅱ	塩野　宏『行政法〔第5版補訂版〕』（有斐閣・2013）
杉本	杉本良吉『行政事件訴訟法の解説』（法曹会・1963）
田中＝加藤	田中真次＝加藤泰守『行政不服審査法解説〔改訂版〕』（日本評論社・1977）
南＝小高	南博方＝小高剛『全訂 注釈行政不服審査法』（第一法規・1988）

第１部　行政不服審査制度の改革

1　はじめに

1-1　行政不服審査法関連3法の成立

平成26年6月6日、第186回国会において、行政不服審査制度に関連する3つの法案（行政不服審査法案・行政不服審査法の施行に伴う関係法律の整備に関する法律案・行政手続法の一部を改正する法律案）が成立した。これらは、同月13日に、行政不服審査法（平成26年法律第68号。以下、「新法」という）、行政不服審査法の施行に伴う関係法律の整備等に関する法律（平成26年法律第69号。以下、「整備法」という）、行政手続法の一部を改正する法律（平成26年法律第70号。以下、「改正行手法」という）として公布された。なかでも、新法は、現行法（以下、「旧法」という[1)]）を52年ぶりに全部改正するものであり、新法の施行により行政不服審査制度は一新される[2)]。

行政不服審査制度は、国民が、行政庁による公権力の行使（処分）につき、行政機関に対して不服を申し立てる手続である。処分をする前の事前手続（事前手続に関する一般法が行手法である）に対し、処分がなされた後の事後救済手続ということになる。従前から、行審法は、違法・不当な行政作用により国民の権利利益が侵害された場合に、その是正と当該国民の救済を図るため、行政過程の中に組み込まれた事後救済手続の典型と位置付けられるものであったが、後述するように、多くの課題が指摘される現状があった。新法をはじめとする今回の改革は、わが国の行政救済制度にとって画期的な事柄である。これら3法が円滑に施行され、国民目線に立った行政不服審査制度として十分に機能し、法治行政のレベル向上のツールとして定着することが期待される。

上記と関連して、同じ第186回国会では、行政書士法の一部を改正する法律（平成26年法律第89号）が、衆議院総務委員長提出法案として成立した。これにより、行政書士法には、日本行政書士会連合会の会則に基づいて実施される研修の課程を修了した「特定行政書士」に、行政書士が作成した官公署への提出

1）　新法の施行日までは、「旧法」が現行法であるが、叙述の便宜上、旧法と略す。

2）　今回の制度改革の概要とその評価について、橋本博之「行政不服審査法の改正について」慶應法学30号（2014）103頁以下。

書類に係る許認可等に関する不服申立手続について、代理権等を認める規定が置かれることとなった[3)]。これを受けて、一定の法的能力を担保された行政書士が行政不服審査制度を適切に運用するならば、国民にとって行政不服審査制度を利用する際の敷居が低くなり、わが国の行政救済制度の機能向上に資することになろう[4)]。

1-2　経緯

旧法（昭和37年法律第160号）は、行政上の不服申立手続に関する一般法として、前身である訴願法（明治23年法律第105号）を廃止の上（旧法附則２項）、制定された。旧法は、昭和37年10月の施行から50年以上、実質的な改革がされないまま適用されてきた。その間、行政不服審査制度について、①個別法によるものを含め制度・手続が複雑で、国民にとって必ずしも使いやすくない、②手続の簡易迅速性や、行政裁量に踏み込んだ当不当の審査等、行政不服審査制度のメリットが十分生かされていない等の欠陥が指摘される一方、処分に係る事前手続を定めた行手法の制定（平成５年）、国民の権利利益の実効的救済を趣旨とする行訴法改正（平成16年）など、行政不服審査制度と密接に関連する法制度改革が進行した。また、情報公開法および行政機関個人情報保護法は、不服申立てについて、情報公開・個人情報保護審査会への諮問を経由してインカメラ審理等を行い、その答申を尊重させる仕組みを導入して、客観的・合理的な紛争解決を可能にする手続上の工夫を図り、実務上の蓄積を見るに至った。

このような状況下[5)]、平成20年、旧法の全部を改正する法案（整備法案・改正行手法案を含む）が閣議決定され、国会に提出された（以下、「20年法案」という[6)]）。20年法案は翌年に廃案となり、その後誕生した民主党を中心とする政権

3）　阿部泰隆「行政書士の行政不服申立代理権、法改正で導入」自治実務セミナー53巻９号（2014）11頁。なお、同10号（2014）11頁に、訂正が記載されている。

4）　行政不服審査制度のユーザーという観点の重要性について、橋本博之「行政不服審査法案について」慶應法学15＝16号（2010）38頁。

5）　行政不服審査法改正プロセスの意義について、塩野・行政法II　37頁以下。新法に至る立法過程全体の評価について、櫻井敬子「行政不服審査制度改革」自治実務セミナー53巻10号（2014）12頁以下。

6）　20年法案の策定過程について、文献引用を含め、高橋滋「行政不服審査制度検討会最終報告の概要」自治研究84巻２号（2008）３頁以下。20年法案の理論的課題について、福家俊朗ほか編

の下で、旧法の全部改正、個別法による不服申立前置の包括的見直し等に向けた検討作業が進められたが、法案策定には至らなかった[7)]。平成26年、現在の自民党・公明党連立政権は、20年法案の基本構造をほぼそのまま維持しつつも、それ以降の議論を一定程度反映させた法案を策定し、国会に提出した[8)]。同法案は、国会審議において、附則に係る修正がされ、さらに附帯決議を付した上で成立を見た。

関連３法のうち、新法は、公布の日から起算して２年を超えない範囲内において政令で定める日から施行することとされており（同法附則１条）、平成28年４月の施行が予測される。整備法は、新法と同日の施行となる。他方、改正行手法については、平成27年４月１日をもって施行されることが定められている（同法附則１条）。なお、行手法は、改正行手法とは別に、整備法により改正される箇所があり（たとえば、行手法27条２項の削除）、こちらは新法および整備法と同日施行となる。

いずれにしても、今後、法施行までの間に、新法の施行令をはじめ、法の運用に関するガイドラインの策定、さらに、新設される審理員制度・行政不服審査会制度等に関する運用マニュアルの提示、担当者向け研修等が行われることが予測される。これらにより、関連３法が円滑に施行されるよう、国民の側も見守ってゆく必要がある。

また、新法については、国会審議の過程で、衆参両院における附帯決議とと

『行政不服審査制度の改革』（日本評論社・2008）、白藤博行「行政不服審査制度改正の憂鬱と希望」ジュリスト1371号（2009）12頁以下、常岡孝好「行政手続法改正法案の検討」ジュリスト1371号（2009）20頁以下、高木光「行政不服審査法案⑴～⑶」自治実務セミナー48巻２号（2009）４頁以下・同48巻４号（2009）４頁以下・同48巻６号（2009）４頁以下等。制度改革を展望した旧法の分析として、櫻井敬子『行政救済法のエッセンス』（学陽書房・2013）、久保茂樹「行政不服審査法」磯部力ほか編『行政法の新構想III』（有斐閣・2008）161頁以下等。

7）旧民主党政権下に設けられた行政救済制度検討チームでの議論状況については、宇賀克也「行政不服審査法の見直し」みんけん661号（2012）２頁以下、櫻井敬子「不服申立てと訴訟の制度間競争が国民のメリットに」税理2011年10月号２頁以下等。関連して、阿部泰隆「行政不服審査法改正への提案⑴⑵」自治研究86巻11号（2010）３頁以下、同86巻12号（2010）３頁以下。

8）新法に関連する論稿として、さしあたり、添田徹郎「『行政不服審査制度の見直し方針』について」季刊行政管理研究143号（2013）37頁以下、宇賀克也＝若生俊彦「行政不服審査法の改正に向けて」ジュリスト1465号（2014）ii頁以下および46頁以下、前田雅子「行政不服審査法改正の論点」法律時報86巻５号（2014）82頁以下等。

もに、与野党の共同提案により法施行から５年後の政府による見直しを定める附則６条の追加という修正がなされた[9]。今般の法改正は、わが国の行政救済制度の根幹にかかわる改革と評されるが、そうであるからこそ、施行・運用状況の点検を継続的に実施する必要があり、改善に向けたたゆまぬ努力が怠られてはならない。

2　新法の目的・性格

2-1　新法の位置付け

新法は、旧法と同様、処分（行政庁の処分その他公権力の行使に当たる行為）に関する不服申立ての一般法として位置付けられる（１条２項）。目的規定（同条１項）については、旧法の目的規定（旧法１条１項）との対比において、「公正な」手続という文言が付加されている。これにより、新法は、不服申立手続における審理の客観性・公正性を確保することにより、国民の手続保障のレベルをこれまでより向上させる趣旨であることが示されている。

他方、手続が「簡易迅速」であることと、手続保障のレベル向上により「公正」性を確保することには、本質的に相反する部分がある。新法の解釈・運用にあたり、矛盾をはらむ制度目的をいかに調和させ、多様な法領域で有効に機能することが求められる不服申立てにおいて、現実に国民の権利利益救済レベルを高めることができるかが、最大の課題となる。

新法の具体的内容については、まず第１部で総論的に概観し、さらに第２部において逐条解説を行うこととするが、以下、新法（整備法を含む）による改革の要点について、図示しておく。

9）　新法附則６条は、平成16年改正行訴法の附則50条と同様、法施行後５年見直しを実施する主語が「政府」と規定され、「国」とされていない。このことは、文理上、国会による再度の法改正までは求めない趣旨となるが、事後救済手続に係る基本法の全部改正の施行状況点検であることから、仮に制度運用上改善が必要な事態が認められたなら、法令上必要な修正まで視野に含めることが望まれる。なお、新法85条は、個々の行政庁につき不服申立ての処理状況につき公表する努力義務を課しているが、その趣旨は、個々の不服申立手続につき国民の予測可能性を高めるとともに、手続の透明性を向上させてその信頼性を醸成するものであり、これとの対比上、附則６条に基づく施行状況点検は、問題点や課題が発見された場合の制度的改善を趣旨とするものでなければなるまい。

＊新法の要点

(1)公正性向上
- ①審理員による審理手続の導入
- ②行政不服審査会等への諮問手続の導入
- ③審査請求人・参加人の手続的権利の拡充（証拠書類等の謄写・処分庁への質問等）

(2)利便性向上
- ④不服申立期間の延長
- ⑤異議申立ての廃止による審査請求への一元化
- ⑥審理の迅速化（標準審理期間の設定、審理員による審理手続の計画的遂行）
- ⑦不服申立前置の見直し

2-2　整備法の内容

整備法は、新法の施行に伴って他の法令を改める必要がある場合を精査した上で、361本の関係法律を一括して改正する。その内容は、基本的には、平成25年6月に総務省が公表した「行政不服審査制度の見直し方針」等に沿うかたちで、同省と法令を所管する各府省庁のネゴシエーションによって策定されたものと考えられる。

より具体的には、①新法に基づく新しい不服申立構造への対応、②不服申立前置の存置・廃止・一段階化、③新法による新しい審理体制（審理員制度、行政不服審査会等への諮問、標準審理期間の導入等）への対応、④新法による不服申立期間延長への対応、⑤新法による審理手続の改革への対応、⑥異議申立ての廃止・再調査の請求の新設等を受けた用語の整備、⑦新法の規定を準用している法律に係る所要の改正、等々について個別法に必要な措置を手当する内容となっている。

上記①は、異議申立てを規定する個別法について、Ⓐ審査請求への一元化、Ⓑ再調査の請求の導入、Ⓒ審査請求として存置せずに廃止、等のパターンにより措置されているほか、再審査請求が定められている個別法について、Ⓐ再審査請求を存置するか否か、Ⓑ再審査請求を存置した場合の裁判との自由選択、等が措置されている。上記②は、今回の制度改革全体の重要ポイントであり[10]、***11*** で後述する。

膨大な内容の整備法について、その条文を読み下して全体像を把握することは、一般国民にとって容易なことではないが、整備法を仔細に検討し、個別法まで落とし込む作業をしないと、行政不服審査制度の改革を具体的にイメージできないこともまた事実である。本来的には、各個別法のそれぞれについて改革の内容が国民に分かりやすく提示され、国会でも、個別法ごとに委員会等で必要な議論が尽くされるべきであろう。今後、整備法方式という立法技術のメリット・デメリットにつき、議論を深める必要があると思われる。

2-3　改正行手法の位置付け

今回の改革では、新法・整備法の制定と併せて、行手法が一部改正された。これは、行手法の規律する事項のうち、処分前の行政過程に係る手続（事前手続)、および、行政指導に関する手続・行政指導に携わる者の行為準則について、国民の救済手段を充実・拡大させる観点から一定の改正を行うことを趣旨とする。新法について、行政処分により不利益を受けた者から行政機関に不服を申し立てる事後救済手続と整理されたため、そこから外れる処分「前」の手続、あるいは、処分と性質決定されない行政指導に係る法的規律について、行手法の一部改正により対応したという位置付けになる。

20年法の立案過程では、行訴法改正により非申請型義務付け訴訟（行訴法3条6項2号）が新設され、申請権を有しない者が行政庁に一定の処分をすべき旨を命ずるよう求める訴えが可能と定められたことを受けて、これに実質的に対応する行政上の救済手続を整備することが課題とされた。そして、20年法案では、処分に至る行政過程（事前手続）を規律する行手法を改正し、Ⓐ一定の処分を求める申出制度を整備することが提案された。さらに、20年法案では、その定義上処分ではない行政指導について、Ⓑ一定の行政指導を求める申出制度の新設、Ⓒ違法な行政指導の中止等を求める申出制度の新設、Ⓓ権限濫用型行政指導に係る明示原則の明記[11)]、という内容の行手法一部改正を行うこととさ

10）　問題全般について、橋本博之「個別法による不服申立前置について」慶應法学27号（2013）119頁以下。

11）「権限濫用型」行政指導とは、「法令違反型」行政指導との対概念として、20年法案の策定過程で提示されたものをいう。法定要件違反の行政指導ではないという意味で「法令違反型」で

れた。20年法案は、これらの法改正により、国民の行政に対する信頼を高め、行政運営における公正の確保を図ることを趣旨としていた。他方で、これらは、非申請型義務付け訴訟に対応する不服申立制度（非申請型義務付け裁決の仕組み）や、違法な行政指導を対象とする行政機関の応答義務（国民の申請権）を伴う事後救済制度、法定要件違反には至らない権限濫用型行政指導に対して中止等を求める申出制度の導入ではなく、法的仕組みとしてより柔らかいレベルに留まるものでもあった。

改正行手法の内容は、***12***で後述するが、20年法案と基本的に同じである。具体的には、改正行手法により、①行政指導に携わる者は、行政指導をする際に、相手方に対し、行政機関の側が権限を行使しうる根拠となる法令の条項・要件・要件に適合する理由を明示しなければならないこと（35条2項。上記Ⓓに対応)、②法令違反の是正を求める行政指導（法律に根拠があるものに限る）を受けた者が、当該行政指導が法律の規定する要件に適合しないと思料するとき、当該行政指導の中止等を求めることができる申出制度（36条の2。上記Ⓒに対応)、③何人も、書面で具体的な事実を適示して、法令違反状態の是正のためになされるべき処分または行政指導を求めることができる申出制度（36条の3。上記ⒶⒷに対応）が、それぞれ新設されている。

3　審査請求・再調査の請求・再審査請求

新法は、①審査請求、②再調査の請求、③再審査請求という、3種類の不服申立手続を定める。

審査請求とは、行政庁の処分または処分に係る行政庁の不作為について、審査庁（原則として処分庁・不作為庁の最上級行政庁。処分庁・不作為庁に上級行政庁がない場合には当該処分庁・不作為庁）に対して不服申立てをする手続である。

再調査の請求とは、処分庁自身が審査請求よりも簡易な手続で事実関係の再

はないが、行政指導に携わる者が、任意の協力を求める行政指導をする際に、相手方に対して、行政機関が有する許認可等の権限につき濫用を行い、行政指導の内容に服することを余儀なくさせることがイメージされている。詳細について、「行政不服審査制度検討会 最終報告」（総務省HPに掲載）等を参照されたい。

調査をすることにより、処分の見直しを求める手続である。再調査の請求は、処分庁以外の行政庁に対して審査請求ができる場合において、個別法により(国税、関税など)、処分庁に対して簡易な不服申立てができることを特に定めたものである。

再審査請求とは、審査請求の裁決に不服がある者が、さらにもう一段階の不服を申し立てる手続である。再審査請求は、個別法により（社会保険、労働保険など)、審査請求を経た後にもう一段階の救済手続として意義があるとして、特に規定がある場合にのみ認められる手続である。

旧法では審査請求・異議申立て・再審査請求という3種類の手続が定められているところ、新法は、このうちの異議申立てを廃止し、原則として最上級行政庁に不服を申し立てる審査請求に手続を一元化する。旧法において、異議申立ては、原則として審査請求と択一的な関係（処分庁に上級行政庁がないときなど、審査請求ができない場合に異議申立てができるという関係）にあり、法律に特別の定めのある場合に限り、異議申立て・審査請求の両方をすることができる（この場合は異議申立前置）と整理されていた。新法は、①旧法における異議申立ては、審査請求と比べて手続の客観性・公正性が十分でなく、上級行政庁の有無など不服申立人からすると偶然の差異により手続上の権利保障のレベルが異なるのは不合理である、②審査請求と異議申立てという複数の手続があること自体、一般国民にとって分かりづらい、③一元化された審査請求において不服申立人の手続保障のレベルを上げることにより、異議申立手続を別に用意する意味が失われる、④審査請求への一元化により、結果として事後救済手続における手続保障のレベルが全体として向上する、等を趣旨として異議申立てを廃止したものと考えられる。新法は、一元化された審査請求について、処分についての審査請求（2条）と不作為についての審査請求（3条）とに区分して規定を整備する。

他方で、新法は、個別法により、審査請求とは別に、処分庁に対する再調査の請求を定めることを許容している（5条1項)。再調査の請求は、たとえば、処分が大量に行われるものであって、処分に関する不服が個別法の定める要件事実の認定の当否に係るタイプの法制度において、処分庁が審査請求よりも簡略な手続で処分の見直しを行い、迅速に紛争を処理することを可能ならしめるべく個別法により許容される手続である。新法の定める審査請求は、審理手続の客観性・公正性を確保し、審査請求人の手続保障を手厚くした手続とされるところ、再調査の請求は、その例外として、個別法の立法政策を踏まえ、①審査請求よりも簡易迅速な手続により国民の権利利益救済を可能にする、②審査請求の前段階で処分庁が処理をすることにより審査庁の手続的負担を軽減する、という趣旨で設けられたものと考えられる。しかしながら、再調査の請求は、旧法の異議申立てよりも請求人の手続保障が弱められている部分があり、今後、個別法の定める再調査の請求が、不服申立制度全体の中でどのように機能するか、注視する必要がある。

なお、個別法が再調査の請求を定めた場合に、審査請求と再調査の請求のどちらの手続を利用するかは、国民の自由選択である（5条1項ただし書)。20年法案では再調査の請求は常に審査請求に前置されると位置付けられていたところ、新法は、国民の便宜に配慮し、これを改めた。係争処分に係る要件事実の認定判断ではなく、法令解釈それ自体を争いたい場合等にダイレクトに審査請求できることは、国民にとって手続的負担の軽減になるからである。もっとも、再調査の請求をしたときには、原則として、当該再調査の請求についての決定を経た後でなければ、審査請求をすることはできない（同条2項。例外につき同項ただし書)。なお、不作為について、再調査の請求は規定されていない。

再審査請求は、20年法案では廃止とされていたが、新法では存置となった（6条。審査請求に係る第2審的手続として個別法により認められる)。これは、再審査請求が、社会保険、労働保険等の領域で、審査請求に続く二段階目の救済手続として社会的に機能している場合があることの反映と評される[12)]。また、再審査請求の存置により、いわゆる裁定的関与（地方公共団体の機関がした処分について、国等が不服申立てにより手続的関与をすること）のケースにおいても、現行の不服申立先を維持するとの方針の下、再審査請求が用いられることが想定される[13)]。再審査請求ができる場合において、審査請求の裁決に不服がある者が再

12)　社会保険・労働保険については、20年法案が再調査の請求を仕組んでいたのに対し、新法では現在の事後救済の仕組み（審査請求⇒再審査請求）が存置された。櫻井敬子「社会保険・労働保険の行政不服審査」自治実務セミナー51巻1号（2012）4頁以下を参照。

13)　20年法案では、裁定的関与に係る不服申立てについては、改正前の法（昭和37年法）を適用す

審査請求をするか、ダイレクトに裁判所に出訴するかは、自由選択が原則である（整備法により、再審査請求を定める個別法において、出訴に係る再審査請求前置の規定が削除されている。例として、改正後の労働者災害補償保険法40条等)。再審査請求の存置により、国民の司法的救済が必要以上に遅延することを防ぐ趣旨である。

20年法案は、再審査請求廃止を捉えて審査請求への一段階化を図るとしていたところ、新法では再審査請求制度は存置となり、一段階化は制度上実現していない。さらに、新法の下でも、個別法により再調査の請求が置けるのであるから、審査請求への一元化にも制度的限界が見られる。これらのことは、行政処分に係る事後救済制度について、個別法の定める処分の性質・特徴の多様性に応じるかたちで現実に国民の権利利益の救済に資する法的仕組みが必要とされ、本質的に多元的対応が求められることの表れと考えられる。他方で、国民の権利利益救済という点ではわかり易い救済手続が望ましいこともまた確かであり、今回の改革は、現状での均衡点が探られた結果と見ることができる。

いずれにせよ、新法の下でも、行政不服申立てについて、①個別法により新法とは別個の不服申立手続が特例として設定されるもの、②新法上の手続ではあるが同法が部分的に適用除外とされるもの、③新法で審査請求ができない処分・不作為につき特別な不服申立てを個別法で自己完結的に規定するもの等、各種の不服申立制度が残存することに変わりはない。この点、今回の改革は、個別法を含めた不服申立制度全体の複雑さというデメリットの本質的改善には至っておらず、将来に向けた立法政策的課題として積み残されたかたちとなった。

4　審査請求の要件

4-1　審査請求の対象

新法は、処分についての審査請求の対象を「行政庁の処分」（2条)、不作為

ることとしていた。しかし、新法では、裁定的関与に係る不服申立てについても、改正後の新法を適用することとされた。

についての審査請求の対象を「行政庁の不作為」（3条）とする。このうち、「処分」とは「行政庁の処分その他公権力の行使に当たる行為」をいい（1条2項）、「行政庁の不作為」とは「法令に基づく申請に対して何らの処分をもしないこと」（3条かっこ書）である。

上記の処分には、条例に基づく処分も含まれる。不作為についても、「法令に基づく申請」という法令には、条例も含まれる[14)]。また、処分は、事実上の行為を含む概念である（46条1項かっこ書。なお、事実上の行為につきその撤廃が観念されている。45条3項・47条）。旧法2条1項は、処分の中に、「公権力の行使に当たる事実上の行為で、人の収容、物の留置その他その内容が継続的性質を有するもの」が含まれるとしていたが、この部分は、新法では削除されている。これは、事実上の行為の内容が継続的性質を有しないのであれば、結局のところ不服申立ての利益を欠くことになるため、旧法の如く明文化しておく実益がないという趣旨による。いずれにしても、新法は、処分にどのような「事実上の行為」が含まれるのか、もっぱら解釈論に委ねたことになる。

改正行手法にも目を向けるなら、法律に根拠があり、かつ、法令違反の行政指導に係る中止等の申出（改正行手法36条の2）の仕組みが定められており、今回の改革全体として、「事実上の行為」について、処分と解釈されれば新法、行政指導と解釈されれば行手法という交通整理がされている。このことは、処分か行政指導かという線引きの解釈論的重要性およびその実益が増したことを意味する。審査請求の対象となる「事実上の行為」の範囲に係る解釈運用について、抗告訴訟において処分性を柔軟に肯定する一部判例との整合性を含め、法施行後の動向に注目する必要がある[15)]。

---

14)　新法は、地方公共団体における不服申立ての運用実態について、大きな変革を迫る。この点、地方公共団体における苦情処理制度との関係が、特に問題となる。新法では、苦情処理制度に係る規定は置かれていないが、苦情処理制度と審査請求制度が連動して行政救済の実を挙げるための制度的工夫が望まれる。地方での不服審査制度の課題については、櫻井敬子「地方の処分に対する不服審査」自治実務セミナー51巻3号（2012）4頁以下、洞澤秀雄「地方自治体における行政不服審査」法律時報86巻5号（2014）100頁以下、碓井光明「条例による第三者的行政不服審査機関の設置について」地方自治793号（2013）2頁以下等を参照。

15)　行手法の定める違法行政指導の中止等を求める申出については、それを拒否する行政側の意思決定に処分性が認められ得るのではないか、という問題がかねてより指摘されている。この点、立法者意思が申出に対する行政側の判断につき処分性を否定することは明らかであるが、紛争の新法7条1項は、処分およびその不作為について、審査請求することができないものを12項目にわたって列記している。ここに掲げられている処分・その不作為について、新法の定める審査請求等の対象にはならないが、個別法により特別の不服申立制度を設けることが許容されている（8条）。

新法7条1項に列記された処分・その不作為、同条2項が規定する行政主体の機関相互間等の処分・その不作為、さらに、他の法律に特別の定めのある場合（1条2項）を除き、原則としてすべての処分・その不作為について、新法による審査請求が可能ということになる（一般概括主義）。

不作為についての不服申立てに関し、旧法は、異議申立て・審査請求の自由選択を認め、不作為庁に事務処理の促進を求めるための異議申立てを許容していた。これに対し、新法は、申請に対する不作為に係る紛争につき一回的解決を図るという観点から、審査請求において、不作為状態にある申請を認容すべきか否かを確定することをもって紛争解決とする（49条3項）。これは、申請に対する不作為状態を解消させるための手続的仕組みについて、行手法7条（同法9条2項も参照）による審査応答義務の設定、行訴法3条6項2号による申請型義務付け訴訟の法定等を踏まえたものと評される。[16)]

4-2 審査庁

審査請求は、法律（または条例）に特別の定めのある場合を除き、原則として、処分庁・不作為庁の最上級行政庁に対してする（4条4号）。旧法において、審査庁は直近上級行政庁が原則であったところ、新法では、最上級行政庁による審理が原則と改められた。

上記原則の例外として、①処分庁・不作為庁に上級行政庁がない場合（または処分庁・不作為庁が主任の大臣、宮内庁長官、外局の長である場合）には当該処分庁・不作為庁、②宮内庁長官・外局の長が処分庁・不作為庁の上級行政庁である場合には宮内庁長官・外局の長、③主任の大臣が処分庁・不作為庁の上級

成熟性、抗告訴訟による救済の必要性ないし合理性に照らし、解釈論として処分性を肯定する余地がゼロであるとまではいえまい。

16) 非申請型の義務付け訴訟に対する対応する行政上の救済手続は、新法においては用意されておらず、立法的課題として先送りされた。この点につき、塩野・行政法II 41頁。

行政庁である場合（上記①②を除く）には当該主任の大臣が、それぞれ審査庁となる（4条1号〜3号）。行政組織法上、主任の大臣（内閣府の長としての内閣総理大臣・各省の大臣）の上級行政庁は内閣であるところ、大臣が例外として審査庁となること、および、外局（内閣府・各省に設置された庁・委員会）の長の上級行政庁は各府省の大臣および内閣となるところ、外局の長が例外として審査庁となることを、それぞれ示している。

なお、旧法では上級行政庁がないため処分庁・不作為庁に異議申立てをするものについて、新法では、審査請求と整理されている。

4-3　審査請求期間

処分についての審査請求には、処分の法的効果の早期安定を図るという立法政策から、審査請求期間が制限されている。処分についての審査請求には、正当な理由があるときを除き、処分があったことを知った日の翌日から起算して3か月（再調査の請求を前置したときは、当該再調査の請求の決定があったことを知った日の翌日から起算して1か月）という主観的請求期間（18条1項）、正当な理由があるときを除き、処分（再調査の請求を前置したときは、当該再調査の請求の決定）の日の翌日から起算して1年という客観的請求期間（同条2項）が、それぞれ規定されている。

旧法では主観的請求期間は60日であったところ、新法はこれを原則3か月に延長した。また、主観的請求期間について、旧法では「やむをえない理由」があるときが例外とされているが、新法では「正当な理由があるとき」に改められ、客観的事情に限られないかたちへと概念が拡張された。

不作為についての審査請求には、審査請求期間の制限はなく、不作為状態が続く限り審査請求が可能であることは、旧法・新法とも同じである。なお、新法49条1項は、不作為についての審査請求が、「申請から相当の期間が経過しないでされた」場合に不適法却下となることを明記している。

4-4　審査請求適格

処分につき審査請求できるのは、「行政庁の処分に不服がある者」である（2条）。旧法と基本的に同じであり、行訴法9条1項が規定する「法律上の利益を有する者」と同一範囲と解釈されることが前提である。審査請求適格を拡大するための立法措置がとられることはなく、制度改革につき行政訴訟改革が先か・不服申立制度が先かという消極的現状維持論を打破する必要性が示唆される。

不作為につき審査請求できるのは、「法令に基づき行政庁に対して処分についての申請をした者」である（3条）。同条には、当該申請から相当の期間が経過したにもかかわらず、何らの処分もない場合に審査請求できることが規定されている。

＊処分についての審査請求のイメージ図

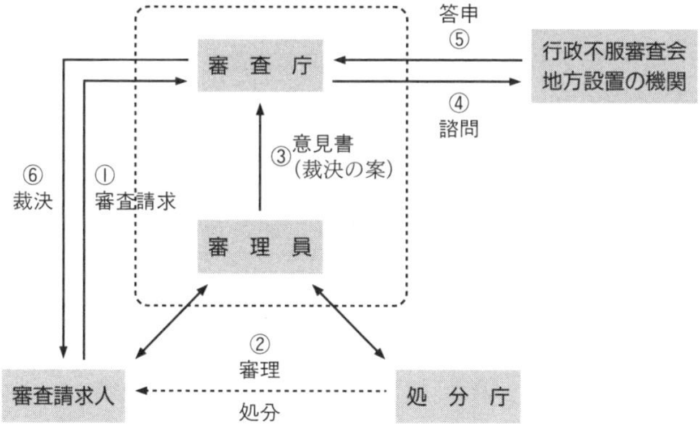

5　審査請求の審理手続

5-1　標準審理期間

新法は、審査請求の審理の遅延を防ぎ、審査請求人の権利利益の迅速な救済に資するという観点から、審理期間の目安となる標準審理期間の設定・公表につき規定する。審査庁となるべき行政庁は、審査請求がその事務所に到達してから当該審査請求に対する裁決をするまでに通常要すべき標準的な期間を定めるよう努めるとともに、標準審理期間を定めたときは、審査庁および関係処分庁（当該処分の権限を有する行政庁のうち審査庁以外のもの）の事務所における備付けその他の適当な方法により公にしておかなければならない（16条）。裁決までの期間であるから、行政不服審査会等への諮問に要する期間を含む。

標準審理期間制度の導入は、不服申立手続の迅速化、国民の側の予測可能性向上に一定の役割を果たすことが期待される。他方で、①行政不服審査会等の第三者的機関への諮問を経由した場合、そこでの調査審議にどの程度時間がかかるか事前に想定可能か、②処分・不作為に瑕疵があることは本来あってはならない以上、瑕疵の中身はあらかじめ想定し難いはずであり、標準審理期間の設定になじまない状況があるのではないか、等の課題も指摘されよう。

5-2　手続の開始

審査請求は、他の法律（条例に基づく処分については条例）に口頭ですることができる旨の定めがある場合を除き、審査請求書を提出してしなければならない（19条１項）。

審査庁が処分庁・不作為庁と異なる場合、審査請求は、処分庁・不作為庁を経由してすることができる（21条１項）。この場合、処分庁・不作為庁は、直ちに、審査請求書等を審査庁に送付しなければならない（同条２項）。審査請求期間の計算については、処分庁に審査請求書を提出した時（または口頭陳述をした時）に、処分についての審査請求があったものとみなされる（同条３項）。

審査請求書に不備がある場合、審査庁は、相当の期間を定め、その期間内に不備を補正すべきことを命じなければならない（23条）。審査請求人が補正をしない場合（補正できないことが明らかな場合も同様）、審査庁は、審理員による審理手続を経ないで却下裁決をすることができる（24条１項・２項）。

5-3　審理員による審理手続

(1)　審理員による審理手続の導入

新法は、処分・再調査の請求についての決定・処分に係る不作為に関与していない審理員による審理手続を導入し、審理員が主張・証拠の整理などを含む審理を行い、審理員意見書（審査庁がすべき裁決に関する意見書）を作成し、これを事件記録とともに審査庁に提出する仕組みを新設した。

旧法は、審査請求手続において、係争処分等に関与した職員が審理や裁決書起案に関わることを排除しておらず、係争処分を見直すという行政の自己統制機能が十分に担保されないという指摘がなされていた。新法は、審査請求の審理手続をより客観的で公正なものにするという趣旨に基づき、職能分離に係る一定の要件を満たす審理員が審査請求の審理・判断をすることとした。もっとも、審理員は、審査庁に所属する職員（非常勤を含む）であり、組織法的に完全なかたちの第三者ではない（理論的には審査庁の指揮監督下にあり、職権行使の独立を保障する明文規定も置かれていない[17]）。

審査庁は、原則として、処分（場合より再審査の請求についての決定）・その不作為に係る処分に関与した（または関与することとなる）者以外の職員の中から審理員を指名する（9条1項・2項）。審理員を指名した旨は、審査請求人および処分庁等（審査庁以外の処分庁等）に通知しなければならない。審査庁となるべき行政庁は、審理員となるべき者の名簿を作成するよう努め、名簿を作成したときは適当な方法で公にしておかなければならない（17条）。

なお、行政委員会等が審査庁となる場合には、審理員による審理手続は行われない。また、審査請求人が審査請求書につき補正に応じないため却下する場合、審査請求が不適法であり補正することができないことが明らかであるため却下する場合にも、審理員による審理手続は行われない（以上、9条1項ただし書）。加えて、個別法により審理員による審理手続が全面的に排除される例がある（整備法により措置）。たとえば、情報公開法・行政機関個人情報保護法については、情報公開・個人情報保護審査会により十分な審理が確保されていることから、審理員による手続は不要とされている。

(2) 審理手続の計画的遂行

新法は、審理関係人（審査請求人、参加人、処分庁・不作為庁）および審理員は、簡易迅速かつ公正な審理の実現のため、審理において、相互に協力するとともに、審理手続の計画的な進行を図らなければならないとする（28条）。その上で、審理員は、審査請求に係る事件について、審理すべき事項が多数であり

17） 審理員制度について、大橋真由美「行政不服審査における審理主宰者に関する一考察」成城法学80号（2011）244頁以下、同「行政不服審査法改正と行政不服審査における審理体制のあり方」法律時報86巻5号（2014）94頁以下。

または錯綜しているなど事件が複雑であることその他の事情により、迅速かつ公正な審理を行うため、審理手続（口頭意見陳述、証拠書類等の提出、物件の提出要求、参考人の陳述および鑑定の要求、検証、審理関係人への質問）を計画的に遂行する必要があると認める場合には、期日および場所を指定して、審理関係人を招集し、あらかじめ、これらの審理手続の申立てに関する意見の聴取を行うことができるとされている（37条1項。審理手続の計画的遂行）。

弁明書・反論書のみでは、審査請求の趣旨や、請求人と処分庁等との対立点を正確に把握できない場合が想定される。新法は、簡易迅速かつ公正な審理が可能となるよう、審理員による事前の争点整理を可能とし、審査請求における審理の計画的遂行に資すことを目指している。他方で、このことは、審理員に争点整理等の運用に係る高い法的スキルが求められることを意味する。審理員およびその補助機関たる公務員について、充実した研修・能力測定の仕組みを構築することが必要である。

⑶　代理人・参加人・補佐人

審査請求は、代理人によってすることができる（12条1項）。

また、参加人（審査請求に参加する者）の制度も定められている。利害関係人（審査請求人以外の者であって係争処分の根拠となる法令に照らし当該処分につき利害関係を有するものと認められる者）は、審理員の許可を得て、当該審査請求に参加することができる（13条1項）。審理員は、必要があると認める場合には、利害関係人に対し、当該審査請求に参加することを求めることができる（同条2項）。

参加人は、処分庁等からの弁明書の送付（29条5項）、審査請求人からの反論書の送付（30条3項）を受け、意見書を提出できる（同条2項）。これらは、旧法における参加人の手続的権利（口頭意見陳述、証拠書類・証拠物の提出、鑑定要求・物件提出要求・検証・審尋等の申立て、閲覧請求）にプラスして拡充されたものである。参加人には、口頭意見陳述における質問（31条1項・5項）、審理員意見書の写しの送付（43条3項）等、新たに設けられた手続に係る権利も認められている。新法による参加人の手続的権利の拡充は、三面的・多極的な利害調整を必要とする現代的な行政上の紛争を有効に解決する機能を果たし得るものとして、重要な意義を有する。

さらに、後述する口頭意見陳述をする場合、申立人は、審理員の許可を得て、補佐人とともに出頭することができる（31条3項）。

(4) 弁明書の提出

審理員は、審査庁から指名されたときは、直ちに、処分庁等に審査請求書（または審査請求録取書の写し）を送付しなければならない（29条1項。処分庁・不作為庁が審査庁である場合を除く）。その上で、審理員は、相当の期間を定めて、処分庁等に対し、弁明書の提出を求める（同条2項）。弁明書には、処分の内容・理由（処分についての審査請求の場合）、処分をしていない理由および予定される処分の時期・内容・理由（不作為についての審査請求の場合）を記載しなければならない（同条3項）。また、弁明書には、行手法24条1項の調書、同条3項の報告書、29条1項の弁明書を添付するものとされる（新法29条4項）。審理員は、処分庁等から弁明書の提出があったときは、これを審査請求人および参加人に送付しなければならない（同条5項）。

旧法では、審査請求において審査庁が処分庁に弁明書の提出を求めるか否かは、審査庁の判断（裁量）によるものとされているところ（旧法22条1項）、新法では、審理員が処分庁等に弁明書の提出を求めることが、審理員の義務として規定されている。さらに、新法は、弁明書の内容等についても、相当程度明確化した。

(5) 反論書等の提出

審査請求人は、反論書（送付された弁明書に記載された事項に対する反論を記載した書面）を提出することができる（30条1項）。また、参加人は、意見書（審査請求に係る事件に関する意見を記載した書面）を提出することができる（同条2項）。審理員は、反論書・意見書の提出について、提出すべき相当の期間を定めることができる（同条1項・2項）。審理員は、審査請求人から反論書の提出があったときはこれを参加人・処分庁等に、参加人から意見書の提出があったときはこれを審査請求人・処分庁等に、それぞれ送付しなければならない（同条3項）。

⑹　口頭意見陳述

新法においても、審査請求の手続は、旧法と同様、原則として書面によって行われる。しかし、審査請求人または参加人の申立てがあった場合、審理員は、原則として、その申立人に口頭で当該審査請求に係る事件に関する意見を述べる機会（口頭意見陳述の機会）を与えなければならない（31条1項）。口頭意見陳述は、審理員が期日・場所を指定し、全ての審理関係人を招集して行わせる（同条2項）。申立人は、審理員の許可を得て、補佐人とともに出頭することができる（同条3項）。さらに、口頭意見陳述に際し、申立人は、審理員の許可を得て、審査請求に係る事件に関し、処分庁等に対して、質問を発することができる（同条5項）。

旧法では、申立人が処分庁等に対して質問を発する手続は規定されておらず（そもそも、旧法では、口頭意見陳述につき処分庁等の立ち会いは義務付けられていなかった）、新法はこの点を改めた（なお、行手法20条2項は、聴聞手続において、当事者等から行政庁の職員に質問できる旨を規定している）。重要な改革であるが、行政側による応答義務等は規定されておらず、申立人の手続的権利のレベル向上につながる運用が期待される。

⑺　証拠書類等の提出、物件の提出要求

審査請求人・参加人は証拠書類・証拠物を（32条1項）、処分庁等は処分の理由となる事実を証する書類その他の物件を（同条2項）、それぞれ提出することができる。また、審理員は、審査請求人・参加人の申立てによりまたは職権で、書類その他の物件の所持人に対し、相当の期間を定めて、その物件の提出を求め、提出された物件を留め置くことができる（33条）。

⑻　参考人陳述・鑑定の要求、検証、審理関係人への質問

審理員は、審査請求人・参加人の申立てによりまたは職権で、適当と認める者に、参考人としてその知っている事実の陳述を求め、または鑑定を求めることができる（34条）。

審理員は、審査請求人・参加人の申立てによりまたは職権で、必要な場所につき、検証をすることができる（35条1項）。審理員は、申立てによる検証をし

ようとするときは、申立てをした者に対し、検証の日時・場所をあらかじめ通知し、立ち会う機会を与えなければならない（同条２項）。

また、審理員は、審査請求人・参加人の申立てによりまたは職権で、審査請求に係る事件に関し、審理関係人に質問することができる（36条）。

⑼　審査請求人等による物件の閲覧・謄写

審査請求人・参加人は、審理手続が終結するまでの間、審理員に対し、新法の規定により提出された書類その他の物件（審理員が職権で提出させたものを含む）の閲覧または写し等の交付を求めることができる。この場合において、審理員は、第三者の利益を害するおそれがあると認めるとき、その他正当な理由があるときでなければ、その閲覧・交付を拒むことができない（38条１項）。

旧法では、処分庁から提出された書類その他の物件に係る閲覧請求として規定されていたところ（旧法33条２項）、新法では、請求の対象が拡げられるとともに、写し等の交付まで請求できることとされた。実務上、大きな意味を持つ改革である。

⑽　手続の併合・分離、執行停止の意見書

審理員は、必要があると認める場合には、数個の審査請求に係る審理手続を併合し、または、併合された数個の審査請求の審理手続を分離をすることができる（39条）。審理員は、必要があると認める場合には、審査庁に対し、執行停止をすべき旨の意見書を提出することができる（40条）。

⑾　審理手続の終結

審理員は、必要な審理を終えたと認めるときは、審理手続を終結する（41条１項）。なお、審理員は、審理員が定めた相当の期間内に、弁明書、反論書、意見書、証拠書類等の物件が提出されない場合において、さらに一定の期間を示して、当該物件の提出を求めたにもかかわらず、当該提出期間内に当該物件が提出されなかったとき（同条２項１号）、申立人が、正当な理由なく、口頭意見陳述に出頭しないとき（同項２号）、審理手続を終結することができる。

審理員が審理手続を終結したときは、速やかに、審理関係人に対し、審理手

続を終結した旨、および、審理員意見書・事件記録を審査庁に提出する予定時期を通知する（41条3項）。

審理員は、審理手続を終結したときは、遅滞なく、審理員意見書（審査庁がすべき裁決に関する意見書）を作成しなければならない（42条1項）。審理員は、審理員意見書を作成したときは、速やかに、これを事件記録とともに、審査庁に提出しなければならない（同条2項）。

5-4　行政不服審査会の関与

(1)　行政不服審査会等

新法は、審査請求手続において客観的かつ公正な判断が得られるよう、有識者から構成される行政不服審査会を設け、審査請求の審理に関与する仕組みを新設した。地方公共団体の長が審査庁である場合には、条例で設置される機関が関与する。第三者機関が審査庁の判断の妥当性をチェックすることにより、審査庁による裁決の公正性を向上させることが趣旨である[18)]。

新法が導入する審理員は、行政組織法上は審査庁の補助機関であり（審理員は裁決権限を有しない）、審査請求に対する判断の客観性が十分に保障され得ない部分が残る。公正な手続による国民の権利利益の救済という観点から、審査庁・処分庁から独立した第三者的機関が、審査請求手続における判断過程に関与する必要性があるとされる。行政不服審査会等は、審理員による第一次的な判断を受けるかたちで、審査請求を棄却しようとする審査庁の判断の適否を審査する役割等を担う諮問機関である（個別法領域ごとではなく、領域横断的機関として制度設計されている）。なお、簡易迅速な手続という審査請求制度の趣旨に照らし、行政不服審査会等での審理手続は、審理員意見書および事件記録に基づく書面審理が中心とされている。

行政不服審査会は、総務省に設置され（67条1項）、9人の委員により組織される（68条1項）。20年法案では、行政不服審査会が情報公開・個人情報保護審査会の業務を吸収することとされ、情報公開・個人情報保護審査会の廃止が前

18）　行政不服審査会に関する問題点について、櫻井敬子「行政不服審査会（仮称）の作り方」自治実務セミナー53巻3号（2014）8頁以下。

提とされていた。20年法案では、行政不服審査会の会長が委員とは別に任命されることとされ（新法では会長は委員の互選で決められる。70条1項）、情報公開・個人情報保護審査会は行政不服審査会の部会となることが予定されていた。しかし、新法は、これらの点を改め、情報公開・個人情報保護審査会は従前どおり内閣府に存置される。

新法は、地方公共団体に、執行機関の附属機関として、同法の規定によりその権限に属させられた事項を処理するための機関を置くことを定める（81条1項）。他方、地方公共団体は、当該地方公共団体における不服申立ての状況等に鑑み、上記機関を置くことが不適当または困難であるとき、条例で、事件ごとに執行機関の附属機関を置くことができるとされている（同条2項）。常設ではなく案件ごとにアドホックなかたちで設置することが許容されたことになる。

地方公共団体に置かれる機関については、74条〜79条が準用されるほか（81条3項）、それ以外の組織および運営に関し必要な事項は、当該機関を置く地方公共団体の条例等で定めることとされる（同条4項）。新法の規定振りから、20年法案に比べ、地方公共団体に置かれる機関につき法律上の規律が弱められ、地方公共団体による制度設計上の自由度が高められている。地方レベルにおいて、国レベルでの事務局や専門委員に対応するものがどのように建てつけられるか、各地方公共団体での具体的運用が注目される。

⑵　行政不服審査会への諮問

審査庁は、審理員意見書の提出を受けたときは、原則として、審査庁が国の行政機関である場合には行政不服審査会に、審査庁が地方公共団体の長等である場合にあっては地方設置の機関に、それぞれ諮問しなければならない（43条1項）。

上記の例外として諮問を要しないのは、①処分につき審議会等の議を経た場合（同項1号）、②裁決につき行政委員会・地方議会等の議を経て裁決しようとする場合（同項2号）、③審議会等の議を経て申請満足型の裁決しようとする場合（同項3号）、④審査請求人が諮問を希望しない場合（同項4号。参加人から諮問しないことについて反対する旨の申出がされている場合を除く）、⑤行政不服審査会等により諮問を要しないと認められた場合（同項5号）、⑥審査請求が不適法であり却下する場合（同項６号）、⑦全部取消し、全部撤廃、申請に係る全部認容をする場合（同項７号・８号。反対する旨の意見書が提出されている場合・口頭意見陳述においてその旨の意見が述べられている場合を除く）である。

20年法案では、上記④の例外規定がなかったところ、新法は、審査請求人が行政不服審査会等への諮問を希望しない場合を例外として認めている。審査請求人が、より簡易迅速に裁決がされることを希望する選択肢を許容するものであり、審査請求人側の負担を軽減するものとして積極的に評価される。

上記⑤の例外規定は、行政不服審査会等が諮問を不要とするケースを判断するもので、「国民の権利利益及び行政の運営に対する影響の程度その他当該事件の性質を勘案」するという考慮要素が明文化されている（43条１項５号）。「行政の運営に対する影響の程度」が具体的にどのように解釈されるかは、新法が定める行政不服審査会等の機能を左右するポイントとなろう。

行政不服審査会への諮問の際、審査庁は、審理員意見書および事件記録の写しを添えなければならず（43条２項）、審理関係人（処分庁等が審査庁である場合にあっては、審査請求人および参加人）に対し、当該諮問をした旨を通知するとともに、審理員意見書の写しを送付しなければならない（同条３項）。

⑶　行政不服審査会での審理

総務省に設置される行政不服審査会は、３名で構成される合議体（部会）または全員で構成される合議体で、審査請求に係る事件につき調査審議をする（72条１項・２項）。行政不服審査会は、審査関係人（審査請求人・参加人・審査庁）に対して主張書面・資料の提出を求める等の調査権限を持つ（74条）。行政不服審査会は、審査関係人から申立てがあった場合には、原則として、当該審査関係人に口頭で意見を述べる機会を与えなければならない（75条１項）。もっとも、行政不服審査会が「その必要がないと認める場合」には口頭意見陳述の機会付与は不要とされている（同項ただし書）。行政不服審査会は、簡易迅速な紛争処理（標準審理期間が定められた場合にはその期間内での処理も求められる）と、個々の案件に応じた公正な手続保障との適切なバランスをとるという課題について、適切な対応を図ることが期待される。

審査関係人は、行政不服審査会に対し、主張書面または資料を提出すること

(76条)、行政不服審査会に提出された主張書面・資料の閲覧または写し等の交付を求めることができる（78条1項)。

行政不服審査会は、諮問に対する答申をしたときは、答申書の写しを審査請求人および参加人に送付するとともに、答申の内容を公表する（79条)。

6　裁　決

6-1　審査請求の終了

審査請求は、審査庁の裁決により終了する。なお、審査請求人は、裁決があるまでは、いつでも審査請求を取り下げることができる（27条1項)。審査請求の取下げは、書面でしなければならない（同条2項)。

審査庁は、行政不服審査会等から諮問に対する答申を受けたとき（諮問を要しない場合には審理員意見書が提出されたとき）は、遅滞なく、裁決をしなければならない（44条)。答申書・意見書について、審査庁がどのように取り扱うべきかについての明文規定は置かれていない。裁決主文が、答申書・意見書と異なる内容である場合の理由付記についてのみ規定がある（50条1号4号)。

6-2　処分についての審査請求の裁決

処分についての審査請求において、審査請求が不適法である場合には、当該審査請求を却下する裁決（45条1項)、審査請求に理由がない場合には、当該審査請求を棄却する裁決（同条2項）がなされる。

審査請求に係る処分が違法・不当であるが、これを取り消しまたは撤廃することにより公の利益に著しい障害を生ずる場合において、審査請求人の受ける損害の程度、その損害の賠償または防止の程度および方法その他一切の事情を考慮した上、処分を取り消しまたは撤廃することが公共の福祉に適合しないと認めるときは、審査庁は、審査請求を棄却することができる（事情裁決（45条3項)。この場合、審査庁は、裁決で、当該処分が違法または不当であることを宣言しなければならない)。行訴法31条の定める事情判決に対応する制度である。

審査請求に係る処分（事実上の行為を除く）が違法・不当である場合には、事情裁決の場合を除き、当該処分の全部・一部を取り消し、またはこれを変更する裁決がされる（46条1項）。ただし、審査庁が処分庁の上級行政庁または処分庁のいずれでもない場合には、当該処分を変更することはできない（同項ただし書）。法令に基づく申請を却下または棄却する処分の全部または一部を取り消す場合において、当該申請に対して一定の処分をすべきものと認めるとき、処分庁の上級行政庁である審査庁は当該処分庁に対して当該処分をすべき旨を命ずる措置をとり、処分庁である審査庁は当該処分をする措置をとる（同条2項）。審査庁が一定の処分を命ずる（または当該処分をする）場合について、必要があれば、審議会の議を経る（同条3項）、あるいは、関係行政機関と協議する（同条4項）ことができる。

審査請求に係る事実上の行為が違法・不当である場合、審査庁は、裁決で、その旨を宣言した上で、処分庁以外の審査庁は、処分庁に対し、当該行為の全部・一部を撤廃し、またはそれを変更すべき旨を命ずる措置をとり、処分庁である審査庁は、当該行為の全部・一部を撤廃し、またはこれを変更する措置をとる（47条。事情裁決の場合を除く）。ただし、審査庁が処分庁の上級行政庁以外の審査庁である場合には、当該行為を変更すべき旨を命ずることはできない（同条ただし書）。

いずれにしても、審査庁は、審査請求人の不利益に当該処分を変更し、当該事実行為を変更すべき旨を命じ、これを変更することはできない（48条）。

6-3　不作為についての審査請求の裁決

不作為についての審査請求が不適法である場合（申請から相当の期間が経過していない場合など）には、審査請求を却下する裁決がされる（49条1項）。審査請求が適法であり、審査請求に係る不作為が違法・不当でない場合には、当該審査請求を棄却する裁決がなされる（同条2項）。

審査請求に係る不作為が違法・不当である場合には、審査庁は、裁決で、当該不作為が違法・不当である旨を宣言するとともに、当該申請に対して一定の処分をすべきものと認めるときは、不作為庁の上級行政庁である審査庁は、不作為庁に対し、当該処分をすべき旨を命ずる措置をとり、不作為庁である審査庁は、当該処分をする措置をとる（49条3項）。

不作為についての審査請求において、審査庁が一定の処分をすべきものと認めて措置をとるために必要があると認める場合に、当該処分をするにつき必要な審議会等の議を経ること（49条4項）、関係行政機関との協議の実施その他の手続をとること（同条5項）ができる旨が規定されている。

6-4　裁決の拘束力

裁決は、関係行政庁を拘束する（52条1項。拘束力）。これにより、関係行政庁は、裁決によって示された判断内容を実現する法的義務を負い、取消裁決・撤廃裁決があった場合には、同一の事情の下で、同一内容の処分を繰り返すことは許されない。

申請に基づいてした処分が手続の違法・不当を理由として裁決で取り消され、または申請を却下・棄却した処分が裁決で取り消された場合には、処分庁は、裁決の趣旨に従い、改めて申請に対する処分をしなければならない（52条2項）。

法令の規定により公示された処分が裁決により取消し・変更された場合には、処分庁は、その旨を公示しなければならない（52条3項）。また、法令の規定により処分の相手方以外の利害関係人に通知された処分が裁決により取消し・変更された場合には、処分庁は、通知を受けた者にその旨を通知しなければならない（同条4項）。

7　執行停止

審査請求は、処分の効力、処分の執行または手続の続行を妨げない（25条1項。執行不停止原則）。その上で、処分庁の上級行政庁または処分庁である審査庁は、必要があると認める場合には、審査請求人の申立てによりまたは職権で、執行停止（処分の効力、処分の執行または手続の続行の全部または一部の停止その他の措置）をすることができる（同条2項）。他方、処分庁の上級行政庁または処分庁のいずれでもない審査庁は、必要があると認める場合には、審査請求人の申立てにより、処分庁の意見を聴取した上、執行停止をすることができる（同条3項。ただし、処分の効力、処分の執行または手続の続行の全部または一部の停止以外の措置をとることはできない）。

審査請求人が執行停止の申立てをした場合、審査庁は、処分、処分の執行または手続の続行により生ずる重大な損害を避けるために緊急の必要があると認めるとき、執行停止をしなければならない（25条4項。義務的執行停止）。ただし、公共の福祉に重大な影響を及ぼすおそれがあるとき、または本案について理由がないとみえるときは、この限りでない（同項ただし書）。

審査庁は、新法25条4項に規定する重大な損害を生ずるか否かを判断するにあたっては、損害の回復の困難の程度を考慮するものとし、損害の性質・程度、処分の内容・性質をも勘案するものとされる（同条5項）。

処分の効力の停止は、それ以外の措置によって目的を達することができるときは、することができない（25条6項）。

執行停止の申立てがあったとき、または審理員から執行停止をすべき旨の意見書（40条）が提出されたときは、審査庁は、速やかに、執行停止をするかどうかを決定しなければならない（25条7項）。

執行停止をした後において、執行停止が公共の福祉に重大な影響を及ぼすことが明らかとなったとき、その他事情が変更したときは、審査庁は、その執行停止を取り消すことができる（26条）。

8　再調査の請求

新法は、個別法に特別の定めがある場合に限り、処分庁に対する再調査の請求の手続を認めている。再調査の請求は、処分庁が簡易な手続で事実関係の再調査をすることにより、処分の見直しをする手続である。不作為についての再調査の請求は、規定されていない。

20年法案では、再調査の請求は、審査請求に前置されるものとされていたが、新法では、審査請求と再調査請求の関係は、国民の自由選択に改められた（5条1項。もっとも、再調査の請求をした場合には、原則として、その決定後でなければ審査請求することはできない。同条2項）。

再調査の請求は、審査請求と比較し、簡易な手続とされている（具体的には、審査請求に関する規定の準用を定めた61条を参照）。再調査の請求では、審理員による審理はなされず、行政不服審査会等への諮問の手続もない。処分庁が自ら再調査をすることから、弁明書・反論書のやりとりはなく、審査請求において審理員が関わって行う手続の多くが準用から外されている（たとえば、口頭意見陳述における処分庁への質問もできない）。

再調査の請求期間は、主観的請求期間として、処分があったことを知った日の翌日から起算して３か月（54条１項）、客観的請求期間として、処分があった日の翌日から起算して１年（同条２項）とされる。いずれも、正当な理由があるときに例外が認められ得る。

処分庁は、再調査の請求がされた日の翌日から起算して３か月を経過しても当該再調査の請求が係属しているときは、遅滞なく、当該処分について直ちに審査請求をすることができる旨を書面でその再調査の請求人に教示しなければならない（57条）。再調査の請求をした日から３か月を経過しても処分庁が決定をしないため、決定を経ずに審査請求がされたとき、当該再調査の請求は取り下げられたものとみなされる（56条）。

再調査の請求が不適法である場合には、処分庁は、決定で、当該再調査の請求を却下する（58条１項）。再調査の請求に係る処分が違法・不当でない場合には、処分庁は、決定で、当該再調査の請求を棄却する（同条２項）。再調査の請求に係る処分（事実上の行為を除く）が違法・不当である場合には、処分庁は、決定で、当該処分の全部・一部を取り消しまたはこれを変更する（59条１項）。再調査の請求に係る事実上の行為が違法・不当である場合には、処分庁は、決定で、その旨を宣言するとともに、当該事実上の行為の全部・一部を撤廃しまたはこれを変更する（同条２項）。いずれにしても、処分庁は、再調査の請求人の不利益に係争処分・事実上の行為を変更することはできない（同条３項）。

再調査の請求の決定書（全部認容の場合を除く）には、係争処分につき審査請求をすることができる旨（却下の決定である場合には、当該却下の決定が違法な場合に限り審査請求をすることができる旨）、審査請求をすべき行政庁、審査請求期間の教示が必要である（60条２項）。

9　再審査請求

新法は、個別法に定めがある場合に、処分についての審査請求の裁決（原裁決）に不服がある者が、さらにもう一段階の不服申立てをする再審査請求を規定する（6条）。再審査請求は、20年法案において廃止されていたが、新法は、これをカテゴリーとして存置した。

再審査請求は、基本的に、審査請求と同じ手続構造を与えられている（66条の準用規定を参照）。したがって、審理員による審理手続等、審査請求と基本的に同等の手続が、もう一段階なされることになる。また、再審査請求は、原裁決または当該処分を対象とするものと定義されている（6条2項）。このことに対応し、再審査請求に係る原裁決が違法・不当である場合において、もとの処分が違法・不当のいずれでもないときには、当該再審査請求につき棄却裁決をすることが規定されている（64条3項）。これにより、係争処分に違法・不当が認められない一方、審査請求における手続上の瑕疵のみがあるケースにおいて、再審査請求は棄却となる。この場合について、事情裁決と異なり、裁決の主文で違法・不当を宣言する旨の規定は置かれていない。

再審査請求期間は、原裁決があったことを知った日の翌日から起算して1月（62条1項。主観的請求期間）、原裁決があった日の翌日から起算して1年（同条2項。客観的請求期間）であり、いずれも、正当な理由があれば例外が認められ得る。

旧法の下では、個別法上、直近上級行政庁に審査請求し、さらに上級行政庁に再審査請求をすることとされているものがあるが（道路運送車両法等）、新法は審査請求を求める先を最上級行政庁としているため、このタイプの再審査請求は整備法により廃止される。また、個別法により再審査請求が存置される場合についても、審査請求と再審査請求の相互関係は自由選択とされ、審査請求の後に直接裁判所に出訴するか再審査請求するかは、国民の選択に委ねられることとされている（整備法により、個別法において手当されている）。

10　教示・情報提供

10-1　教示制度

行政庁は、審査請求・再調査の請求・他の法令に基づく不服申立てをすることができる処分を書面でする場合には、処分の相手方に対し、①不服申立てをすることができること、②不服申立てをすべき行政庁、③不服申立てをすることができる期間を、書面で教示しなければならない（82条1項）。処分の相手方以外の者につき、行政庁の教示義務はないが、利害関係人から、当該処分が不服申立てをすることができる処分であるかどうか・不服申立てできる場合であれば不服申立てをすべき行政庁および不服申立てをすることができる期間につき教示を求められたときは、当該事項を教示しなければならない（同条2項）。この場合、教示を求めた者が書面による教示を求めたときは、当該教示は、書面でしなければならない（同条3項）。

行政庁が上記の教示をしなかった場合には、当該処分について不服がある者は、当該処分庁に不服申立書を提出することができる（83条1項）。この場合、当該処分が処分庁以外の行政庁に対し審査請求をすることができる処分であるときは、処分庁は、速やかに、当該不服申立書を審査庁に送付しなければならず（同条3項）、この規定により不服申立書が送付されたときは、初めから当該審査庁または行政庁に審査請求または当該法令に基づく不服申立てがされたものとみなされる（同条4項）。それ以外の場合でも、1項の規定により不服申立書が提出されたときは、初めから当該処分庁に審査請求または当該法令に基づく不服申立てがされたものとみなされる（同条5項）。

上記の教示に係る規定は、新法の補則（6章）に置かれており、行政不服申立て全体に通ずる規範という位置付けが与えられている。したがって、他の法令（個別法）に基づく不服申立てについても、原則として適用される。なお、地方公共団体その他の公共団体に対する処分で、当該公共団体がその固有の資格において処分の相手方となるものについては、適用しないとされている（7条2項）。

不服申立てについて、必要な教示がされなかった場合の手続的ルールについては、上記のとおりであるが、新法は、審査請求・再調査の請求につき、教示の内容に誤りがあり、間違った教示にしたがって手続をしてしまった場合の救済ルールを整備している。

審査請求できる処分につき、処分庁が審査庁を誤って教示し、その教示された行政庁に書面で審査請求がされたときは、当該行政庁は、速やかに、審査請求書を処分庁または審査庁に送付し、かつ、その旨を審査請求人に通知しなければならない（22条1項）。再調査の請求をすることができない処分につき、処分庁が誤って再調査の請求をすることができる旨を教示した場合において、当該処分庁に再調査の請求がされたときは、処分庁は、速やかに、再調査の請求書等を審査庁に送付し、かつ、その旨を再調査の請求人に通知しなければならない（同条3項）。これらの手続により、審査請求書・再調査の請求書等が審査庁に送付されたときは、初めから審査庁に審査請求がされたものとみなされる（同条5項）。

10-2　情報提供制度

新法は、不服申立てに必要な情報の提供、および、不服申立ての処理状況の公表について、行政庁側の努力義務を定めている（旧法・20年法案とも、このような趣旨の規定はなかった）。

不服申立てにつき裁決、決定その他の処分をする権限を有する行政庁は、不服申立てをしようとする者・不服申立てをした者の求めに応じ、不服申立書の記載に関する事項その他の不服申立てに必要な情報の提供に努めなければならない（84条）。

また、不服申立てにつき裁決等をする権限を有する行政庁は、当該行政庁がした裁決等の内容その他当該行政庁における不服申立ての処理状況について公表するよう努めなければならない（85条）。

これらの規定は、新法における不服申立手続が、行手法の定める事前手続と一定の相似性を持つことを示す。他方で、たとえば、消費者行政の領域において、行政側が違法行為をした事業者に不利益処分を課す局面など、情報提供制度が濫用されるおそれも指摘できる。今後、新法全体の趣旨・目的を適切に反映させた、合理的な制度運用が望まれる。

11　不服申立前置の見直し

整備法は、取消訴訟を典型とする行政事件訴訟の提起について不服申立ての前置を定める個別法を一括して改正することにより、いわゆる不服申立前置の廃止・縮小を実現した。

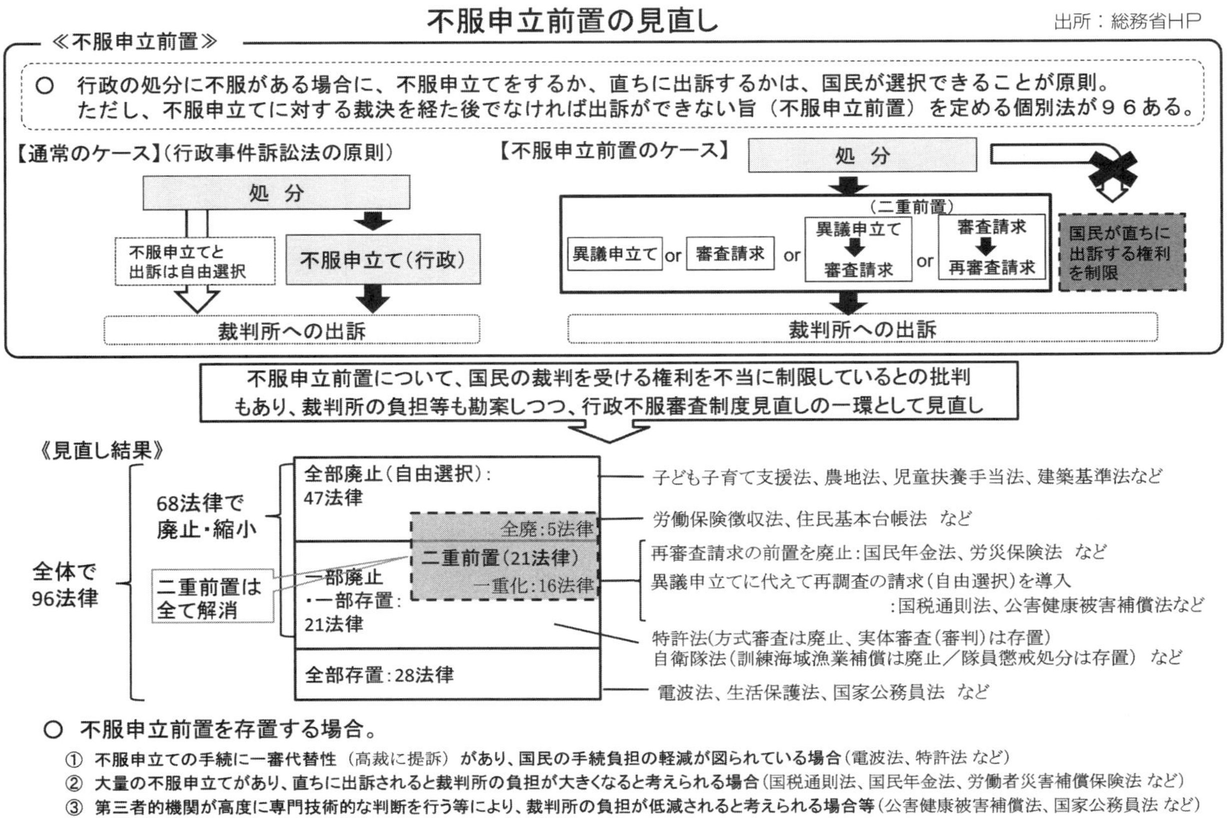
不服申立前置の見直し
出所：総務省HP
≪不服申立前置≫
○　行政の処分に不服がある場合に、不服申立てをするか、直ちに出訴するかは、国民が選択できることが原則。
ただし、不服申立てに対する裁決を経た後でなければ出訴ができない旨（不服申立前置）を定める個別法が９６ある。
【通常のケース】（行政事件訴訟法の原則）
処　分
不服申立てと
出訴は自由選択
不服申立て（行政）
裁判所への出訴
【不服申立前置のケース】
処　分
（二重前置）
異議申立て
or
審査請求
or
異議申立て
審査請求
or
審査請求
再審査請求
国民が直ちに
出訴する権利
を制限
裁判所への出訴
不服申立前置について、国民の裁判を受ける権利を不当に制限しているとの批判
もあり、裁判所の負担等も勘案しつつ、行政不服審査制度見直しの一環として見直し
《見直し結果》
全体で
96法律
68法律で
廃止・縮小
二重前置は
全て解消
全部廃止（自由選択）：
47法律
全廃：5法律
二重前置（21法律）
一重化：16法律
一部廃止
・一部存置：
21法律
全部存置：28法律
子ども子育て支援法、農地法、児童扶養手当法、建築基準法など
労働保険徴収法、住民基本台帳法　など
再審査請求の前置を廃止：国民年金法、労災保険法　など
異議申立てに代えて再調査の請求（自由選択）を導入
：国税通則法、公害健康被害補償法など
特許法（方式審査は廃止、実体審査（審判）は存置）
自衛隊法（訓練海域漁業補償は廃止／隊員懲戒処分は存置）　など
電波法、生活保護法、国家公務員法　など
○　不服申立前置を存置する場合。
①　不服申立ての手続に一審代替性（高裁に提訴）があり、国民の手続負担の軽減が図られている場合（電波法、特許法 など）
②　大量の不服申立てがあり、直ちに出訴されると裁判所の負担が大きくなると考えられる場合（国税通則法、国民年金法、労働者災害補償保険法 など）
③　第三者的機関が高度に専門技術的な判断を行う等により、裁判所の負担が低減されると考えられる場合等（公害健康被害補償法、国家公務員法 など）

行政処分に不服がある場合に、行政機関に対して不服申立てをするか、直ちに裁判所に出訴するかは、国民の自由選択によることが原則である（行訴法8条1項本文）。しかし、その例外として、個別法により、不服申立てを経由しなければ出訴できないことを定めることができる（同項ただし書）。今回の改革において、整備法により不服申立前置を規定する個別法を一括して改正し、前置の廃止・縮小が実現された。すなわち、前置を規定する96法律のうち、47の法律で不服申立前置を全部廃止、21の法律でこれを一部廃止とした。さらに、旧法下では、異議申立てと審査請求が二重に前置されることを規定した個別法が21あるところ、この二重前置は全て解消され、5つの法律で前置を全廃し、残りの16の法律で前置を一重化することとなった[19)]。

整備法による不服申立ての見直しを経てもなお、不服申立前置が存置され続けるのは、49の個別法においてである。不服申立前置を許すメルクマールは、①不服申立てに裁判に係る1審代替性があり（審級省略により高等裁判所に提訴となる）、国民の手続的負担の軽減が図られている（電波法、特許法等）、②年間1000件を超えるような大量の不服申立てがあり、前置を外した場合の裁判所の負担が大きい（国税通則法、国民年金法、労働者災害補償保険法等）、③第三者的機関が高度に専門技術的な判断を行うなど、前置により裁判所の負担が低減されている（公害健康被害の補償等に関する法律、国家公務員法等）、という3点とされる。形式的に大量性・専門技術性・第三者機関の関与等があれば前置を許すということではなく、実質的・具体的に、不服申立前置の必要性を要求するものと評される。また、全体を通じて、裁判制度との関係性に配慮したメルクマールになっていることが指摘される。

出訴に係る不服申立前置は、憲法上保障されている国民の裁判を受ける権利を制約するものであり、実質的な立法事実が認められるものを除き、その廃止・縮小が一括して実現したことは、今回の制度改革の大きな成果である。さらに、本来的に行訴法に規律されている不服申立前置の問題について、今回こ

---

19)　不服申立前置の廃止・縮小は、前政権下での行政救済制度検討チームによる包括的見直し作業の成果である。この点について、櫻井敬子「不服申立前置主義」自治実務セミナー49巻9号（2010）4頁以下、宇賀克也「不服申立前置の見直し」地方自治773号（2012）2頁以下。さらに、橋本・前掲注(10)も参照。

のようなかたちで改革が実現したことは、今後さらなる行訴法の改革に向けた橋頭堡となることが期待されよう。

12 行手法の改正

12-1 概要

今回、行政不服審査制度の見直しの一環として、行手法も一部改正された。その趣旨は、行審法の全部改正に併せ、国民の救済手続を充実・拡充する観点から、不服申立ての対象とならない処分前の手続、および、行政指導に関する手続についての法整備をすることである。具体的には、①処分権限を背景とする行政指導に係る根拠の明示（35条2項)、②法令違反の行政指導に対する中止等の求め（36条の2)、③法令違反是正のための処分・行政指導の求め（36条の3）を定める条項が新設された。

行政指導は不服申立ての対象ではないために新法からは外れ、他方、新法は事後救済手続の一般法と整理されるため処分前の救済手続を包含しない。これらの部分について、国民の権利利益救済に資するべく、行手法に一定の改正が施されたのである。

12-2 権限濫用型行政指導の明確原則

上記①は、行政指導の方式を定める行手法35条に、権限濫用型行政指導に係る明確原則・明示原則の規律を付け加えるものである[20]。法定要件に反する違法な行政指導については、後述する「中止等の求め」の申出制度の対象になるところ、法定要件に反し違法とはいえないが、行政機関の有する許認可等の権限を濫用するかたちで相手方に行政指導の内容の履行を余儀なくさせるようなタイプの行政指導（権限濫用型行政指導）を抑止するための法的措置として、その方式に係るルールが規定されたことになる。

改正行手法により新設される行手法35条2項により、行政指導に携わる者は、行政指導をする際、行政機関が許認可等をする権限または許認可等に基づく処

20) 権限濫用型行政指導の概念については、前掲注(11)。

分をする権限を行使し得る旨を示すときは、その相手方に対して、Ⓐ当該権限を行使し得る根拠となる法令の条項、Ⓑ当該条項に規定する要件、Ⓒ当該権限の行使がその要件に適合する理由を明示する義務を課される。なお、同条3項（現2項）により、当該行政指導の相手方は、上記事項の提示につき書面交付を求めることができる。

12-3　違法な行政指導の中止等の求め

上記②は、法令に違反する行為の是正を求める行政指導（法律に根拠があるものに限る）の相手方が、当該行政指導が法律の規定する要件に適合しないと思料するとき、当該行政指導をした行政機関に対し、当該行政指導の中止その他必要な措置をとることを求める申出をすることができる手続を新設する（改正行手法36条の2第1項）。

違法な行政指導に係る事後救済手続として位置付けられるが、法律に根拠を有し、かつ、法令違反行為の是正を求める行政指導でなければ、手続の対象とはならない。また、「申出」であるため、申出を受けた行政機関に応答義務を課すものではない。申請制度[21]ではなく、国民に請求権を付与するものではない。

行政指導に係る救済手法を行手法に規定することの理論的課題については、20年法案の段階から各種議論のあるところであったが、一方で処分性を柔軟に解釈する判例法理との整合性の問題があり、他方で苦情処理制度とのすみ分け・機能分担という制度的課題がある。法施行後、実際の制度運用の状況を見守る必要がある。

申出は、法定された事項を記載した申出書の提出による（改正行手法36条の2第2項）。申出があったとき、行政機関の側は、必要な調査を行い、当該行政指導が法律の定める要件に適合しないと認めるときは、当該行政指導の中止その他必要な措置をとることが義務付けられる（同条3項）。申出をした者に対し、行政機関の側から通知・連絡をすべきことは、規定されていない。

---

21)　行手法2条3号は、「申請」の定義の要素として「行政庁が許諾の応答をすべきこととされているものをいう」と規定しており、そこから、「申出」についてはそうではない（「申出」に対して行政庁は応答義務を負わない）と解される。

12-4　一定の処分または行政指導の求め

上記③は、何人も、法令に違反する事実を発見した場合に、行政側に対して、それを是正するための処分または行政指導（法律に根拠があるものに限る）をすることを求める申出ができるという手続を定める（改正行手法36条の3第1項)。申出は、法定された事項を記載した申出書の提出により（同条2項)、申出を受けた行政庁または行政機関は、必要な調査を行い、その結果に基づき必要があると認めるときは、当該処分・行政指導をしなければならない（同条3項)。

一定の処分または行政指導を求める手続として、その限りで、平成16年改正で行訴法に新設された非申請型義務付け訴訟（行訴法3条6項2号）に行政レベルで対応するものではあるが、あくまでも「申出」制度であり、行政機関の側に応答義務はなく、申請制度（国民の申請権）を新設するものでもない。行政に対して適正な権限行使・職権発動を促す手続として、事前手続を規律する行手法において措置されたと考えられる。

改正行手法36条の3第1項の規定する申出制度は、「何人も」することができるという規定振りとなっており、一定の処分または行政指導の直接の相手方はもとより、それ以外の第三者から申出があることが想定された制度設計になっている。

改正後の行政手続法（抄）　※下線部分が改正行手法による改正部分である。

（適用除外）

第3条　次に掲げる処分及び行政指導については、次章から<u>第4章の2</u>までの規定は、適用しない。

一～十六　（略）

2～3　（略）

第4章　行政指導

第32条～第34条　（略）

（行政指導の方式）

第35条　行政指導に携わる者は、その相手方に対して、当該行政指導の趣旨及び内容並びに責任者を明確に示さなければならない。

2　行政指導に携わる者は、当該行政指導をする際に、行政機関が許認可等をする権限又は許認可等に基づく処分をする権限を行使し得る旨を示すときは、その相手方に対して、次に掲げる事項を示さなければならない。

一　当該権限を行使し得る根拠となる法令の条項

二　前号の条項に規定する要件

三　当該権限の行使が前号の要件に適合する理由

3　行政指導が口頭でされた場合において、その相手方から前2項に規定する事項を記載した書面の交付を求められたときは、当該行政指導に携わる者は、行政上特別の支障がない限り、これを交付しなければならない。

4　前項の規定は、次に掲げる行政指導については、適用しない。

一　相手方に対しその場において完了する行為を求めるもの

二　既に文書（前項の書面を含む。）又は電磁的記録（電子的方式、磁気的方式その他人の知覚によっては認識することができない方式で作られる記録であって、電子計算機による情報処理の用に供されるものをいう。）によりその相手方に通知されている事項と同一の内容を求めるもの

第36条　（略）

（行政指導の中止等の求め）

第36条の2　法令に違反する行為の是正を求める行政指導（その根拠となる規定が法律に置かれているものに限る。）の相手方は、当該行政指導が当該法律に規定する要件に適合しないと思料するときは、当該行政指導をした行政機関に対し、その旨を申し出て、当該行政指導の中止その他必要な措置をとることを求めることができる。ただし、当該行政指導がその相手方について弁明その他意見陳述のための手続を経てされたものであるときは、この限りでない。

2　前項の申出は、次に掲げる事項を記載した申出書を提出してしなければならない。

一　申出をする者の氏名又は名称及び住所又は居所

二　当該行政指導の内容

三　当該行政指導がその根拠とする法律の条項

四　前号の条項に規定する要件

五　当該行政指導が前号の要件に適合しないと思料する理由
六　その他参考となる事項
3　当該行政機関は、第1項の規定による申出があったときは、必要な調査を行い、当該行政指導が当該法律に規定する要件に適合しないと認めるときは、当該行政指導の中止その他必要な措置をとらなければならない。

第4章の2　処分等の求め

第36条の3　何人も、法令に違反する事実がある場合において、その是正のためにされるべき処分又は行政指導（その根拠となる規定が法律に置かれているものに限る。）がされていないと思料するときは、当該処分をする権限を有する行政庁又は当該行政指導をする権限を有する行政機関に対し、その旨を申し出て、当該処分又は行政指導をすることを求めることができる。
2　前項の申出は、次に掲げる事項を記載した申出書を提出してしなければならない。
一　申出をする者の氏名又は名称及び住所又は居所
二　法令に違反する事実の内容
三　当該処分又は行政指導の内容
四　当該処分又は行政指導の根拠となる法令の条項
五　当該処分又は行政指導がされるべきであると思料する理由
六　その他参考となる事項
3　当該行政庁又は行政機関は、第1項の規定による申出があったときは、必要な調査を行い、その結果に基づき必要があると認めるときは、当該処分又は行政指導をしなければならない。

第 2 部　行政不服審査法（平成26年法律第68号）逐条解説

第1章　総　　則

本章には、「総則」として、審査請求、再調査の請求および再審査請求に共通する規定が定められている。

（目的等）

第1条　この法律は、行政庁の違法又は不当な処分その他公権力の行使に当たる行為に関し、国民が簡易迅速かつ公正な手続の下で広く行政庁に対する不服申立てをすることができるための制度を定めることにより、国民の権利利益の救済を図るとともに、行政の適正な運営を確保することを目的とする。

2　行政庁の処分その他公権力の行使に当たる行為（以下単に「処分」という。）に関する不服申立てについては、他の法律に特別の定めがある場合を除くほか、この法律の定めるところによる。

新法は、行政不服審査制度について、その簡易迅速性を生かしつつ、より客観的かつ公正な審理手続を定めるなどにより、不服申立人の手続保障を強化しようとする。

1項は、行手法等の制定（平成5年）や行訴法の改正（平成16年）により、行政の透明性・公正性が向上するとともに、行政庁の処分に関する国民の救済手続の水準が向上したことを踏まえ、行政不服審査制度がこれまで以上に公正な手続の下で国民の権利利益の救済を図るものであることを明らかにするため、「簡易迅速かつ公正な手続」であることを明記し、「国民が簡易迅速かつ公正な手続の下で広く行政庁に対する不服申立てをすることができるための制度を定める」と規定している。

2項は、新法の一般法としての性格を明らかにしている。

（処分についての審査請求）
第２条　行政庁の処分に不服がある者は、第４条及び第５条第２項の定めるところにより、審査請求をすることができる。

新法は、行政庁の処分およびその不作為については、特に除外されない限り、審査請求をすることができるとの一般概括主義をとっており、このことは、旧法と同様である。

本条では、処分について不服がある者は、審査請求をすることができることが定められている。

本条の「不服がある者」とは、違法または不当な行政処分により直接に自己の権利または利益を侵害された者をいい、新法が主観的争訟を定めるものとして立法されていることが明らかであることから、具体的事件ごとに不服申立てをするにふさわしい者、すなわち不服申立適格を有する者のみに不服申立てを認める趣旨と解される。「不服がある者」の具体的範囲は、判例において、当該処分について審査請求をする法律上の利益がある者、すなわち、行訴法９条の定める原告適格を有する者の具体的範囲と同一と解釈されている（最判昭和53・3・14民集32巻2号211頁）。

（不作為についての審査請求）
第３条　法令に基づき行政庁に対して処分についての申請をした者は、当該申請から相当の期間が経過したにもかかわらず、行政庁の不作為（法令に基づく申請に対して何らの処分をもしないことをいう。以下同じ。）がある場合には、次条の定めるところにより、当該不作為についての審査請求をすることができる。

本条では、法令に基づき処分についての申請をした者は、当該申請から相当の期間が経過したにもかかわらず、当該申請に対する何らの処分もされない場合に、不作為についての審査請求をすることができることとされている。

旧法における不作為についての不服申立ては、事務処理の促進を求める制度ととらえられており、不作為庁への異議申立てまたは上級行政庁への審査請求のいずれかを選択することができる仕組みであった。新法は、処分についての審査請求と同様に、不作為についても、異議申立てを廃止して審査請求に一元化した上で、不作為についての審査請求は、当該申請を認容するか否かを判断することにより争訟の一回的解決を図る制度とした。

また、旧法においては、「行政庁が法令に基づく申請に対し、相当の期間内になんらかの処分その他公権力の行使に当たる行為をすべきにかかわらず、これをしないこと」を「不作為」と定義し（旧法2条2項)、不作為の成否を不服申立ての要件と整理していたが（旧法7条)、新法においては、「不作為」を単に客観的事実としてとらえ、「相当の期間」を経過しているか否かを審査請求の要件とした。

（審査請求をすべき行政庁）

第4条　審査請求は、法律（条例に基づく処分については、条例）に特別の定めがある場合を除くほか、次の各号に掲げる場合の区分に応じ、当該各号に定める行政庁に対してするものとする。

一　処分庁等（処分をした行政庁（以下「処分庁」という。）又は不作為に係る行政庁（以下「不作為庁」という。）をいう。以下同じ。）に上級行政庁がない場合又は処分庁等が主任の大臣若しくは宮内庁長官若しくは内閣府設置法（平成11年法律第89号）第49条第1項若しくは第2項若しくは国家行政組織法（昭和23年法律第120号）第3条第2項に規定する庁の長である場合　当該処分庁等

二　宮内庁長官又は内閣府設置法第49条第1項若しくは第2項若しくは国家行政組織法第3条第2項に規定する庁の長が処分庁等の上級行政庁である場合　宮内庁長官又は当該庁の長

三　主任の大臣が処分庁等の上級行政庁である場合（前2号に掲げる場合を除く。）　当該主任の大臣

四　前3号に掲げる場合以外の場合　当該処分庁等の最上級行政庁

本条では、２条および３条の規定による審査請求をすべき行政庁（審査請求先）について、処分庁等に応じて規定されている。「処分庁等」とは、処分をした行政庁である「処分庁」または不作為に係る行政庁である「不作為庁」をいう。

〈審査請求先の原則〉

審査請求先は、処分庁等に上級行政庁がある場合とない場合とで大別される。「上級行政庁」とは、当該行政事務に関し、処分庁等を直接指揮監督する権限を有する行政庁をいう。一般的には組織編成上の上位に置かれる行政庁がこれにあたるが、個別の法令で別途に指揮監督権限が定められる場合がある。「最上級行政庁」とは、さらなる上級行政庁を有しない行政庁をいう。

処分庁等に上級行政庁がない場合には、当該処分庁等を審査請求先とする（１号前段）。

処分庁等に上級行政庁があるときは、基本的には上級行政庁が審査請求先となる。これは、処分または不作為を公正に見直すことができるよう、処分庁等と異なる主体が審査請求に対する審理・裁決をすることとされたものである。さらに、処分庁等に上級行政庁が複数存在するときは、最上級行政庁が審査請求先とされている（４号）。これは、上記の理由に加え、さらに、審査請求人に主任の大臣等や地方公共団体の長による判断を受ける機会を確保し、かつ、行政事務の統一的な処理を図ろうとするものである。

ただし、上級行政庁を有する処分庁等であっても、主任の大臣、宮内庁長官、外局として置かれる庁、外局として置かれる委員会に置かれる庁の長については、上級行政庁がないものとして扱い、処分庁等を審査請求先とするものとされている（１号後段）。これらの行政庁は、上級行政庁から独立して、その機関の事務を統括し、職員の服務について、これを統督することや告示等を発することができるといった一定の権限を有することから、当該行政庁において不服申立てに対する処理をするのが適切とされたものである。

処分庁が、１号後段により上級行政庁がないものとして扱われる行政庁を上級行政庁として有する場合には、その１号後段の上級行政庁（主任の大臣とそれ以外のものがともに該当する場合は後者）が審査請求先となる（２号・３号）。

〈審査請求先の例外〉

上記の原則については、本条の柱書で「法律（条例に基づく処分については、条例）に特別の定めがある場合を除くほか」とされており、法律（条例に基づく処分については、条例）に特別の定めがある場合は、原則の規定（1号～4号）は適用されず、その定められた行政庁が審査請求先となる。

（再調査の請求）

第5条　行政庁の処分につき処分庁以外の行政庁に対して審査請求をすることができる場合において、法律に再調査の請求をすることができる旨の定めがあるときは、当該処分に不服がある者は、処分庁に対して再調査の請求をすることができる。ただし、当該処分について第2条の規定により審査請求をしたときは、この限りでない。

2　前項本文の規定により再調査の請求をしたときは、当該再調査の請求についての決定を経た後でなければ、審査請求をすることができない。ただし、次の各号のいずれかに該当する場合は、この限りでない。

一　当該処分につき再調査の請求をした日（第61条において読み替えて準用する第23条の規定により不備を補正すべきことを命じられた場合にあっては、当該不備を補正した日）の翌日から起算して3月を経過しても、処分庁が当該再調査の請求につき決定をしない場合

二　その他再調査の請求についての決定を経ないことにつき正当な理由がある場合

要件事実の認定の当否に係る不服申立てが大量になされる処分等については、審査請求手続をとる前に、処分の事案・内容等を把握している（または把握できる）立場にある処分担当者等が、審査請求より簡略な手続により改めて当該処分を見直すことに意味がある。また、このような簡略な手続により迅速に判断を示すことは、国民の権利利益の迅速な救済にも資する。

上記のように相手方等の申立てを契機として当該処分について再調査する意義が特に認められる類型を念頭に、本条では、不服申立ての特別な類型として、

不服申立人の選択により、審査請求の前段階で、処分庁が改めて処分を見直して決定する手続である「再調査の請求」について、個別法の特別な定めにより設けることができることとされ（1項）、この再調査の請求をした場合には、審査請求は、一定の場合を除き、処分庁が再調査の請求についての決定をした後でなければすることができないこととされている（2項）。

〈再調査の請求（1項）〉

⑴　再調査の請求と審査請求との関係等

旧法における処分についての異議申立ては、①上級行政庁がないときなど審査請求ができないときに認められ、審査請求と択一的関係にある異議申立て、②審査請求ができる場合であっても、法律の特別の定めにより審査請求に前置してする異議申立て、という2つの類型に分かれていたが、新法においては、上記①については審査請求に一元化され、上記②については、特別の類型に限定して、不服申立人の選択により、審査請求の前にする再調査の請求として処分庁への申立てが認められている。

⑵　処分庁以外の行政庁に対して審査請求をすることができる場合

再調査の請求は、審査請求の前段階で、処分の事案・内容等を把握している（または把握できる）処分担当者等が、審査請求より簡略な手続により改めて処分を見直すことにより、国民の権利利益の迅速な救済を図るとともに、審査庁の負担軽減に資することを企図するものであることから、処分庁以外の行政庁に対して審査請求をすることができる場合に限って認められる。

⑶　法律に再調査の請求をすることができる旨の定めがあるとき

再調査の請求は、要件事実の認定の当否に係る不服申立てが大量に行われる処分のように、処分担当者等が相手方等の申立てを契機として当該処分について再調査する意義が特に認められる特別な類型について認められるものである。

そのため、再調査の請求が認められるのは、個別法で再調査の請求をすることができる旨を規定する場合に限られている。

⑷　処分庁に対してすること

再調査の請求は、処分庁に対してするものである。

⑸　当該処分について審査請求をしたときの扱い

再調査の請求は、不服申立人の選択により、審査請求の前段階において認められるものであり、再調査の請求と審査請求との並行提起を認めることは、争訟経済の観点から適当でなく、公共の負担によって運営される不服申立制度の趣旨に照らし、許容されるべきではないことから、審査請求をしたときは、同一処分について再調査の請求をすることができない。

〈再調査の請求をした場合の審査請求の制限（2項）〉

⑴　再調査の請求をした場合の審査請求の制限

再調査の請求の決定には一定の期間を要するものであるが、再調査の請求は、不服申立人の選択により、審査請求の前段階にされるものであるから、いったんその選択により再調査の請求をしたにもかかわらず、その決定を待たずに審査請求を並行提起し、または審査請求に移行することは、争訟経済の観点から適当でなく、公共の負担によって運営される不服申立制度の趣旨に照らし、許容されるべきではない。このため、再調査の請求をしたときは、原則として、その決定を経なければ、審査請求をすることができない。

しかし、国民が不相当に長い期間、審査請求をすることができないとすることは国民の権利利益の救済の観点から問題であること等から、再調査の請求をした日から一定の期間が経過しても決定がない場合等は、その決定を経ないで審査請求をすることができるとされている。

⑵　再調査をした場合の審査請求の制限

旧法における処分についての異議申立てについては「審査請求は、当該処分につき異議申立てをすることができるときは、異議申立てについての決定を経た後でなければ、することができない」（旧法20条）と規定されていたが、新法における再調査の請求は、旧法における異議申立てとは異なり、それを経るかどうかは不服申立人の選択に委ねられており、再調査の請求をすることができる処分であっても、再調査の請求が審査請求に前置されることとなるのは、実際に再調査の請求をした場合に限られる。この場合に限り、審査請求をするためには、再調査の請求についての決定を経なければならない。

再調査の請求は、審査請求の前段階で処分庁が改めて処分について実質的な判断をする手続であり、その実質的な判断がなされていることが審査請求の要件となる。また、却下の決定を含むとした場合には、再調査の請求期間の徒過により再調査の決定が却下された場合にも、適法に審査請求が可能となるといった不合理な事態を招くおそれがある。旧法20条の「決定を経た」や、行訴法８条１項ただし書の「裁決を経た」についても、原則として却下が含まれないとの解釈が定着している。

こうしたことから、「再調査の請求についての決定」とは、適法な再調査の請求に対する決定を指し、一般には、再調査の請求を却下する旨の決定はこれに含まれない。ただし、適法な再調査の請求について処分庁が誤って却下の決定をしたときは、処分庁の過誤により国民の審査請求をする機会を奪うのは不当であるから、審査庁が却下決定が違法であると認める場合には、適法な再調査の請求についての決定を経たものとなり、適法な審査請求として裁決される（最判昭和36・７・21民集15巻７号1966頁）。このような場合について「正当な理由がある」場合（旧法20条３号、新法５条２項２号）にあたるとする考え方もあり得るが、新法においては、上記判例の整理を前提に、再調査の請求の決定時に「却下の決定である場合にあっては、当該却下決定が違法な場合に限り審査請求をすることができる旨」を教示することとされている（60条２項）。

⑶　再調査の請求の決定を経ずに審査請求ができる場合

再調査の請求が不服申立人の選択によってされたものであるとしても、そのことによって、国民が不相当に長い期間、審査請求をすることができないとすることは、国民の権利利益の救済の観点から問題である。異議申立前置を採用していた旧法でも、異議申立てについての決定を経ずに審査請求をすることができる場合が規定されていた（旧法20条各号）。

新法では、再調査の請求の決定を経なければならないのは、不服申立人の選択により、審査請求の前に再調査の請求をした場合に限られることから、以下の２つの場合について、再調査の請求についての決定を経ずに審査請求をすることができる旨が規定されている。

①　３か月を経過しても決定がないとき（１号）

再調査の請求をした日から３か月が経過しても決定がないときは、その決定を経ないで審査請求をすることができる。「当該処分につき再調査の請求をした日」とは、再調査の請求前置は、適法な再調査の請求をした場合にその要件を充足するものであること、「３月」とは適法な再調査の請求を処理するために通常必要な期間として法定するものであることから、適法な再調査の請求をした日が起算点となることを明らかにするため、「第61条において読み替えて準用する第23条の規定により不備を補正すべきことを命じられた場合にあっては、当該不備を補正した日」と規定されている。

②　「正当な理由」がある場合（２号）

１号に規定する場合のほか、再調査の請求をした後における事情の変化により、再調査の請求の結果が確実に予測される状況に至った場合など、再調査の請求の決定を経ることを義務付ける合理性に乏しい場合が生じることも否定でいないことから、個々の事案に応じて適切に救済が図られるようにするため、「正当な理由がある場合」についても、再調査の請求についての決定を経ないで審査請求をすることが認められている。

なお、旧法における「その他……正当な理由があるとき」（旧法20条３号）については、具体例として、Ⓐ従来の処分庁の態度その他から異議申立ての結果がほぼ予測される場合、Ⓑ適法な異議申立てを処分庁が誤って不適法却下した場合が挙げられていた（田中＝加藤140頁）が、新法においては、上記Ⓐについては、再調査の請求を経ずに直接審査請求をすることも可能としていること（５条１項）、上記Ⓑについては、却下決定が違法である場合には適法な再調査の請求が前置されたものとするとの整理を前提に、再調査の請求の決定時に「却下の決定である場合には、当該却下の決定が違法な場合に限り審査請求をすることができる旨」を教示することとしていること（60条２項）から、「正当な理由」に該当する場合は、旧法に比べ例外的な場合に限られる。

（再審査請求）

第6条　行政庁の処分につき法律に再審査請求をすることができる旨の定めがある場合には、当該処分についての審査請求の裁決に不服がある者は、再審査請求をすることができる。

2　再審査請求は、原裁決（再審査請求をすることができる処分についての審査請求の裁決をいう。以下同じ。）又は当該処分（以下「原裁決等」という。）を対象として、前項の法律に定める行政庁に対してするものとする。

本条は、不服申立ての特別な類型として、処分についての審査請求の裁決に不服がある者がする「再審査請求」を、個別法の特別な定めにより設けることができることを定める。

〈新法における再審査請求の意義〉

新法における審査請求は、原則として最上級行政庁を審査庁とすることから、旧法８条１項２号・３項が規定していた処分権限の委任に伴う再審査請求は原則として生じない。

しかしながら、法律に基づく再審査請求の中には、専門技術性を有する第三者機関が審理・裁決を行う場合等、新法における手続保障の厚い審査請求の裁決を経た後の救済手続としても、なおその意義が認められるものがあると考えられることから、旧法８条１項１号に規定する、法律の特別の定めに基づく再審査請求のうち、新法における審査請求の裁決を経た後の救済手続として、なおその意義が認められるものについては、存置されている。

〈再審査請求（１項）〉

再審査請求は、審査請求の裁決後に、その裁決に不服のある者がすることができる手続であることが明示されている。

また、再審査請求は、審査請求の裁決を経た後の救済手続として、なおその意義が認められる特別な類型について認められるものである。そのため、再審査請求が認められるのは、個別法で再審査請求をすることができる旨を規定する場合に限られる。

〈再審査請求先等（2項）〉

⑴　再審査請求の対象

旧法における再審査請求は、原処分と裁決のいずれを対象として争うことも可能であり、いずれを対象とするかは、不服申立人の選択に委ねられると解されていた（田中＝加藤95頁）。

新法は、これを明らかにするため、「再審査請求は、原裁決……又は当該処分……を対象として……するものとする」と明記し、また、再審査請求をすることができる処分についての審査請求の裁決について「原裁決」、再審査請求人の選択により再審査請求の対象とされる原裁決または当該処分について「原裁決等」という総称を定めた。

⑵　再審査請求先

旧法と同様に、再審査請求は、当該再審査請求をすることができる旨を規定する個別の法律において規定する行政庁に対してする旨、規定されている。

（適用除外）

第7条　次に掲げる処分及びその不作為については、第2条及び第3条の規定は、適用しない。

一　国会の両院若しくは一院又は議会の議決によってされる処分

二　裁判所若しくは裁判官の裁判により、又は裁判の執行としてされる処分

三　国会の両院若しくは一院若しくは議会の議決を経て、又はこれらの同意若しくは承認を得た上でされるべきものとされている処分

四　検査官会議で決すべきものとされている処分

五　当事者間の法律関係を確認し、又は形成する処分で、法令の規定により当該処分に関する訴えにおいてその法律関係の当事者の一方を被告とすべきものと定められているもの

六　刑事事件に関する法令に基づいて検察官、検察事務官又は司法警察職員がする処分

七　国税又は地方税の犯則事件に関する法令（他の法令において準用する場合を含む。）に基づいて国税庁長官、国税局長、税務署長、収税官吏、税

関長、税関職員又は徴税吏員（他の法令の規定に基づいてこれらの職員の職務を行う者を含む。）がする処分及び金融商品取引の犯則事件に関する法令（他の法令において準用する場合を含む。）に基づいて証券取引等監視委員会、その職員（当該法令においてその職員とみなされる者を含む。）、財務局長又は財務支局長がする処分

八　学校、講習所、訓練所又は研修所において、教育、講習、訓練又は研修の目的を達成するために、学生、生徒、児童若しくは幼児若しくはこれらの保護者、講習生、訓練生又は研修生に対してされる処分

九　刑務所、少年刑務所、拘置所、留置施設、海上保安留置施設、少年院、少年鑑別所又は婦人補導院において、収容の目的を達成するためにされる処分

十　外国人の出入国又は帰化に関する処分

十一　専ら人の学識技能に関する試験又は検定の結果についての処分

十二　この法律に基づく処分（第５章第１節第１款の規定に基づく処分を除く。）

2　国の機関又は地方公共団体その他の公共団体若しくはその機関に対する処分で、これらの機関又は団体がその固有の資格において当該処分の相手方となるもの及びその不作為については、この法律の規定は、適用しない。

行政庁の処分およびその不作為については、特に除外されない限り、審査請求をすることができるが（一般概括主義）、本条では、適用除外となる処分・不作為について規定されている（1項）。

また、国の機関等に対する処分およびその不作為について、適用除外規定（2項）が置かれている。

〈処分についての審査請求および不作為についての審査請求の適用除外（1項）〉

1項各号に掲げる処分およびその不作為については、2条に規定する処分についての審査請求をすることができる旨の規定および3条に規定する不作為についての審査請求をすることができる旨の規定を適用しない。

旧法においては、不作為についての不服申立て（旧法50条・51条）には事務処理の促進を求めることに中心が置かれていたため、これについての適用除外は

設けず、適用除外は処分についてのみ定められていた（旧法４条１項ただし書・同項各号）。しかしながら、新法においては、不作為についての審査請求についても、裁決時に法令に基づく申請に対して「一定の処分」をする措置をとることができる旨の手続を規定することにより、申請に対する応答内容を確定させ、争訟の一回的解決を図るものとなっているため、新法よりも慎重な手続によってその不服を処理することとされている処分（本条１項５号〜７号)、処分の性格から新法の手続による不服申立てを認めるのが適当でないもの（同項８号〜11号）については、処分についての審査請求と同様に、適用除外とされている。

１項において適用除外とする処分およびその不作為は、以下の４つの類型に大別できる。

⑴　慎重な手続によって行われた処分であるので、不服申立てを認めても結局は同じ結果になると予想されるもの（１号〜４号）

①「国会の両院若しくは一院又は議会の議決によってされる処分」（１号）

国会および地方公共団体の議会は、一般的な規範の定立を目的として設置されている議事機関であり、その行為は基本的には新法の対象とするところではない。

しかしながら、国会・議会の権能としては法律上様々なものが与えられており、その中には、たとえば、議員の懲罰決議（国会法121条、地方自治法134条）などのように、一般的な規範の定立ではなく、直接特定の者の権利義務を変動させ、またはその範囲を確定する効果を有する行為も見られる。このような行為は、「行政庁の処分」にあたるが、国会または議会が不服申立てを通じて当該処分を再度検討したとしても、同じ結果になることが予想されることから、新法の適用が除外されている。

「議決」とは、合議制の機関の意思決定を指すものである。国会の両議院の議決の方法は憲法56条に規定されており、地方議会の議決の方法については地方自治法116条に規定されている。「議決によってされる処分」とは、議決自体によって特定の者の権利義務が変更される等の法的効果が生ずるものであることを指す。

②　「裁判所若しくは裁判官の裁判により、又は裁判の執行としてされる処分」（2号）

「裁判により……される処分」とは、宗教法人の解散命令（宗教法人法81条）、過料の裁判（非訟事件手続法120条）など、裁判として示された判断自体が処分にあたるものを、「裁判の執行としてされる処分」とは、刑事裁判の執行の指揮（刑事訴訟法472条）など、裁判として示された判断に従って、それを実現するために行われる処分を指す。これらの処分については、裁判所または裁判官が不服申立てを通じて当該処分を再度検討したとしても、同じ結果になることが予想されることから、適用が除外されている。

なお、具体的な訴訟事件についての判断は、司法権の行使であって、新法が対象とする「行政庁の処分」にはあたらない。

③　「国会の両院若しくは一院若しくは議会の議決を経て、又はこれらの同意若しくは承認を得た上でされるべきものとされている処分」（3号）

「議決」、「同意」、「承認」とは、当該処分を行うことが適当である旨の国会等の判断を指すものであり、個別法上どのような用語かを問わない。「されるべきものとされている」とは、法律上、処分を行うにあたり、これらの国会等の判断を得ることが義務付けられているものを指し、これらの処分については、1号と同様の理由により、適用が除外されている。

「国会の議決を経て」行う処分の具体例としては、公共用財産の用途廃止（国有財産法13条）等、「議会の議決を経て」行う処分の具体例としては、公有財産を使用する権利に関する旧慣の変更・廃止または使用の許可（地方自治法238条の6）等、「国会の承認を得た上で」行う処分の具体例としては、日本に特別の功労のある外国人の帰化の許可（国籍法9条）等、「国会の同意を得た上で」行う処分の具体例としては、中央選挙管理会の委員の罷免（公職選挙法5条の2）等、「両議院の同意を得た上で」行う処分の具体例としては、人事官の罷免（国家公務員法8条3項）等、「議会の同意を得た上で」行う処分の具体例としては、基準に適合しない建築物に対する除却命令（建築基準法11条）等がある。

④　「検査官会議で決すべきものとされている処分」（4号）

会計検査院は、会計検査院法1条によって内閣に対し独立の地位を与えられている点で、国会および裁判所に準ずる機関と考えられ、しかも、検査官会議における決定手続は慎重なものであるから、国会および裁判所に準じた取扱いが規定されている。

具体例として、弁償責任の検定（会計検査院法32条、予算執行職員等の責任に関する法律４条）がある。

⑵　行政不服審査法よりも慎重な手続によってその不服を処理することとされているもの（５号〜７号）

①「当事者間の法律関係を確認し、又は形成する処分で、法令の規定により当該処分に関する訴えにおいてその法律関係の当事者の一方を被告とすべきものと定められているもの」（５号）

行訴法４条前段は、「当事者間の法律関係を確認し又は形成する処分又は裁決に関する訴訟で法令の規定により法律関係の当事者の一方を被告とするもの」を当事者訴訟（形式的当事者訴訟）としている。「当事者間の法律関係を確認し又は形成する処分又は裁決」に関する訴訟は、本来は抗告訴訟（同法３条１項）に属するものであるが、処分の性質上当該法律関係の当事者間で争わせることが適当であるものについては、法令で当事者の一方を被告として訴えを提起すべきものとする例がある。

このような形式的当事者訴訟の対象となる処分に不服申立てを認めることは、当該処分について抗告訴訟を認める結果となり、当事者訴訟によって争うべきものとした規定と矛盾することになることから、適用が除外されている。

具体例として、損失の補償金額の決定（植物防疫法20条３項）、補償金額の裁定（道路運送法69条５項）などがある。

②「刑事事件に関する法令に基づいて検察官、検察事務官又は司法警察職員がする処分」（６号）

「刑事事件に関する法令」とは、刑法、刑事訴訟法等犯罪と刑罰に関連する法令一般を指すものであるが、ここで具体的に対象となるのは、その中でも刑事訴訟法、少年法など行政庁の権限を定めた法令である。これらの法令に基づく刑事事件に関する処分は、裁判所における判断（刑事裁判）を中核とする一方、国民に与える権利侵害の重大さに鑑み、当該法令により慎重な手続が整備されており、権利救済もそれに委ねた方が適切であると考えられることから、適用が除外されている。

具体例として、捜索状の執行中の当該場所への出入りの許可、退去命令（刑事訴訟法112条）、収容状の発付（同法485条）などがある。

③「国税又は地方税の犯則事件に関する法令（他の法令において準用する場合を含む。）に基づいて国税庁長官、国税局長、税務署長、収税官吏、税関長、税関職員又は徴税吏員（他の法令の規定に基づいてこれらの職員の職務を行う者を含む。）がする処分」（7号）

犯則事件は、実質的には犯罪の構成要件を充足するものであり、臨検、捜索、差押え等を行う際には原則として裁判所の許可を必要とするなど、慎重な手続が整備されており、刑事事件に関する処分に準ずるものと考えられることから、適用が除外されている。

「国税又は地方税の犯則事件」に関し詳細な手続規定を設けているのは国税犯則取締法および関税法であり、このほかに地方税法は国税犯則取締法を、とん税法、特別とん税法等は関税法を準用している。また、これらの法令を国税または地方税に関する法令以外の法令において準用している場合もあることから、「他の法令において準用する場合を含む」と規定されている。

本号にあたる処分の典型例は、通告処分（国税犯則取締法14条、関税法138条）である。

④「金融商品取引の犯則事件に関する法令（他の法令において準用する場合を含む。）に基づいて証券取引等監視委員会、その職員（当該法令においてその職員とみなされる者を含む。）、財務局長又は財務支局長がする処分」（7号）

上記の処分は、国税または地方税の犯則事件に関する法令に基づいてする処分と同じ類型の処分であることから、適用が除外されている。

⑶　処分の性格から新法の手続による不服申立てを認めるのが適当でないもの（8号～11号）

①「学校、講習所、訓練所又は研修所において、教育、講習、訓練又は研修の目的を達成するために、学生、生徒、児童若しくは幼児若しくはこれらの保護者、講習生、訓練生又は研修生に対してされる処分」（8号）

義務教育については、国民としての最低限の教育を施すために本人の意思にかかわらず教育を受けさせているものであり、また、義務教育以外については、当事者の合意に基づき当該学校等において教育を受けているものであって、いずれも通常の行政庁と一般国民の関係とは性質を異にする関係下にあることから、教育等の目的を達成するために行われる処分等については、適用が除外されている。

本号にあたる処分の具体例として、児童の出席停止命令（学校教育法35条）などがある。

②「刑務所、少年刑務所、拘置所、留置施設、海上保安留置施設、少年院、少年鑑別所又は婦人補導院において、収容の目的を達成するためにされる処分」（9号）

刑務所等における処分は、特定の施設内に拘束されているという特殊な状況下において、受刑者については刑罰の執行、刑事被告人等については身体の拘束、少年院在住者については矯正教育というようなそれぞれの収容目的または施設内の秩序維持もしくは管理運営上の必要のために、それに必要な限度で行われるものであることから、新法に定める一般的な手続保障になじまないため、適用が除外されている。

本号にあたる処分の具体例として、受刑者に対する刑罰の執行、刑事被告人等の身体の自由の拘束、保護処分を受けた少年に対する矯正教育の授与、少年の資質の鑑別、補導処分に付された満20歳以上の女子の更生のための補導等を行うために必要とされる処分などがある。

③「外国人の出入国又は帰化に関する処分」（10号）

外国人の出入国または帰化に関する処分は、基本的に国家の主権にかかわる事項であるとされ、元来国家が自由にこれを決し得るものであるから、国民の権利利益の救済を目的とする新法の対象とすることは妥当ではないため、適用が除外されている。

本号にあたる処分の具体例としては、外国人の上陸の許可、在留資格の変更の許可、出国の確認など出入国管理及び難民認定法2章から5章に規定する処分、帰化の許可（国籍法4条から9条）およびその取消しなどがある。

④「専ら人の学識技能に関する試験又は検定の結果についての処分」（11号）

資格試験等、人の学識技能に関する試験・検定については、人の能力という単純には測ることができないものについて、試験・検定という場において示された結果のみをもとにして試験委員等が判断するという特殊な性格のものであり、その性質上、新法の対象とすることになじまないため、適用が除外されている。

「人の学識技能に関する試験又は検定」とは、人の知識、技術、能力等について、一定の方式により、相手方に自らの能力を示す機会を与え、それについての評価を下す行為を指し、身長、体重等機械的に測定可能な外形的特徴や健康診断や精神鑑定のようなものは「学識技能」には含まれないが、視力や聴力は含まれる。なお、物の品質性能に関する検査、検定は、本号の対象ではない。

「専ら……結果についての処分」とは、試験または検定の結果のみに基づいて判断する処分を指し、試験に合格した者のみに対して行われる処分であっても、欠格事由等他の要件をも判断してされるものは、これに該当しない。なお、不正行為を理由とする試験の停止、合格決定の取消し処分は、本号の対象ではない。

⑷ すでに不服申立処理機関の判断が示されているため、再び争わせる必要がなく、これを認めることは迅速な処理を阻害することになるもの（12号）

新法に基づく処分は、審査請求や再審査請求の裁決、再調査の請求の決定または執行停止の決定等がある。これらの処分は、不服申立ての手続においてされる処分であり、不服申立処理機関の判断としてされるものであるから、再び同一の処理機関に対して争わせる必要がないばかりか、迅速な処理を阻害することになることから、適用が除外される。

ただし、第5章第1節第1款の規定に基づく行政不服審査会の委員に対する処分（たとえば、69条10項の金銭上の利益を目的とする業務を行う許可）は、不服申立ての手続における処分ではないので、適用除外の対象から除外される。

〈国の機関等に対する処分およびその不作為についての適用除外（2項）〉

旧法では、行政機関相互間における処分についての適用関係について、明文の規定を置いていなかったが、不服申立ては「国民に対して広く行政庁に対する不服申立てのみちを開く」（旧法1条）ものであるから、地方公共団体その他の公共団体がその固有の資格においてその相手方となる処分についてすることはできないと解されていた。他の法律に基づく不服申立てにも適用される教示の規定においてのみ、「地方公共団体その他の公共団体に対する処分で、当該公共団体がその固有の資格において処分の相手方となるもの」について適用除外規定を置いていた（旧法57条４項）のも、これらの処分が旧法に基づく不服申立ての対象とはならないことを前提としたものである。また、旧法の目的に鑑みれば、このことは、地方公共団体のみならず、国の機関に対する処分についても同様である。

しかしながら、「国民の権利利益の保護に資すること」を目的とする行手法においては、行政機関相互間でされる処分や一定の法人に対する監督的処分など、行政と一般国民との関係を規定する同法の適用になじまない処分について、「国の機関又は地方公共団体若しくはその機関に対する処分（これらの機関又は団体がその固有の資格において当該処分の名あて人となるものに限る。）」と明文で適用除外規定が置かれている（行手法４条）。

新法においては、旧法の考え方を前提としつつ、行手法４条との整合性を図るとともに、適用関係を明確にする観点から、「国の機関又は地方公共団体その他の公共団体若しくはその機関に対する処分で、これらの機関又は団体がその固有の資格において当該処分の相手方となるもの及びその不作為」について適用除外規定が置かれた。

（特別の不服申立ての制度）

第８条　前条の規定は、同条の規定により審査請求をすることができない処分又は不作為につき、別に法令で当該処分又は不作為の性質に応じた不服申立ての制度を設けることを妨げない。

新法による不服申立てができないとされた処分・不作為についても、その性質に応じた別の不服申立ては認められるべきものと考えられる。本条では、旧法４条２項と同様に、特別の不服申立ての制度を設けることが可能なことが念のため明示されている。

別に法令で定められている不服申立ての制度としては、たとえば、次のようなものがある。

①　議会の議決によって、または議会の議決を経てされる処分（新法7条1項1号・3号）について認められる不服申立て。地方自治法255条の4の審決の申請（他の不服申立てをすることができない場合に、同法の規定により普通地方公共団体の機関がした処分により違法に権利を侵害されたとする者がする不服申立て）がある。上記の処分には、議員の除名（同法134条）、公有財産を使用する権利に関する旧慣の変更・廃止または使用の許可（同法238条の6）等、議会の議決によりされる処分や、議会の議決を経てされる処分が含まれる。

②　当事者訴訟の対象となる処分（新法7条1項5号）について認められる不服申立て。自衛隊法105条7項の異議の申出（自衛隊が行う訓練のための漁船の操業の制限等による損失の補償額の決定に対する不服申立て）等がある。

③　刑務所等においてされる処分（新法7条1項9号）について認められる不服申立て。刑事収容施設及び被収容者等の処遇に関する法律157条の審査の申請（刑事施設の長の措置に対する不服申立て）等がある。

④　行政機関相互間でされる処分（新法7条2項）について認められる不服申立て。補助金等に係る予算の執行の適正化に関する法律25条の不服の申出（補助金等の交付に関する各省各庁の長の処分に対して地方公共団体がする不服申立て）等がある。

第２章　審査請求

新法は、不服申立ての種類を原則として審査請求に一元化する。本章では、第１節で審査庁（審理員）および審理関係人の意義等について規定され、第２節以下で時系列的な流れに沿って審理手続について規定されている。

なお、旧法は、不作為についての審査請求の手続（旧法２章４節）を処分についての審査請求の手続（旧法２章２節）とは別に規定していたが、新法は、処分および不作為についての審査請求に共通する手続として規定している。

第１節　審査庁および審理関係人

審査請求に関しては、審理を担当する者として「審理員」が新たに規定されるほか、標準審理期間といった具体的な個別の審査請求を前提としない規定も設けられることから、第１節において、審理を行う主体（審査庁および審理員）ならびに審理の当事者である審査請求人、参加人および処分庁（以下、「審理関係人」という）に関する規定が置かれている。

（審理員）

第９条　第４条又は他の法律若しくは条例の規定により審査請求がされた行政庁（第14条の規定により引継ぎを受けた行政庁を含む。以下「審査庁」という。）は、審査庁に所属する職員（第17条に規定する名簿を作成した場合にあっては、当該名簿に記載されている者）のうちから第３節に規定する審理手続（この節に規定する手続を含む。）を行う者を指名するとともに、その旨を審査請求人及び処分庁等（審査庁以外の処分庁等に限る。）に通知しなければならない。ただし、次の各号のいずれかに掲げる機関が審査庁である場合若しくは条例に基づく処分について条例に特別の定めがある場合又は第24条の規定により当該審査請求を却下する場合は、この限りでない。

一　内閣府設置法第49条第１項若しくは第２項又は国家行政組織法第３条第２項に規定する委員会
二　内閣府設置法第37条若しくは第54条又は国家行政組織法第８条に規定する機関
三　地方自治法（昭和22年法律第67号）第138条の４第１項に規定する委員会若しくは委員又は同条第３項に規定する機関

2　審査庁が前項の規定により指名する者は、次に掲げる者以外の者でなければならない。
一　審査請求に係る処分若しくは当該処分に係る再調査の請求についての決定に関与した者又は審査請求に係る不作為に係る処分に関与し、若しくは関与することとなる者
二　審査請求人
三　審査請求人の配偶者、四親等内の親族又は同居の親族
四　審査請求人の代理人
五　前２号に掲げる者であった者
六　審査請求人の後見人、後見監督人、保佐人、保佐監督人、補助人又は補助監督人
七　第13条第１項に規定する利害関係人

3　審査庁が第１項各号に掲げる機関である場合又は同項ただし書の特別の定めがある場合においては、別表第１の上欄に掲げる規定の適用については、これらの規定中同表の中欄に掲げる字句は、それぞれ同表の下欄に掲げる字句に読み替えるものとし、第17条、第40条、第42条及び第50条第２項の規定は、適用しない。

4　前項に規定する場合において、審査庁は、必要があると認めるときは、その職員（第２項各号（第１項各号に掲げる機関の構成員にあっては、第１号を除く。）に掲げる者以外の者に限る。）に、前項において読み替えて適用する第31条第１項の規定による審査請求人若しくは第13条第４項に規定する参加人の意見の陳述を聴かせ、前項において読み替えて適用する第34条の規定による参考人の陳述を聴かせ、同項において読み替えて適用する第35条第１項の規定による検証をさせ、前項において読み替えて適用する第36条の規定による第28条に規定する審理関係人に対する質問をさせ、又は同項において読み替えて適用する第37条第１項若しくは第２項の規定による意見の聴取を

行わせることができる。

〈審理員制度〉

⑴　審理員制度が新設された趣旨

審理手続は審査庁の事務であるが、具体の手続は、審査庁を補佐する審査庁の職員が行うのが一般的である。

旧法では、審理手続に関与する職員についての定めが置かれていなかったため、たとえば、原処分に関与した職員が審理手続を行うことが法律上は排除されていなかった。また、当事者や参加人、その親族関係者または代理人等、密接な関係を有することが定型的に明らかな者についても、行手法19条における聴聞主宰者については排除されている一方で、旧法ではこのような規定がなかった。

新法では、審査庁による審理手続の公正さ・透明性を確保することにより、審査請求人の手続的権利を保障するとともに、従前以上に行政の自己反省機能を高め、「国民の権利利益の救済を図るとともに、行政の適正な運営を確保する」という制度目的を達成する観点から、処分に関する手続に関与していないなど一定の要件を満たす職員を「審理員」として指名し、この「審理員」が審査請求の審理を行うことを規定している。

⑵　審理員の地位・権限

新法においても、旧法と同様、裁決権限は審査庁に帰属することとされているが、他方、審理手続について、審理員は、単なる事務処理を行うだけではなく、本章第２節以下の規定に基づき、弁明書の提出を求め、口頭意見陳述の審理を指揮し、あるいは鑑定等を職権で行うなどの権限を与えられており、個別の事件に関する審理手続について審査庁の指揮を受けることなく、自らの名において、審理を行う。

また、審理員は、審理の結果として、事案の概要、審理関係人の主張の要旨、審査庁がすべき裁決の主文および理由を「審理員意見書」としてまとめ、審査庁に提出する権限を与えられている。この「審理員意見書」は、審査請求人および参加人にも送付される。

行政組織法上、訓令や通達はその機関の職員を拘束するものと一般に解されており、審査庁の職員である審理員は、審理にあたっては、一義的には、訓令や通達として示された内部基準を踏まえて判断する。しかしながら、審理員は、審査請求に対する最終的な判断を行うものではなく、また、こうした内部基準は、当該機関の外部の者を拘束するものではないことからすれば、実際の事案によっては、原処分の根拠法令の趣旨に立ち返り、内部基準と異なる法令解釈により裁決を行うべき旨の意見書を提出することも可能である。

〈審理員の指名および審査請求人等への通知（１項本文）〉

⑴　「審査庁」の定義

審査請求を受け、裁決をする行政庁は、４条の規定または他の法律（条例に基づく処分については、条例）の規定により定まる。審査請求がされた行政庁は、その請求が適法であるか否かを確認し、審査請求の審理を行うべき場合には審理員を指名し、最終的には、審査請求に対する応答としての裁決をする。これらの一連の審査請求に関する手続をとる行政庁を「審査庁」と定義している。14条の規定により行政庁が裁決をする権限を有しなくなった場合に引継ぎを受けた行政庁もこれに含まれる。

⑵　審理員の指名

審査庁（委員会、審議会等といった合議制の機関（１項各号）を除く）は、審査請求書が提出されたときは、弁明書・反論書のやりとりや口頭意見陳述といった審理を行うため、本項の規定に基づき、審理員を指名する。

審理員は、審査庁の補助機関として審理を行うものであることから、審査庁に所属する職員の中から指名される。また、審理員候補者名簿（17条）が作成されている場合には、審理の公正性・透明性を確保する観点から、審理員は当該名簿に記載されている者の中から指名される。

ただし、審査請求書が提出された場合でも、審査庁が23条の規定に基づき相当の期間を定めて補正を命じたにもかかわらず当該期間内に補正されなかった場合や、審査請求書の提出もしくは口頭による審査請求がされ、「不適法であって補正することができないことが明らか」な場合であって、審査庁が24条の規定により当該審査請求を却下するときは、審理員の指名を要しない（本項ただし書）。

⑶　審理員の職務

審理員は、本章第３節に規定する審理手続を行う。なお、「(この節に規定する手続を含む。)」と規定されているのは、審理員がする審理手続のうち、本節に規定されている総代の互選命令（11条）および参加人の許可（13条）も含むためである。

⑷　審理員を指名した旨の通知

審理手続を行う者が誰であるかは、審査請求の審理に重要なことであるから、審査庁は、審査請求人および処分庁等にその旨を通知しなければならないと規定されている。

「その旨」とは、審査庁がある職員を審理員として指名したことを指し、具体的には、「○○課長□□を審理員として指名した」旨を通知することが想定される。「処分庁等（審査庁以外の処分庁等に限る。)」と規定されているのは、審査庁が処分庁または不作為庁の場合に、処分庁等としての自らに通知する必要はないからである。

〈審理員の指名を要しない場合（１項ただし書)〉

⑴　審査庁が合議制の機関である場合

政治的中立性や専門的技術性を確保するなどの観点から、優れた識見を有する委員で構成された合議制の機関に、公正かつ慎重な判断に基づいて行政事務を処理させることを目的として、委員会や審議会等の機関が設けられている（内閣府設置法49条１項・２項または国家行政組織法３条２項等に規定する委員会や同法８条に規定する審議会等など)。これらの行政庁が審査庁である場合には、審査請求の審理および判断が、優れた識見を有する委員等で構成される合議体によって公正かつ慎重になされることが制度上担保されていると考えられることから、審理員による審理手続の適用が除外されている。

１項各号に掲げられた機関以外でも、同様の趣旨から審理員を指名する必要がないと認められる場合は、各個別法に適用除外規定が設けられている。

⑵　審査請求を不適法却下する場合

弁明書・反論書の提出や口頭意見陳述等の審理は、審理員が行う手続である。しかしながら、審査請求書の補正に応じない場合や、「不適法であって補正することができないことが明らかなとき」には、審理員による審理を行うまでもなく、審査請求を却下すべきことが明らかである。このような場合には、審理員の指名をすることなく、不適法却下することとなる。

〈審理員の除斥事由（２項）〉

審理が公正に行われることを確保する観点から、処分に関する手続に関与した者や、審査請求人・参加人といった当事者本人・関係者（親族関係にある者、代理人、利害関係人等）は、審理員に指名することができない。

⑴　審査請求に係る処分に関与した者（１号）

審理員制度の趣旨は、審理手続を行う責任者を明確にし、審理員が公正かつ計画的に審理手続を行うことにより、透明性を確保しつつ、迅速かつ公正な審理を実現しようとするものである。その意義に照らせば、原処分をするかどうかについての審査や判断に実質的に関与した者は、手続の公正さを損なうおそれがあることから、審理員となることはできない。

処分に「関与した者」とは、審査請求に係る処分をするかどうかについての審査または判断に関する事務を実質的に行った者、あるいは当該事務を直接または間接的に指揮監督した者をいう。たとえば、審査請求の対象となった処分について、その前提となる立入検査の実施や、処分の決定書の起案といった業務を所管部局課で担当した者が、当該処分についての審査または判断に関する事務を実質的に行った者に該当する。当該処分をすることについての決裁権者も、審査または判断に関する事務を実質的に行った者に該当する。当該処分の審査または判断について、上記事務を実質的に行った者に対し、具体的に、直接または間接的に指揮監督した者や、所管部局課に所属しないが当該処分についての協議を受け、決裁書に押印した者なども該当する。

一方、当該処分の所管部局課に所属する者であるが当該処分に係る事務に全く関与していない者、当該処分の根拠法令について一般的な解釈を示した者等は該当しない。

なお、審査請求の前に「再調査の請求」を経ていた場合、これについての決定に関する手続に関与した者も、当該処分に関する手続に関与した者と同様、除斥の対象となる。

また、不作為についての審査請求にあっては、不作為に係る処分についての申請の審査に関与した者（当該手続が始まっていない場合には、当該審査に関与することとなる者）が除斥の対象となる。

⑵　審査請求事件の当事者等（2号～6号）

当該審査請求事件の審査請求人、その代理人、親族関係にある者もしくは過去にそうであった者、利害関係人等、当該審査請求事件に関係を有することが定型的に明らかな者についても、これらの者が審理員に指名されることは公正な審理という審理員制度の趣旨に反することから、審理員の指名から除斥されている。

審査請求人（2号）については、当該審査請求事件の利害関係が直接的に及ぶと考えられることから、除斥されている。審査請求人と親族関係を有する者（3号）については、利害関係が間接的に及ぶと考えられることから、裁判官や公証人等に係る民事訴訟法等の除斥事由に関する規定と同様に、「配偶者、四親等内の親族又は同居の親族」の範囲が除斥されている。審査請求人の代理人（4号）については、親族ではないものの、法制度上、利害関係を背景とした偏向性を排除しきれないと考えられることから、除斥されている。審査請求人と親族関係を有していた者および代理人であった者（5号）については、審理手続の公正さを害するおそれがあることから、除斥されている。審査請求人の後見人、後見監督人、保佐人、保佐監督人、補助人または補助監督人（6号）については、法制度上、利害関係を背景とした偏向性を排除しきれないと考えられることから、除斥されている。

⑶　利害関係人（７号）

「利害関係人」とは、審査請求人以外の者であって、審査請求に係る処分または不作為に係る処分の根拠となる法令に照らし当該処分につき利害関係を有するものと認められる者であり（13条１項）、審査請求の結果に法律上の利害関係を有する者を指す。この利害関係人は、審理員の許可を得て当該審査請求に参加人として参加することが可能であるが、当該審査請求に現に参加しているか否かにかかわらず、利害関係人の立場にある以上は、仮に審理員に指名された場合には公正な審理を行うことができないおそれがあることから、除斥されている。

〈審査庁が委員会等である場合等の規定の適用の特例（３項・別表第１）〉

国家行政組織法３条２項に規定する委員会や、同法８条に規定する審議会等などが裁決機関とされている場合には、一般に、各個別法において、審理主体である委員などの規定が設けられており、優れた識見を有する委員等が審理・判断を行うという点で、手続の公正さが確保されていると考えられるので、本条１項本文の規定は、同項ただし書で適用除外としている。

このため、これらの機関が審査庁である場合には、「審理員」ではなく「審査庁」が審理することから、審理員による審理を前提とした諸規定について、適用除外および別表第１（234頁以下参照）による適用読替が規定されている。

適用除外としては、「審理員」が審理手続を行うことを前提とした、審理員となるべき者の名簿（17条）、審理員による執行停止の意見書の提出（40条）、審理員意見書（42条）および裁決書への審理員意見書の添付（50条２項）の規定の適用除外等がある。読替としては、「審理員」を原則として「審査庁」に読み替えるほか、９条３項が適用される場合は、審査請求を「審理員」ではなく「審査庁」が審理することとなるのに合わせた規定等がある。

〈審査庁が委員会等である場合等の職員による審理手続（４項）〉

審査庁が１項各号に掲げる機関である場合または１項本文ただし書の特別の定めがある場合には、審理員が指名されず、審査請求を「審査庁」が審理することとなる。審理手続は、審査庁の最終判断を形成するものではなく、また、現場において関係人と相対して行われる手続であり、必ず委員会等自らが実施しなければならないとすることは合理的ではないことから、①口頭意見陳述、②参考人陳述、③検証、④質問、⑤審理手続の申立てに関する意見の聴取の各手続について、審査庁が必要があると認めるときは、審査庁の職員に行わせることが認められている。

また、これらの手続は、審査庁の最終判断を形成するものではないものの、審査庁の判断の基礎となるものであり、処分に関与した者等がこれらの手続を行うことは、審理手続の公正さを害するおそれがあることから、これを行う職員についても、審理員と同様の除斥事由が規定されている。

なお、「その職員」とは、審査庁の指揮監督の下にその事務を補助する職員をいい、審議会等に置かれる事務局等の職員や専門委員がこれにあたる。また、委員会や審議会等の構成員（委員等）も、これに含まれる。この場合、除斥事由のうち、2項1号（現処分への関与）については、適用されない。

（法人でない社団又は財団の審査請求）

第10条　法人でない社団又は財団で代表者又は管理人の定めがあるものは、その名で審査請求をすることができる。

本条では、人格なき団体（いわゆる権利能力なき社団・財団）について、旧法10条と同様の内容が規定されている。

（総代）

第11条　多数人が共同して審査請求をしようとするときは、3人を超えない総代を互選することができる。

2　共同審査請求人が総代を互選しない場合において、必要があると認めるときは、第9条第1項の規定により指名された者（以下「審理員」という。）は、総代の互選を命ずることができる。

3　総代は、各自、他の共同審査請求人のために、審査請求の取下げを除き、当該審査請求に関する一切の行為をすることができる。
4　総代が選任されたときは、共同審査請求人は、総代を通じてのみ、前項の行為をすることができる。
5　共同審査請求人に対する行政庁の通知その他の行為は、2人以上の総代が選任されている場合においても、1人の総代に対してすれば足りる。
6　共同審査請求人は、必要があると認める場合には、総代を解任することができる。

共同審査請求における総代は、簡易迅速に審理手続を進めるために認められるものであり、新法においても、旧法11条の共同不服申立てにおける総代に関する規定と同内容が規定されている。

〈総代の互選（1項）〉

互選とは、選任権の要件と被選任権の要件とが一致する場合の選任をいう。互選の方法については、特に規定はないが、総代の性質から考えて、原則として全員の同意を要する。

多数人が共同して審査請求をしようとするときに総代の互選の対象となるが、多数人とは、総代が3人以下とされている趣旨に照らし、4人以上を指すと解される。

「共同しての審査請求をしようとするとき」として総代の互選が認められるのは、審理員が必要があると認めるときに総代の互選を命ずることができること、総代が選任されたときには、他の共同審査請求人は、総代を通じてでなければ手続上の行為をすることができないこと、行政庁の通知その他の行為は、1人の総代に対してすれば足りることに照らし、一の処分に対し多数人が申し立てる場合など、審理が画一的に処理されなければならない場合に限られる。

〈総代の互選命令（2項）〉

⑴　意義

審理員は、必要があると認めるときは、総代の互選を命ずることができる。多数人による審査請求があった場合において、総代が選任されないときは、審理員は、全ての審査請求人に対しそれぞれ通知等のやりとりを行わなければならず、審査請求の審理を簡易迅速に進めるためには、総代の互選が必要となる場合があることから、審査請求の審理を円滑に行うための手続として規定されている。

審理員は、総代の互選を命ずることができ、これに対応して、総代の互選を命じられた共同審査請求人は、その命令に従わなければならない。総代互選命令に従わないときは、当該審査請求は不適法な審査請求となる。なお、総代の互選命令は、全ての共同審査請求人に出さなければならない。

(2)　審理員が総代の互選命令に関する権限を有する理由

総代の互選は、審査請求の審理を円滑に行うための制度であり、審理手続に関する。新法は、この審理手続に関する鑑定の採否決定等の権限を審理員に認めており、これらと同様、総代の互選命令についても、審査庁ではなく審理手続を行う審理員に認められている。

〈総代の権限（3項）〉

総代は、「各自」他の共同審査請求人のために行為をすることができる。総代が3人あるからといって、3人が共同してしなければならないことにすれば、手続を進める上に障害となることが明らかであるためである。行政庁からされる通知その他の行為も、1人の総代に対してすれば足りる。

ただし、審査請求の取下げは、手続を終結させる重大な行為であり、共同審査請求人がそれぞれの判断によりすべきものであるため、総代が審査請求の取下げをすることはできないこととされている。

〈総代の選任時の共同審査請求人の権限行使の制限（4項）〉

総代が選任されたときは、総代以外の共同審査請求人は、総代を通じなければ審査請求の審理に関する行為をすることができなくなる。

〈共同審査請求人に対する通知（5項）〉

共同審査請求人に対する行政庁の通知その他の行為は、1人の総代に対してすれば足りることとされている。

〈**総代の解任**（6項）〉

共同審査請求人が不適当と考えれば、総代を解任することができる。この場合は、当該総代本人を除く全員の同意を要するものと解される。

（代理人による審査請求）

第12条　審査請求は、代理人によってすることができる。

2　前項の代理人は、各自、審査請求人のために、当該審査請求に関する一切の行為をすることができる。ただし、審査請求の取下げは、特別の委任を受けた場合に限り、することができる。

本条では、旧法12条と同様に、代理人による審査請求について定められている。審査請求を代理人によってすることは、特に規定がなくてもできるが、本条の趣旨は、代理人の権限を画一的に定め、手続の迅速化を図ることにある。

〈**代理人の意義**（1項）〉

「代理人」とは、本人との契約に基づき、本人の名で、かつ、本人に代わって、自己の意思で行為をし、または受ける者をいう。代理人となることができる者の資格についての制限は定められていない。未成年者についての親権者等の法定代理人は、元来自ら十分な法律行為をなし得ない者に代わって法律の定めるところに従ってその者のために当該法律行為をするものであるから、ここにいう代理人には含まれない。

〈**代理人の権限**（2項）〉

代理人は、各自、審査請求に関する一切の行為をすることができる。代理人の権限は、本来、委任の内容によって決まるものであるが、個々の代理人の権限がまちまちであれば、代理人の行為が代理権の範囲内にあるかどうかを調査しなければならず、また、代理権の範囲外の行為は無効であるため再度審理手続をやり直す必要が生ずるなど、審理手続の迅速化の要請に反するおそれがあるため、代理人の権限は、画一的に定められている。

> （参加人）
> 第13条　利害関係人（審査請求人以外の者であって審査請求に係る処分又は不作為に係る処分の根拠となる法令に照らし当該処分につき利害関係を有するものと認められる者をいう。以下同じ。）は、審理員の許可を得て、当該審査請求に参加することができる。
> 2　審理員は、必要があると認める場合には、利害関係人に対し、当該審査請求に参加することを求めることができる。
> 3　審査請求への参加は、代理人によってすることができる。
> 4　前項の代理人は、各自、第1項又は第2項の規定により当該審査請求に参加する者（以下「参加人」という。）のために、当該審査請求への参加に関する一切の行為をすることができる。ただし、審査請求への参加の取下げは、特別の委任を受けた場合に限り、することができる。

本条では、旧法24条と同様に、利害関係人の審査請求への参加について定められている。また、代理人の権限についても、手続の迅速化を図る観点から、画一的に定める規定が設けられている（3項・4項）。

参加制度は、審査請求の結果が自己の権利利益に直接影響するにもかかわらず、審査請求人とはならない場合にその意義がある。たとえば、申請に対して許認可等を受けた者は、一般に、当該許認可処分に不服はないので、審査請求の利益もないから、審査請求人とはならないが、当該許認可等によって直接影響を受ける第三者から審査請求がされた場合には、当該許認可等を受けた者も審査請求の手続において十分に主張する機会が与えられることが必要である。

〈利害関係人の定義（1項）〉

「利害関係人」とは、審査請求の結果に法律上の利害関係を有する者を指す（田中＝加藤150頁）。新法は、その定義を明確にするため、行手法17条1項の規定を参考に、「審査請求人以外の者であって審査請求に係る処分又は不作為に係る処分の根拠となる法令に照らし当該処分につき利害関係を有するものと認められる者」と規定した。

「利害関係を有するものと認められる者」とは、処分についての審査請求であれば、当該審査請求に係る処分に利害関係を有する者または有することとなる者のいずれをも含むものであり、不作為についての審査請求であれば、当該不作為に係る処分に利害関係を有することとなる者を指す。具体的には、共同審査請求人となり得る立場にありながら自らは審査請求をしなかった者や、審査請求人と利害の相反する者で、当該処分の取消しまたは変更によって不利益を被る者、あるいは不作為に係る申請に対する処分がされることにより利益を受け、または不利益を被る者がこれにあたる。

〈審理員の許可（１項）〉

参加人がいたずらに多数になるなど迅速な審理の遂行に支障が生じることのないよう、参加人の参加は、「審理員の許可を得て」認められる。審理員は、利害関係人として参加を許可するかどうかについて、審査請求に係る処分または不作為に係る処分の根拠となる法令に基づき判断する。

審理員は、参加制度の趣旨を踏まえて参加の許否を判断しなければならないが、たとえば、審査請求人が多数である場合に共同審査請求人となり得る立場にある者が参加を申し出た場合に、参加を認めることが審理の手続の促進を図る総代制度の潜脱となるときには、参加を認めないことも可能と解される。

具体的な判断の方法は運用に委ねられるが、たとえば、参加しようとする者が、自らが利害関係を有する者であることを審理員に対して疎明するなどの方法が考えられる。

なお、審理員が、利害関係人に対し審査請求があった事実を積極的に通知する義務は定められていない。

〈審理員からの参加要求（２項）〉

利害関係人から参加の求めがない場合であっても、審理員が審理を適正に行うため必要があると認める場合には、職権で、利害関係人に審査請求への参加を求めることができる。

職権により参加を求める場合には、審理員が参加を求めれば、相手方の許否に関係なく参加人として取り扱われる。

〈代理人（３項・４項）〉

参加人は、口頭意見陳述の申立てなどの審理手続について、審査請求人と同等の権限を有するものであることから、代理人による審査請求を定める12条と同様に、代理人の権限を画一的に定め、手続の迅速化を図る観点から、代理人に関する規定が設けられた。

審査請求への参加も代理人によってすることができ（３項）、代理人は、各自、当該参加に関する一切の行為をすることができる（４項本文）。ただし、審査請求への参加の取下げは、参加を終結させる重大な行為であるから、特別の委任を要する（４項ただし書）。

（行政庁が裁決をする権限を有しなくなった場合の措置）

第14条　行政庁が審査請求がされた後法令の改廃により当該審査請求につき裁決をする権限を有しなくなったときは、当該行政庁は、第19条に規定する審査請求書又は第21条第２項に規定する審査請求録取書及び関係書類その他の物件を新たに当該審査請求につき裁決をする権限を有することとなった行政庁に引き継がなければならない。この場合において、その引継ぎを受けた行政庁は、速やかに、その旨を審査請求人及び参加人に通知しなければならない。

本条では、審査庁が裁決権限を有しなくなった場合の措置について、旧法38条と同様の内容が規定されている。

法令の改廃によって審査庁が裁決権限を有しなくなった場合、従来の審査庁から新しい審査庁に関係書類等を引き継ぐのは当然のことであるが、審査請求人または参加人に審査庁の変わったことが知らされなかった場合には、提出すべき物件の提出先を誤るなど、審理を遅延させるばかりでなく、審査請求人にも不測の不利益を生ずることが考えられる。この規定は、そのようなことのないように、行政庁に審査請求人および参加人への通知義務を課した。

〈引継ぎ（前段）〉

引継ぎが必要な典型例として、行政機関の新設や統廃合により、処分庁が他の機関に移管され、審査庁が上級行政庁としての地位を有しなくなった場合が挙げられる。

なお、処分庁の処分権限が上級行政庁を異にする他の行政庁に移管された場合であっても、移管前にした処分について移管後の行政庁がしたものとみなす旨の措置が講じられなければ、移管前の行政庁が、なお処分庁としての地位を有することから、このような場合には、従来の審査庁が裁決権限を失うことにはならないと考えられる。

引継ぎの措置として、審理のやり直しを防ぐ観点から、審査請求書（審査請求が口頭でされた場合には審査請求録取書）のほか、一連の関係書類を新たに裁決をする権限を有することとなった行政庁に引き継がなければならない。

〈審査請求人・参加人への通知（後段）〉

引継ぎを受けた行政庁は、審査請求人や参加人に不測の不利益が生ずることのないよう、速やかに、引継ぎを受けた旨を審査請求人および参加人に通知しなければならない。

引継ぎを受けた行政庁は、９条１項の規定により、審理員を指名し、審査請求人および処分庁等に通知しなければならない。参加人については、審理員の許可または職権によって認められるものであり、引継ぎがあった場合には、新しい審査庁から指名した審理員によって改めて判断されることになるが、引継ぎ前の参加人については、特段の事情がある場合を除き、引継ぎ後においても参加が認められるべきと考えられる。

（審理手続の承継）

第15条　審査請求人が死亡したときは、相続人その他法令により審査請求の目的である処分に係る権利を承継した者は、審査請求人の地位を承継する。

2　審査請求人について合併又は分割（審査請求の目的である処分に係る権利を承継させるものに限る。）があったときは、合併後存続する法人その他の社団若しくは財団若しくは合併により設立された法人その他の社団若しくは財団又は分割により当該権利を承継した法人は、審査請求人の地位を承継する。

3　前２項の場合には、審査請求人の地位を承継した相続人その他の者又は法人その他の社団若しくは財団は、書面でその旨を審査庁に届け出なければならない。この場合には、届出書には、死亡若しくは分割による権利の承継又は合併の事実を証する書面を添付しなければならない。

4　第１項又は第２項の場合において、前項の規定による届出がされるまでの間において、死亡者又は合併前の法人その他の社団若しくは財団若しくは分割をした法人に宛ててされた通知が審査請求人の地位を承継した相続人その他の者又は合併後の法人その他の社団若しくは財団若しくは分割により審査請求人の地位を承継した法人に到達したときは、当該通知は、これらの者に対する通知としての効力を有する。

5　第１項の場合において、審査請求人の地位を承継した相続人その他の者が２人以上あるときは、その１人に対する通知その他の行為は、全員に対してされたものとみなす。

6　審査請求の目的である処分に係る権利を譲り受けた者は、審査庁の許可を得て、審査請求人の地位を承継することができる。

審査請求人の死亡、合併などがあったときに手続を終了させることは、審査請求人の権利救済の観点から適当でないことから、本条では、旧法37条と同様に、審査請求人の地位の承継について定められている。

〈審査請求人の死亡による承継（１項）〉

審査請求人が死亡したときは、相続が開始し、一般には相続人（当該権利について相続人として特定された者があるときはその者）が承継するが、たとえば、生活保護法10条により世帯員が承継するというように、法令の定めにより相続人以外の者が承継する場合があり、このような場合も審査請求人の地位が承継される。

〈合併等による承継（２項）〉

審査請求人である法人その他の社団または財団に合併があった場合には、合併後存続し、または合併により設立された法人その他の社団または財団が、分割があった場合には、分割により審査請求の目的である処分に係る権利を承継した法人が、それぞれ審査請求人の地位を承継する。

〈地位の承継の届出（３項）〉

１項および２項の規定による地位の承継は、死亡や合併により直ちにその効力が生ずるものであるが、審査庁や審理員が審査請求人の地位の承継があったことを知らなければ、送付すべき通知を正しい通知先に送付することができず、審理の遅滞を招くおそれがあることから、審査庁に書面で届け出なければならないものとされている。

審査請求人の地位の承継という重大な事柄であることから、権利の承継または合併の事実を証明する書面を添付しなければならない。

〈地位の承継があった場合の通知の効力（４項）〉

３項の規定による地位の承継に関する届出の有無は、地位の承継の効力を左右するものではないが、届出がされる前に被承継者に宛ててされた通知が承継者に到達した場合にも、当該通知が承継者に対してされたものとして効力を有することを明確にするため規定が置かれている。

〈複数の承継人がいる場合の通知等の効力（５項）〉

審査請求の目的である処分に係る権利の承継を受けた者が２人以上である場合には、その全ての者に対して通知等の行為をしなければ審理手続が進まないこととなるのは適当でないこと、また、同じ権利の承継者間の問題であり、特段の不利益になるものではないと考えられることから、このような場合には、承継者の１人に対してされた通知その他の行為は、全員に対してされたものとみなすこととされている。

〈**権利の譲受があった場合の承継（６項）**〉

特定の権利についての譲受があった場合の審理手続の承継（特定承継）は、審査庁の許可を得た場合に認められる。これは、１項および２項に規定する一般承継の場合とは異なり、その承継関係に争いが生ずる可能性があることから、審査庁の許可を通じてこれを明確にしようとする趣旨である。

審理手続の承継は、審査請求人の地位の移動であり、「不服がある者」の該当性を判断するのと同様、審査庁の判断事項であることから、審査庁の許可を得ることを要する。

（標準審理期間）
第16条　第４条又は他の法律若しくは条例の規定により審査庁となるべき行政庁（以下「審査庁となるべき行政庁」という。）は、審査請求がその事務所に到達してから当該審査請求に対する裁決をするまでに通常要すべき標準的な期間を定めるよう努めるとともに、これを定めたときは、当該審査庁となるべき行政庁及び関係処分庁（当該審査請求の対象となるべき処分の権限を有する行政庁であって当該審査庁となるべき行政庁以外のものをいう。次条において同じ。）の事務所における備付けその他の適当な方法により公にしておかなければならない。

審査請求は、簡易迅速かつ公正な手続により国民の権利利益の救済を図る制度であり、審理員は、簡易迅速かつ公正な審理の実現のため、審理手続の計画的な進行を図る責務を負う（28条）ことから、審査請求の審理は、審理期間に関する一定の目安を持った上で、計画的に進められるべきである。本条では、審理の遅延を防ぎ、審査請求人の権利利益の迅速な救済を図る観点から、行手法６条に規定する標準処理期間を参考に、審査庁が、審理期間の目安となるものとして、標準審理期間を定めるよう努めるべきことが規定されている。

再調査の請求および再審査請求についても、本条が準用されている。

〈標準審理期間を定めるべき行政庁〉

４条の規定または他の法律・条例の規定により審査請求をすべき行政庁として定められた行政庁、すなわち、審査請求がされる対象となる行政庁について、標準審理期間を定める努力義務が定められている。

標準審理期間は、個別の審査請求がされる以前にあらかじめ定めておくものであって、個別の審査請求を前提としないものであり、審査請求がされる以前については、「審査請求となるべき行政庁」と規定されている。

〈標準審理期間の範囲〉

標準審理期間は、審理期間の目安であるが、より具体的には、審査請求の手続が審査庁の支配圏内に置かれてから、その応答である裁決をするまでを指す。

「到達」した時とは、審査請求が審査庁となる行政庁の事務所（文書受付業務を担当する部局）に物理的に到着し、了知可能な状態に置かれる、すなわち審査請求が当該部局の支配圏内に置かれる時点をいう。

〈通常要すべき標準的な期間〉

「通常要すべき」とは、当該審査請求の態様が通常であり、かつ、行政庁側の審理体制も通常であることを前提とした上で必要となるという意味である。

標準審理期間は、適法な審査請求を処理することを前提として定めるものであるところ、不備な審査請求は、通常の態様の審査請求とみられないことから、審査請求書を補正するために要する期間はこれに含まれない。

「標準的な」期間は、審理期間に関する一定の目安を持った上で、計画的に審査請求の審理を進め、簡易迅速かつ公正な審理を実現すべきであるとの趣旨に照らして、審査請求に対する応答としてふさわしい合理的な範囲内で定められる。

標準審理期間は、審査請求の審理期間の目安として定められるものであり、設定された標準審理期間内に裁決をしなければならない義務を審査庁に課すものではない。したがって、その期間の経過をもって直ちに不作為の違法ないし裁決固有の瑕疵にあたることにはならない。

〈努力義務〉

審査庁となるべき行政庁は、この標準審理期間を定める努力義務を負う。不服申立制度における審理は、申請に対する処分だけではなく、申請に基づかない処分をも対象とし、様々な理由で不服が申し立てられ、審理の内容も単純なものから複雑なものまで多種多様であり、設定が困難な場合があり得ることから、標準審理期間の設定については、審査庁となるべき行政庁の努力義務とされている。

不服申立ての類型をどの程度細分化し、どの程度の期間の幅をもって定めるかなどについては、それぞれの審査庁となるべき行政庁の判断に委ねられている。たとえば、審査請求の審理の内容によって審理期間に相当な幅がある場合において、審査請求事案の過半が一定の期間に審理されるものであるときは、その期間を標準審理期間として定めればよく、当該期間が合理的な範囲内であれば、一定の幅をもったものでもよいと考えられる。しかしながら、このような工夫をしてもなお定めることが困難である場合は、実際に標準審理期間が定められなくともやむを得ないものと考えられる。

審議会等への諮問手続等、当該行政庁の責めに属さない事情により審理に要する期間が変動する場合については、目安を示す趣旨からは、行政庁の責めに属さない事情により変動する期間があることを特記した上で当該期間を除いた審理に要する期間を定めることも１つの方法であると考えられる。

〈公にしておく義務〉

「公に」するとは、審査請求人等に対して秘密にしないという趣旨であり、対外的に公表することを積極的に義務付けるものではない。

「公に」しておく具体的方法としては、審査請求書の提出先機関である審査庁となるべき行政庁または処分庁の事務所（窓口）における備付け（掲示板等への掲示等）のほか、審査庁のウェブサイトに掲載すること、審査請求をしようとする者の求めに応じて提示すること等が挙げられるが、実際にどのような方法を選択するかについては、処分庁の事務所における備付けも含め、審査庁の判断に委ねられている。

当該審査庁となるべき行政庁の事務所とは、たとえば、審査庁となるべき行政庁が総務大臣であれば、総務本省の事務所を指す。

（審理員となるべき者の名簿）
第17条　審査庁となるべき行政庁は、審理員となるべき者の名簿を作成するよう努めるとともに、これを作成したときは、当該審査庁となるべき行政庁及び関係処分庁の事務所における備付けその他の適当な方法により公にしておかなければならない。

審理員制度は、処分に関する手続に関与していない等一定の要件を満たす「審理員」が審査請求の審理を行うことを法律事項として規定し、審理の公正性・透明性を高めることにより、審査請求人の手続的権利を保障するとともに、行政の自己反省機能を高め、国民の権利利益の救済および行政の適正な運営を確保するとの新法の目的を達成しようとするものである。

審査請求をしようとする者からすると、どのような職員が指名されるかは重要な関心事項であり、審理員として指名される職員をあらかじめ公にしておくことにより、その指名手続の公正性・透明性をより徹底することができる。そこで、本条では、審査庁となるべき行政庁は、審理員となるべき者の名簿（以下「審理員候補者名簿」という）の作成に努めるべき旨を規定する。

〈審理員候補者名簿〉

審理員として指名される対象となる職員の所属、役職および氏名（または所属および役職）を記した帳簿をいうが、具体的な記載方法は、各行政庁の判断に委ねられている。

〈作成の努力義務〉

審査庁となるべき行政庁は、審理員候補者名簿を作成する努力義務を負う。

行政庁の属する組織規模や取り扱う処分およびそれに対する審査請求事件の態様は多種多様であるため、処分や審査請求の実績もない行政庁についてまで審理員候補者名簿の作成を義務付けるのは現実的でない。そのため、審理が公正かつ適正に行われることを確保する観点と審査庁となるべき行政庁の実情とを併せ考慮し、審理員候補者名簿については、あらかじめ作成するように努めるとの努力義務として規定されている。

〈公にしておく義務〉

審査請求をしようとする者にとって、どのような職員が審理員に指名されるかは重要な関心事項であり、審理員として指名される職員をあらかじめ公にしておくことにより、その指名手続の公正性・透明性をより徹底することができる。このため、審査庁が審理員候補者名簿を作成したときは、これを公にしておくことが義務付けられている。

公にする具体的な方法は、標準審理期間に係る16条と同様である。

〈審理員候補者名簿を作成している場合における指名手続〉

審査庁は、審理員候補者名簿を作成している場合には、当該名簿に記載された者のうちから審理員を指名しなければならない（９条１項）。

第２節　審査請求の手続

（審査請求期間）

第18条　処分についての審査請求は、処分があったことを知った日の翌日から起算して３月（当該処分について再調査の請求をしたときは、当該再調査の請求についての決定があったことを知った日の翌日から起算して１月）を経過したときは、することができない。ただし、正当な理由があるときは、この限りでない。

２　処分についての審査請求は、処分（当該処分について再調査の請求をしたときは、当該再調査の請求についての決定）があった日の翌日から起算して１年を経過したときは、することができない。ただし、正当な理由があるときは、この限りでない。

３　次条に規定する審査請求書を郵便又は民間事業者による信書の送達に関する法律（平成14年法律第99号）第２条第６項に規定する一般信書便事業者若しくは同条第９項に規定する特定信書便事業者による同条第２項に規定する信書便で提出した場合における前２項に規定する期間（以下「審査請求期間」という。）の計算については、送付に要した日数は、算入しない。

本条では、審査請求期間（処分についての審査請求をすべき期間）が規定されている。

主観的審査請求期間については、旧法の60日から、審査請求人の不服申立ての機会を保障することと審査請求に対応する行政運営上の合理的負担等とを勘案し、３か月に延長された。また、その例外について、国民の権利利益の救済の観点から、審査請求の機会を不当に奪うことのないよう、「やむをえない理由」から「正当な理由」に改正された。

他方、客観的審査請求期間については、旧法と同様、原則として１年間とされている。

〈主観的審査請求期間（１項）〉

⑴　起算の時点

「処分があったことを知った日」とは、処分があったことを現実に知った日のことで、当事者が処分があったことを抽象的に知り得べき状態に置かれた日ではないが、社会通念上処分があったことが当事者の知り得べき状態に置かれたときは、特別の事情がない限り、処分があったことを知ったものと解すべきものとされる（最判昭和27・11・20民集６巻10号1038頁）。

処分に係る権利を本人に代わって処理する権限のある者が処分を知った場合や、本人のために一般郵便物を受領している者に配達された場合にも、本人が知ったものと解される。

なお、「翌日から起算して」として、初日不算入の原則が確認的に明記されている。

⑵　期間

一般に、審査請求期間をどれだけにするかは立法政策の問題であるが、処分の効果をなるべく早く安定させようという行政上の要求と、審査請求をする期間をできるだけ長くして国民の権利利益を厚くするようにとの要求との調和を考えて定められなければならない。

平成16年の行訴法の改正では、同法14条１項に規定する取消訴訟の出訴期間について、これを経過してしまうと訴訟で争えなくなるという重大な効果を生じるだけでなく、訴訟準備には弁護士への依頼等を含め相当の期間を要することが少なくなく、救済を受ける機会を適切に確保する観点から、それまでの３か月から６か月に延長された。

しかしながら、審査請求は、訴訟より簡易に行うことができ、申立費用の納付を要するものでもなく、その準備に訴訟のように相当の期間を要するものではないことから、従前から一貫して、審査請求期間は出訴期間より短い期間とされてきた。また、審査請求期間を長期化することは、処分の効果の早期安定を損なうおそれがあるほか、処分から審査請求までの期間が長期化することは、事情の変更等により正確な事実認定が困難になるなど審査請求の審理も遅延し、かえって審査請求人の利益を損なうおそれもある。

こうしたことを踏まえ、審査請求期間は、取消訴訟の出訴期間である６か月と同一ではなく、審査請求人の不服申立ての機会を保障することと審査請求に対応する行政運営上の合理的負担等とを勘案し、３か月とされた。

⑶　再調査の請求をしたときの審査請求期間

再調査の請求についての決定を経た場合の審査請求期間は、当該再調査の請求についての決定があったことを知った日の翌日から起算して１か月とされている。処分があったことを知った日から再調査の請求まで３か月の期間が認められている上、すでに再調査の請求を経ており、処分があったことを知った日から相当期間が経過していることから、旧法の異議申立てについての決定を経た場合の主観的審査請求期間である30日（旧法14条１項）と同様に、ただし、審査請求期間が月単位で規定されているのに合わせ「１月」と規定された。

なお、再調査の請求についての決定は決定書の送達によってされる（61条において準用する51条）ので、特段の事情がない限り、決定書の送達がされた時に、決定があったことを知ったものと解されることとなる。

⑷　不服申立期間の例外（１項ただし書）

例外事由である「正当な理由」とは、処分の際に不服申立期間について、教示がされず、または誤って長期の申立期間が教示され、当事者が他の方法でも申立期間を知ることができなかったような場合をいい、行訴法14条に規定する「正当な理由」と同義である。

旧法14条１項の審査請求期間（60日）は不変期間とされ、ただし、「天災その他審査請求をしなかつたことについてやむをえない理由があるとき」は、その理由がやんだ日の翌日から起算して１週間以内に限り審査請求をすることができるとされていたが、この「やむをえない理由」には、処分の際に審査請求期間について教示がされなかった場合は含まれないと解されていた。

新法では、平成16年の行訴法改正において主観的出訴期間の例外が「正当な理由」に改められたことにも照らし、不服審査制度においても、国民の権利利益の救済の観点から、審査請求の機会を不当に奪うことのないよう、「正当な理由」がある場合には、審査請求をすることができることとされた。

この改正に伴い、旧法14条２項（天災その他審査請求をしなかったことについてやむをえない理由がある場合における審査請求は、その理由がやんだ日の翌日から起算して１週間以内にしなければならないこと）および19条（処分庁が誤って法定の期間よりも長い期間を審査請求期間として教示した場合において、その教示された期間内に審査請求がされたときは、当該審査請求は、法定の審査請求期間内にされたものとみなすこと）は、いずれも「正当な理由」として救済されることとなるため、新法において、これらに相当する規定は設けられていない。

〈客観的審査請求期間（２項）〉

客観的審査請求期間は、法的安定性を考慮し、旧法14条３項と同様に原則として１年間とされ、例外は「正当な理由があるとき」に認められる。

処分の多くは、相手方に到達して初めてその効力を生ずることになるので、処分の相手方に対して客観的審査請求期間が適用されるのは、通常は公示送達をした場合に限られると考えられる。

〈**審査請求期間の算定における発信主義**（３項）〉

審査請求期間については、審査請求書の郵送日数を算入しない、いわゆる発信主義をとっている。これは、到達主義をとる民法97条１項の例外である。

（審査請求書の提出）
第19条　審査請求は、他の法律（条例に基づく処分については、条例）に口頭ですることができる旨の定めがある場合を除き、政令で定めるところにより、審査請求書を提出してしなければならない。
2　処分についての審査請求書には、次に掲げる事項を記載しなければならない。
一　審査請求人の氏名又は名称及び住所又は居所
二　審査請求に係る処分の内容
三　審査請求に係る処分（当該処分について再調査の請求についての決定を経たときは、当該決定）があったことを知った年月日
四　審査請求の趣旨及び理由
五　処分庁の教示の有無及びその内容
六　審査請求の年月日
3　不作為についての審査請求書には、次に掲げる事項を記載しなければならない。
一　審査請求人の氏名又は名称及び住所又は居所
二　当該不作為に係る処分についての申請の内容及び年月日
三　審査請求の年月日
4　審査請求人が、法人その他の社団若しくは財団である場合、総代を互選した場合又は代理人によって審査請求をする場合には、審査請求書には、第２項各号又は前項各号に掲げる事項のほか、その代表者若しくは管理人、総代又は代理人の氏名及び住所又は居所を記載しなければならない。
5　処分についての審査請求書には、第２項及び前項に規定する事項のほか、次の各号に掲げる場合においては、当該各号に定める事項を記載しなければならない。

> 一　第５条第２項第１号の規定により再調査の請求についての決定を経ないで審査請求をする場合　再調査の請求をした年月日
> 二　第５条第２項第２号の規定により再調査の請求についての決定を経ないで審査請求をする場合　その決定を経ないことについての正当な理由
> 三　審査請求期間の経過後において審査請求をする場合　前条第１項ただし書又は第２項ただし書に規定する正当な理由

本条では、審査請求の方式および審査請求書の記載事項について定められている。

審査請求の方式は、基本的に旧法と同様である。

審査請求書の記載事項については、不作為についての審査請求を含め、本条において必要的記載事項が規定されている。審査請求書の必要的記載事項に不備があり、補正がされないときは、審理員を指名することなく、当該審査請求は却下されるべきことになる（24条１項）。

〈審査請求書の提出（１項）〉

⑴　政令への委任

旧法は、審査請求書の提出について、①原則として書面を提出してすること（旧法９条１項）、②正副２通を提出すること（旧法９条２項～４項）、③所要の事項を記載すること（旧法15条１項～３項）、④審査請求人等が押印すること（旧法15条４項）を定めていたが、新法は、上記②・④のような技術的な事項については政令に委任している。

⑵「他の法律（条例に基づく処分については、条例）に口頭ですることができる旨の定めがある場合を除き、……審査請求書を提出してしなければならない」

旧法９条１項と同様、審査請求は原則として書面でしなければならない旨が規定されている。

「口頭ですることができる旨の定め」を設けている法律としては、たとえば、検疫法16条の２、社会保険審査官及び社会保険審査会法５条、労働保険審査官及び労働保険審査会法９条、国民健康保険法99条、介護保険法192条、感染症の予防及び感染症の患者に対する医療に関する法律25条、障害者の日常生活及び社会生活を総合的に支援するための法律101条等がある。

審査請求書は、4条または他の法律（条例に基づく処分については、条例）の規定により定まる審査請求先（審査請求をすべき行政庁）が提出先となることから、審査請求書の提出先は本条には規定されていない。なお、審査請求は、処分庁等を経由してもすることができる（21条）。

〈処分についての審査請求書の記載事項（2項）〉

審査請求書の必要的記載事項は、審査請求の審理を始める前提として審査庁が特定する必要のある事項である。これらの必要的記載事項を記載せず、または十分な記載をしていないときには、補正を命ぜられる（23条）。

⑴　審査請求人の氏名または名称および住所または居所（1号）

審査請求人の個別性の判断のための資料として必要な事項である。

旧法は「年齢」が審査請求書の記載事項とされていたが、審査請求人の個別性の判断としては氏名および住所または居所、審査請求に係る処分の内容等の記載で足りること等から、新法では必要的記載事項から除外された。

「住所」とは、生活の本拠である場所をいい、「居所」とは、生活の本拠（住所）とはいえないが、多少の期間継続して居住している場所をいう。旧法は「住所」を記載事項とし、「居所」については規定していないが、審査請求人の個別性の判断のためには、審査請求人に住所がない場合には居所の記載が必要と考えられることから、「住所又は居所」を記載しなければならないこととされている。

⑵　審査請求に係る処分の内容（2号）

審査請求の対象とする処分を特定させるために必要な事項である。旧法15条1項2号は単に「審査請求に係る処分」と規定されていたが、新法の「審査請求に係る処分の内容」も、同じ意味である。

⑶　審査請求に係る処分等があったことを知った年月日（３号）

審査請求期間の起算日を特定するために必要な事項である。

旧法は、単に「審査請求に係る処分があったことを知つた年月日」と規定していたが、再調査の請求についての決定を経たときには、その決定があったことを知った日の翌日が審査請求期間の起算日となる（18条１項）ことから、その決定があったことを知った日を記載することと規定されている。

⑷　審査請求の趣旨および理由（４号）

審査請求の簡潔な結論およびそれを裏付ける根拠である。審査請求は、民事訴訟のように処分権主義をとるものではないので、審理の対象は審査請求書に記載された審査請求の趣旨に拘束されないが、審査請求人が処分に対する不服の申立てとして審査請求を求めていることについては、審査請求書に明示されている必要がある。

⑸　処分庁の教示の有無およびその内容（５号）

行政庁は、82条の規定により、不服申立てをすることができる処分をする場合には教示をしなければならないが、処分庁が教示を怠ったときは、83条の規定により不服申立てをすることができ、審査請求期間が経過した後に審査請求をした場合でも18条１項ただし書の「正当な理由」に該当するものとして審査請求が認められる場合がある。また、誤った教示をした場合には、22条の規定により救済される。

本号は、適切な教示がされているか、または誤った教示がされ、その救済が必要な場合か否かの判断のために必要な事項である。

⑹　審査請求の年月日（６号）

審査請求書の作成年月日の確認のために必要な事項である。ただし、客観的な審査請求の年月日は、審査請求書が提出された年月日（郵送の場合は、発送した年月日）である。

〈不作為についての審査請求書の記載事項（3項）〉

不作為についての審査請求の審査請求書の記載事項について、「審査請求人の氏名又は名称及び住所又は居所」（1号）および「審査請求の年月日」（3号）は、2項1号および6号と同内容である。

「当該不作為に係る処分についての申請の内容及び年月日」（2号）は、審査請求の対象とする不作為を特定し、また、申請から相当の期間が経過しているかどうかを判断するために必要な事項である。

〈代表者もしくは管理人、総代または代理人の氏名および住所または居所（4項）〉

審理の直接の当事者が明らかにされていないことによって不測の誤りが生じ、不必要な手続をすることにならないよう、審査請求書においてこれらの者を明らかにさせるために必要な事項である。2項1号と同様、「住所又は居所」を記載しなければならない。

〈処分についての審査請求書に関する特例的事項（5項）〉

(1)　再調査の請求をすることができる処分について、再調査の請求をしたときは、その決定を経ないで審査請求をすることは、5条2項ただし書に該当する場合以外は認められない。その該当性の判断は、審査請求の適法性の判断に必要不可欠であることから、審査請求書に記載しなければならないこととされている（1号・2号）。

(2)　審査請求期間は、処分があったことを知った日の翌日から3か月であるが、「正当な理由」がある場合には、この限りでない。18条1項ただし書または同条2項ただし書に規定する「正当な理由」は、審査請求期間を経過して審査請求がされた場合にその適法性を判断するために必要不可欠であることから、審査請求書に記載しなければならないこととされている（3号）。

（口頭による審査請求）

第20条　口頭で審査請求をする場合には、前条第2項から第5項までに規定する事項を陳述しなければならない。この場合において、陳述を受けた行政庁は、その陳述の内容を録取し、これを陳述人に読み聞かせて誤りのないことを確認し、陳述人に押印させなければならない。

本条は、旧法16条と同様に、口頭で審査請求をする場合の手続を定めている。

口頭で審査請求をすることができるのは、19条1項に規定するように、法律（条例に基づく処分については、条例）にその旨の定めがある場合に限られる。陳述しなければならない事項として、「前条第2項から第5項までに規定する事項」が掲げられており、他の法律によって審査請求書の必要的記載事項が追加されている場合には、それらも陳述の対象となる。

「陳述を受けた行政庁」は、原則として審査庁である。ただし、口頭で審査請求ができる場合に、21条1項の規定により、処分庁等に対して陳述をすることも可能であるから、この場合には、処分庁等が「陳述を受けた行政庁」となる。処分に関係のない行政庁に、陳述を受けその内容を録取する義務を課すものではないことはいうまでもない。

陳述を受けた行政庁には、①陳述の内容の録取、②陳述人に読み聞かせて誤りのないことを確認、③陳述人に押印させるという慎重な手続をとることが義務付けられている。陳述を受けた審査庁（処分庁等が陳述を受けたときは、審査請求録取書の送付（21条2項）を受けた審査庁）は、処分庁等に送付するために審査請求録取書の写しを作成しなければならない（29条1項）。

（処分庁等を経由する審査請求）

第21条　審査請求をすべき行政庁が処分庁等と異なる場合における審査請求は、処分庁等を経由してすることができる。この場合において、審査請求人は、処分庁等に審査請求書を提出し、又は処分庁等に対し第19条第2項から第5項までに規定する事項を陳述するものとする。

2　前項の場合には、処分庁等は、直ちに、審査請求書又は審査請求録取書

（前条後段の規定により陳述の内容を録取した書面をいう。第29条第１項及び第55条において同じ。）を審査庁となるべき行政庁に送付しなければならない。

3　第１項の場合における審査請求期間の計算については、処分庁に審査請求書を提出し、又は処分庁に対し当該事項を陳述した時に、処分についての審査請求があったものとみなす。

本条では、旧法17条と同様、審査請求は処分庁等を経由してすることもできることが規定されている。

〈処分庁等を経由する審査請求（１項）〉

⑴　審査請求をすべき行政庁が処分庁等と異なる場合（前段）

審査請求は、あくまで審査請求をすべき行政庁を宛先として行われるものであるが、国民の便宜を図る観点から、審査請求人の選択により、処分庁等を通じて行うことが認められている。この場合、審査請求をすべき行政庁を宛先とする審査請求書を、事実上の行為として処分庁等に提出する。

個別法の中には、処分庁等の経由を義務付けるもの、処分庁等以外の機関を経由してできるとするものがある。たとえば、不動産登記法156条をはじめ登記関係の法律では登記官を、供託法１条ノ５では供託所を、それぞれ経由しなければならないものとされている。また、更生保護法93条では、収容されている施設の長（処分庁等とは異なる）に審査請求書を提出してすることができることとされている。

さらに、他の法律または条例に口頭で審査請求をすることができる旨の定めがある場合には、処分庁等に対し、審査請求書の提出に代えて20条の規定による陳述をすることとされる。他の法律により審査請求書の必要的記載事項が追加されている場合には、それらの事項も陳述の対象となる。

〈審査請求書等の送付（２項）〉

１項の規定により処分庁等に審査請求がされたときは、処分庁等は、直ちに、審査請求書または審査請求録取書を審査庁に送付しなければならない。

〈審査請求期間の計算（3項）〉

処分についての審査請求に係る審査請求期間の計算については、処分庁に審査請求書を提出し、または処分庁に対し必要事項を陳述した時に、処分についての審査請求があったものとみなされる。

（誤った教示をした場合の救済）

第22条　審査請求をすることができる処分につき、処分庁が誤って審査請求をすべき行政庁でない行政庁を審査請求をすべき行政庁として教示した場合において、その教示された行政庁に書面で審査請求がされたときは、当該行政庁は、速やかに、審査請求書を処分庁又は審査庁となるべき行政庁に送付し、かつ、その旨を審査請求人に通知しなければならない。

2　前項の規定により処分庁に審査請求書が送付されたときは、処分庁は、速やかに、これを審査庁となるべき行政庁に送付し、かつ、その旨を審査請求人に通知しなければならない。

3　第1項の処分のうち、再調査の請求をすることができない処分につき、処分庁が誤って再調査の請求をすることができる旨を教示した場合において、当該処分庁に再調査の請求がされたときは、処分庁は、速やかに、再調査の請求書（第61条において読み替えて準用する第19条に規定する再調査の請求書をいう。以下この条において同じ。）又は再調査の請求録取書（第61条において準用する第20条後段の規定により陳述の内容を録取した書面をいう。以下この条において同じ。）を審査庁となるべき行政庁に送付し、かつ、その旨を再調査の請求人に通知しなければならない。

4　再調査の請求をすることができる処分につき、処分庁が誤って審査請求をすることができる旨を教示しなかった場合において、当該処分庁に再調査の請求がされた場合であって、再調査の請求人から申立てがあったときは、処分庁は、速やかに、再調査の請求書又は再調査の請求録取書及び関係書類その他の物件を審査庁となるべき行政庁に送付しなければならない。この場合において、その送付を受けた行政庁は、速やかに、その旨を再調査の請求人及び第61条において読み替えて準用する第13条第1項又は第2項の規定により当該再調査の請求に参加する者に通知しなければならない。

5　前各項の規定により審査請求書又は再調査の請求書若しくは再調査の請求

録取書が審査庁となるべき行政庁に送付されたときは、初めから審査庁となるべき行政庁に審査請求がされたものとみなす。

新法は、国民が不服申立制度を活用する機会を失うことがないよう、教示制度（82条）を設けているが、教示が誤っていた場合に、これに従ったことによって不服申立人が不測の損害を受けることは、避けなければならない。

本条では、誤った教示に従って審査請求書等が提出された場合の救済措置とともに、再調査の請求をすることができる処分に関して、直接に審査請求をすることもできる旨の教示がされなかった場合の救済措置が規定されている。

〈審査請求先の教示を誤った場合の救済（1項・2項）〉

旧法18条1項・2項と同様、誤った審査請求先の教示がなされ、その教示に従って審査請求がされた場合に、正しい審査請求先に送付される手続が規定されている。

⑴　救済の対象（1項）

2条の規定により審査請求をすることができる処分が対象であり、再調査の請求をすることもできる処分も含まれる。再調査の請求をすることができる処分であるのに、処分庁が誤って再調査の請求をすることができる旨の教示をしていなかった場合には、審査請求人の申立てにより、審査庁が処分庁に審査請求書を送付し、初めから再調査の請求がされたものとみなされる（55条）。

本項による救済は、処分庁が誤った審査請求先を教示した場合で、その誤った教示に従って、教示された行政庁に審査請求書が提出された場合が対象になる。

なお、処分に関係のない行政庁に、陳述を受けその内容を録取する義務を課すことは適当でないことから、誤った教示で審査請求先とされた行政庁に口頭で審査請求をできることとはされていないが、このような場合、誤って審査請求先とされた行政庁は、口頭で審査請求をしようとする者に対し、正しい審査請求先または処分庁において審査請求をするよう教示すべきであり、また、このことを理由に審査請求期間が徒過した場合には、18条1項ただし書の「正当な理由」により、適切に救済がなされるべきものと考えられる。

⑵　救済の内容（1項）

審査請求書が提出された行政庁は、審査請求書を処分庁または正しい審査請求先に送付し、送付した旨を審査請求人に通知しなければならない。

「処分庁又は審査庁となるべき行政庁」としているのは、処分に関係のない行政庁は、必ずしも正しい審査請求先を知っているとは限らないことから、処分庁に送付することも認める趣旨であり、正しい審査請求先を知っている場合には、審査請求の迅速な処理の観点から、審査請求先に送付すべきである。

⑶　送付を受けた処分庁の義務（2項）

処分庁に審査請求書が送付されたときは、処分庁は、速やかに、これを正しい審査請求先に送付するとともに、送付した旨を審査請求人に通知しなければならない。

〈誤って再調査の請求の教示がされた場合の救済（3項）〉

審査請求をすることができる処分のうち、再調査の請求をすることができない処分について誤って再調査の請求をすることができる旨の教示がなされ、その教示に従って再調査の請求がされた場合に、これを審査請求とみなすこととされ、正しい審査請求先に送付する手続が規定されている。

処分庁が誤って再調査の請求をすることができる旨の教示をした場合に、その教示に従って再調査の請求がされた場合が対象となる。再調査の請求を受けるのは処分庁であることから、1項と異なり口頭で再調査の請求をした場合も除外されず、口頭で審査請求をすることができる処分である場合には、処分庁に対し口頭で審査請求をした場合（21条）と同等の扱いがなされる。

「再調査の請求をすることができる旨を教示した場合」とは、再調査の請求をすることができる旨のみを教示した場合のほか、再調査の請求または審査請求のいずれかをすることができる旨の教示をした場合なども含まれる。

なお、再調査の請求は、処分庁に対してすることができる（5条1項）ものであることから、「処分庁に再調査の請求がされたとき」と規定されているが、仮に、誤った教示に従って処分庁以外の行政庁に対し再調査の請求がされた場合には、１項・２項に準じて取り扱うとともに、審査請求期間についても適切に救済がされるべきものと考えられる。

誤って再調査の請求をすることができる旨を教示した場合には、本来、再調査の請求をすることができないのであるから、再調査の請求がされた処分庁は、再調査の請求書または再調査の請求録取書を正しい審査請求先に送付するとともに、送付した旨を再調査の請求人に通知しなければならない。

〈再調査の請求をすることができる処分につき、誤って審査請求をすることができる旨を教示しなかった場合の救済（４項）〉

⑴　概要

再調査の請求は、旧法の異議申立てとは異なり、その決定を経なくても直接に審査請求をすることができる（５条１項）。

再調査の請求をすることができる処分をする際には、82条に基づき、再調査の請求または審査請求のいずれかをすることができる旨を教示すべきこととなるが、処分庁が誤って審査請求をすることができる旨の教示をせずに、再調査の請求をすることができる旨のみを教示した場合には、不服申立人が直接に審査請求をすることを望んでいたとしても、当該教示に従って再調査の請求がされる場合が生じる。

この場合に、再調査の請求は適法なものとして取り扱われることとなるが、再調査の請求が選択制とされた趣旨に照らせば、このように誤った教示がされた場合には、再調査の請求がされた後においても、不服申立人が希望する場合には、その決定を経ることなく審査請求として取り扱うことが、不服申立人の利益に適うと考えられる。

そこで、本項では、再調査の請求人の申立てにより、正しい審査請求先に再調査の請求書等を送付し、審査請求として取り扱う手続が規定されている。

⑵　救済の対象

「法律に再調査の請求をすることができる旨の定めがある」処分（５条１項）

について、処分庁が誤って、審査請求をすることができる旨の教示をせず（再調査の請求をすることができる旨のみが教示された場合も、教示が全くなかった場合も含む)、再調査の請求がされた場合に、再調査の請求人が希望する場合が救済の対象となる。

実際の運用としては、再調査の請求書の記載事項である教示の内容（61条において準用する19条2項5号）において、審査請求をすることができる旨の教示があった旨の記載がない場合には、処分庁は誤った教示がされたか否かを確認し、教示が誤っていたときは、本項に基づく申立てができる旨を教示することが望まれる。

⑶　再調査の請求書等の送付

1項～3項に規定する手続と異なり、本項に基づく手続は、必ずしも不服申立てがされた時に限られるものではなく、再調査の請求人の申立ての時点によっては、再調査の請求についての審理が開始され、証拠書類その他の関係書類が提出されている場合もあり得ることから、「再調査の請求書又は再調査の請求録取書」に加えて、「関係書類その他の物件」も送付することとされている。

正しい審査請求先に再調査の請求書等が送付された場合には、5項の規定により、初めから審査請求がされたものとみなされることとなるが、再調査の請求人または再調査の請求に参加する者がそれを知らなかったために、誤って処分庁に書類を提出するなどの不都合を生ずるおそれがあることから、そのようなことがないように、通知義務を課すものである。

1項～3項に規定する手続と異なり、本項に基づく手続は、再調査の請求についての審理が開始された後にとられる場合もあり得ることから、送付を受けた行政庁はその旨を、再調査の請求人のほか再調査の請求の参加人にも通知しなければならない。

送付後の審査請求における参加人は、審査庁から指名される審理員によって改めて判断されるものであることから、送付前の再調査の請求の参加人が、直ちに送付後の審査請求における参加人の地位を得るものではないが、24条の規定により審理員の指名や審理手続を経ることなく送付後の審査請求が却下される場合など特段の事情がある場合を除き、送付後においても参加が認められるべきである。

本手続は、再調査の請求人が申立てをした場合に必ず行われる手続であることから、通知の主体は、引継ぎを受けた行政庁に通知義務を課す14条の規定と同様、申立てを受けた処分庁ではなく、送付を受けた審査庁である。

〈送付された場合の審査請求等の取扱い（５項)〉

本項では、１項～４項の規定により正しい審査請求先に審査請求書等が送付されたときは、審査庁となるべき行政庁に送付された時点ではなく、初めに不服申立てがされた時点で正しい審査請求先に適法に審査請求がされていたものとみなす旨が規定されている。送付が審査請求期間の経過後であっても、教示に従って審査請求書等を提出し、または郵送した時点が審査請求期間内にある場合には、審査請求期間内に審査請求がされたものとみなされる。

また、誤った教示に従った審査請求書や再調査の請求書は、適法な審査請求書とはなっていないが、適法に正しい審査請求先に審査請求がされたものとみなされる。たとえば、「再調査の請求書」と書かれていても、また、宛先となる審査請求先の表示が誤っていても、特に補正をさせる必要はなく、いずれも「審査請求書」と書かれているものとみなされ、また、正しい審査請求先の名称が表示されているものとして取り扱われるべきである。

（審査請求書の補正）

第23条　審査請求書が第19条の規定に違反する場合には、審査庁は、相当の期間を定め、その期間内に不備を補正すべきことを命じなければならない。

審査請求書の必要的記載事項が欠けている場合や、必要な書類が添付されていない場合等には、審査請求人の特定、適法な申立てについての要件判断、審査請求の審理の対象の特定等に支障を生ずることになる。

本条では、このように審査請求書に不備がある場合に、審査請求人に対し、その補正を命ずる手続が規定されている。

19条には、同条1項（および同項に基づく政令）で審査請求書を提出するという審査請求の方式が、同条2項〜5項で審査請求書の記載事項が定められている。これらの定めに反する審査請求書が提出された場合、当該審査請求は不適法であるが、記載事項を追加・訂正するなどにより補正することができるので、本条による補正の対象とされている。

また、審査請求人や審査請求に係る処分の内容は、審理員の指名に際し、処分に関する手続に関与した者であるか否かや除斥事由の該当性判断の前提となる情報である。このため、審査請求書にこれらの記載がなかったり不明瞭である場合等には、審査庁に審査請求書の補正命令の権限が与えられている。

「補正」とは、足りないところを補って正しいものに補い直すという意味であり、欠陥がある方式を正当な方式に修正して行為を適法なものとする意味である。審査請求書についても、その記載等に不備があっても、それが補正され、不服申立人適格等の他の審査請求要件が充足されていれば、当初から適法な審査請求がされたものとなる。

「命じ」とは、審査請求人に補正命令に応じる義務を課す趣旨であり、審査庁が定めた相当の期間内に不備が補正されなければ、審査庁は、24条1項の規定により、審査請求を却下することができる。

補正命令は、「相当の期間」すなわち、当該補正箇所を補正するのに社会通念上必要とされる期間を指定してされる。したがって、指定された期間が社会通念に照らして不十分な期間であれば、当該指定は不適法と解される。また、審査庁が審査請求書の記載の不備を補正すべきことを命じるのは、審査請求人の救済のためでもあり、補正することができるにもかかわらず審査庁が補正を命じずに却下した場合は、当該裁決は違法となる。

（審理手続を経ないでする却下裁決）

第24条　前条の場合において、審査請求人が同条の期間内に不備を補正しないときは、審査庁は、次節に規定する審理手続を経ないで、第45条第1項又は第49条第1項の規定に基づき、裁決で、当該審査請求を却下することができる。

> 2　審査請求が不適法であって補正することができないことが明らかなときも、前項と同様とする。

本条では、審査請求書の不備が審査庁が定めた相当の期間内に補正されない場合、審査請求が不適法であって補正することができないことが明らかな場合には、第3節に規定する具体的な審理を行うまでもなく、不適法な審査請求として却下できることが規定されている。

〈補正命令に応じない場合の却下裁決（1項）〉

審査請求書が19条の規定に違反しており、かつ、その不備を補正することが可能であるとして審査庁が23条の補正を命じた場合に、当該補正命令に定められた期間内に、これに応じず、審査請求人が審査請求書の不備を補正しないときが、本項による却下裁決の対象となる。

審査請求書の不備が審査庁が定めた相当の期間内に補正されない場合、審査請求の審理の対象の特定等に支障を生じる。また、補正の要否は、第3節に規定する審理手続を要することなく形式的な判断が可能なものであり、補正の要否について第3節に規定する審理手続を行う意義は乏しい。そのため、審査請求書の不備が補正されないときは、第3節の規定による具体的な審理手続を行うことなく、不適法な審査請求として却下することができることとされている。なお、この場合は、審理員の指名も不要である（9条1項ただし書）。

本項に基づく却下も、審査請求に対する審査庁の応答であり、その効力発生や不可争力を生じること、その応答内容の固有の瑕疵に対する不服は抗告訴訟によるべきであることから、処分についての審査請求にあっては45条1項の規定、不作為についての審査請求にあっては49条1項の規定に基づき、却下は裁決による。

〈不適法であって補正が不可能であることが明らかな場合の却下裁決（2項）〉

審査請求書に必要的記載事項が記載され、19条の規定に違反しない場合であっても、審査請求書の記載から、たとえば、審査請求期間を徒過し、かつ、そのことについて18条1項ただし書や同条2項ただし書に規定する「正当な理由」がないことが明らかな場合や、審査請求に係る処分の取消しまたは変更を求める法律上の利益がないことが明らかな場合など、審査請求が不適法であって補正することができないことが明らかなときは、前項と同様に、審理手続を行うまでもなく却下の裁決をすることができる。

この場合も、１項と同様に、審査庁は、第３節に規定する審理手続を経ないで、45条１項または49条１項の規定に基づき、裁決で、当該審査請求を却下することができる。

他方、これら「正当な理由」の有無や、不服申立人適格の有無が問題となっていて、具体的な審理を実施しなければ判断できないような場合は、この規定には該当せず、第３節に定める審理員による審理手続を行った上で、判断することが必要となる。

（執行停止）

第25条　審査請求は、処分の効力、処分の執行又は手続の続行を妨げない。

2　処分庁の上級行政庁又は処分庁である審査庁は、必要があると認める場合には、審査請求人の申立てにより又は職権で、処分の効力、処分の執行又は手続の続行の全部又は一部の停止その他の措置（以下「執行停止」という。）をとることができる。

3　処分庁の上級行政庁又は処分庁のいずれでもない審査庁は、必要があると認める場合には、審査請求人の申立てにより、処分庁の意見を聴取した上、執行停止をすることができる。ただし、処分の効力、処分の執行又は手続の続行の全部又は一部の停止以外の措置をとることはできない。

4　前２項の規定による審査請求人の申立てがあった場合において、処分、処分の執行又は手続の続行により生ずる重大な損害を避けるために緊急の必要があると認めるときは、審査庁は、執行停止をしなければならない。ただし、公共の福祉に重大な影響を及ぼすおそれがあるとき、又は本案について理由がないとみえるときは、この限りでない。

5　審査庁は、前項に規定する重大な損害を生ずるか否かを判断するに当たっては、損害の回復の困難の程度を考慮するものとし、損害の性質及び程度並びに処分の内容及び性質をも勘案するものとする。

6　第2項から第4項までの場合において、処分の効力の停止は、処分の効力の停止以外の措置によって目的を達することができるときは、することができない。
7　執行停止の申立てがあったとき、又は審理員から第40条に規定する執行停止をすべき旨の意見書が提出されたときは、審査庁は、速やかに、執行停止をするかどうかを決定しなければならない。

執行停止は、処分の効力、処分の執行または手続の続行の全部または一部の停止その他の措置をするものであり、暫定的とはいえ、処分の効力を生じさせないなどの大きな影響を有する。審査請求によって直ちに処分の執行を停止させることとした場合には、行政の円滑な運営が阻害されるおそれもあること等から、行政不服審査制度において、従来から執行不停止が原則とされている。

他方、審査庁の判断で、審査請求人の権利利益の救済の必要性、本案における認容の可能性等を総合的に勘案して、柔軟に執行停止をする仕組みがとられている。

〈執行不停止の原則（1項）〉

1項は、執行不停止を原則とすることを明示的に規定する。審査請求がされた場合でも、処分はなお効力を有し、行政庁は、当該処分の内容を実現しようとする措置（処分の執行）や、当該処分を前提とする後続の処分等の手続をとることができる。

〈審査庁による執行停止（2項・3項）〉

⑴　概観

執行停止は影響の大きなものであることから、これをする権限は、審査庁に与えられている。なお、審理員についても、執行停止についての意見書を審査庁に提出することができる（40条）。

審査庁となる行政庁のうち、処分庁やその上級行政庁は、当該処分に係る行政事務につき一般的に行政責任を有していることから、執行停止の要件、内容等について、それ以外の行政庁が審査庁である場合とは分けて規定されている。

⑵　処分庁の上級行政庁または処分庁である審査庁による執行停止（２項）

審査庁のうち、処分庁やその上級行政庁は、当該処分に係る行政事務につき一般的に行政責任を有していることに照らし、処分庁の上級行政庁または処分庁である審査庁は、審査請求人の申立てがあった場合に限らず、職権によっても、執行停止をすることができる。なお、個別法において、本項の適用につき審査請求先の行政庁を上級行政庁とみなす旨の規定が置かれる場合がある。

また、行訴法においては執行停止が「処分、処分の執行又は手続の続行により生ずる重大な損害を避けるため緊急の必要があるとき」に限られている（同法25条２項）が、審査請求は行政の自己反省機能をいかし、簡易迅速に国民の権利利益の救済を図るものであることから、執行停止を行うかどうかについて、審査庁が柔軟に判断することができることとされている。

執行停止は、本案に理由がある場合に、本案について認容裁決により処分の取消しや変更をしても、審査請求の目的を達し得ないことにならないようにするための措置であり、本案に理由がない、あるいは理由がないとみえるときには、すべきでないと考えられる。

執行停止の具体的な態様については、次のとおりである。

①「処分の効力」の停止：処分の効力それ自体が存続しない状態に置くこと、すなわち、形成的な効力を有する処分の効力を停止させて、処分がなかったのと同じような効果を生じさせること。

②「処分の執行」：処分の内容を実現させる行政権の作用を停止させて、処分の内容を実現させないようにすること。

③「手続の続行」の停止：当該処分を前提としてなされる後続の処分等の手続を停止させること。

④「その他の措置」：原処分に代わる仮の処分等をすることによって、処分の効力の停止や処分の執行の停止と同じ効果を生ぜしめるための措置。その具体的内容については、実際の運用および解釈に委ねられるが、免職処分についての審査請求において仮に停職処分に切り換えておくような場合が例とされる（田中＝加藤173頁）。行訴法上の執行停止は、「処分の効力、処分の執行又は手続の続行の全部又は一部の停止」に限られるが（同法25条２項）、処分庁やその上級行政庁は、当該処分に係る行政事務につき一般的に行政責任を

有していることに照らし、審査庁が処分庁の上級行政庁または処分庁である場合には、「その他の措置」をとり得る。

⑶　それ以外の審査庁による執行停止（３項）

処分庁や処分庁の上級行政庁が当該処分に係る行政事務につき一般的に行政責任を有するのに対し、これらのいずれでもない審査庁は、単に当該審査請求の処理に係る権限を有する行政庁にとどまることから、２項とは分けて規定されている。

まず、審査請求人の申立てがあった場合に限り、処分庁の意見を聴取した上で、執行停止をすることとされている。

また、２項に規定する執行停止の態様のうち、「処分の効力、処分の執行又は手続の続行の全部又は一部の停止」のみをとり得る、すなわち、「その他の措置」をとることができないこととされている。

したがって、処分庁の上級行政庁または処分庁のいずれでもない審査庁の場合には、とり得る執行停止の態様は行訴法上の執行停止と同内容となるが、執行停止をするか否かが審査庁の柔軟な判断に委ねられる点（「必要があると認める場合」）などで、行訴法上の執行停止とは異なる。

〈義務的執行停止（４項・５項）〉

４項および５項では、審査庁が執行停止をしなければならない場合について規定されている。

⑴　要件（４項本文）

義務的執行停止は、審査請求人の申立てがあった場合が対象となる。したがって、職権による執行停止が可能な処分庁の上級行政庁または処分庁である審査庁であっても、審査請求人の申立てがない場合には、４項の規定の対象とはならない。

また、行訴法25条２項と同様、「処分、処分の執行又は手続の続行により生ずる重大な損害を避けるために緊急の必要があるとき」と規定されている。処分そのものの効力、処分の内容を実現させる行政権の作用または当該処分を前提とする後続の処分等の手続によって生ずる損害の性質、損害の程度や処分の内容・性質、緊急に執行停止をしなければ回復が困難になるといった緊急性を考慮して判断される。他方、行訴法上の執行停止が「裁判所は、……することができる」（同法25条２項）とされているのと異なり、審査庁は、上記の要件を満たす場合には、執行停止をしなければならないこととされている。

⑵　例外事由（４項ただし書）

⑴の例外事由として、審査請求人の権利利益の保護よりも公益の保護を図る必要がある場合として「公共の福祉に重大な影響を及ぼすおそれがあるとき」が除外され、また、執行停止の目的が本案について認容しても審査請求の目的を達しないという事態を防ぐためであることから、これに該当しない「本案について理由がないとみえるとき」が除外されている。

なお、旧法34条４項ただし書は、義務的執行停止の例外事由として、「処分の執行若しくは手続の続行ができなくなるおそれがあるとき」も規定していたが、「公共の福祉に重大な影響を及ぼすおそれがあるとき」以外にさらに執行停止の例外を許容することは好ましくないこと、行訴法上の執行停止に関する規定でもこのような事項は規定されていないこと（同法25条４項）から、新法においては、これに相当する規定は置かれていない。

⑶　考慮規定（５項）

執行停止について、平成16年の行訴法改正で、重大な損害が生ずるか否かを判断するにあたっての考慮規定（同法25条３項）が新設されたことを受け、旧法にも同様の考慮規定（旧法34条５項）が新設されたものが踏襲されている。

〈補充性の原則（６項）〉

執行停止は、本案について認容裁決により処分の取消しや変更をしても、もはや原状回復が困難となるなど、審査請求の目的を達し得ないことにならないようにするための暫定的な措置であることから、その内容を審査請求人の権利利益の保護のための必要最小限度に限る趣旨で、処分の効力そのものを停止させるという強度の措置は、他に方法がない場合に限られている。行訴法上の執行停止についても同様の規定が置かれている（同法25条2項ただし書）。

〈執行停止の決定時期（7項）〉

審査請求人から執行停止の申立てがあったときのみならず、審理員が、審理を行う中で、国民の権利利益の救済の観点から執行停止をする必要があると認める場合も考えられることから、審理員が、職権で、審査庁に対し執行停止をすべき旨の意見書を提出することができることとされており（40条）、審理員から同条に基づく意見書が提出された場合には、審査庁が、速やかに、執行停止をするかどうかを決定することが義務付けられている。

審査庁は、執行停止をすべき旨の意見書の内容に拘束されるものではないが、審理員制度の趣旨に照らして適切に判断される必要がある。

（執行停止の取消し）

第26条　執行停止をした後において、執行停止が公共の福祉に重大な影響を及ぼすことが明らかとなったとき、その他事情が変更したときは、審査庁は、その執行停止を取り消すことができる。

本条は、執行停止をした後の事情の変更により、執行停止をそのまま継続することが適当でなくなった場合に、これを取り消すための規定である。

執行停止をした後の事情の変更により、執行停止をそのまま続けることが公共の福祉に重大な影響を及ぼすこととなった場合のほか、執行停止をした後に、すでに存在していた事実が判明し、執行停止が公共の福祉に重大な影響を及ぼすことが判明した場合も対象となる。

さらに、執行停止をした後の事情の変更により、執行停止を継続することができない場合であることが判明した場合など、執行停止をそのまま継続することが適当でないと認められるに至った場合も、本条の対象に含まれる。たとえば、執行停止をした後の審理の進行により、本案について理由がないとみえるに至った場合や、その後の状況の変化により執行停止を継続した場合の公益への影響が大きくなった場合などが挙げられる。

なお、本案について理由がないことが明らかとなった場合には、本来、速やかに審査請求を棄却すべきであるが、行政不服審査会等への諮問等に一定の期間を要することを考慮して、本条を適用することもできると考えられる。

執行停止の判断と同様、執行停止の取消しについても、審査庁が柔軟に判断することができることとされており、処分庁等からの申立てを要せず、審査庁の職権により判断されることとなる。行訴法上の執行停止の取消し（同法26条）のように相手方の申立てを要件とするものではない。

本案について裁決があったときは、執行停止は、その目的を達して効力を失うものと解されている。

（審査請求の取下げ）
第27条　審査請求人は、裁決があるまでは、いつでも審査請求を取り下げることができる。
2　審査請求の取下げは、書面でしなければならない。

審査請求は、関係人の自由意思に委ねられているものであるから、その取下げも、裁決がその効力を生ずるまでは、いつでもすることができる。

審査請求の取下げがあった場合には、初めから審査請求をしなかったのと同じ状態になり、審査請求期間の経過後に取下げがあった場合には、審査請求をすることはできなくなる。

代理人は、特別の委任があるときに限り、審査請求を取り下げることができる（12条２項ただし書）。他方、総代は、審査請求を取り下げる権限を有していない（11条３項）。

また、審査請求の取下げは、手続を終結させる重大な行為であることから、後で取下げの有無について問題を生じないようにするため、取下げは書面でしなければならない（書面主義。２項）。

第3節　審理手続

審査請求の審理は、主張に関する書面のやりとりや口頭意見陳述、証拠に関する証拠書類や物件の提出、鑑定、検証、質問といった手続により行われる。新法においては、これらの審理手続は原則として審理員が行うこととされており、審理員は、その審理結果をまとめて、審査庁がすべき裁決に関する意見書（「審理員意見書」）を作成し、審査庁に提出する。

本節では、このような審理員が担当する一連の審理手続が規定されている。

（審理手続の計画的進行）
第28条　審査請求人、参加人及び処分庁等（以下「審理関係人」という。）並びに審理員は、簡易迅速かつ公正な審理の実現のため、審理において、相互に協力するとともに、審理手続の計画的な進行を図らなければならない。

新法では、審理員制度が導入され、審査請求人と処分庁等が主張および証拠を提出し、これを基に審理員が裁決の案となるべき審理員意見書を作成する。こうした対審的構造において審理手続を迅速に行うためには、審理を計画的に進めることが必要であり、そのためには、審査請求人、参加人および処分庁等の審理関係人が、審理を迅速に行うとの認識を共有し、相互に協力することが必要不可欠である。

本条では、こうした観点から、審理関係人および審理員の責務が規定されている。

〈審理関係人〉

審査請求人、参加人および処分庁等は、審査請求の審理に当事者として関与する者であることから、「審理関係人」と総称される。審査請求の審理手続は、この審理関係人と審理手続を主宰する審理員とによって進められる。

〈審理関係人および審理員の責務〉

本条では、目的規定（１条１項）の「国民が簡易迅速かつ公正な手続の下で広く行政庁に対する不服申立てをすることができるための制度を定める」との趣旨を参照し、審査請求の審理が「簡易迅速かつ公正」に行われるため、審理関係人および審理員に、審理において、相互に協力するとともに、審理手続の計画的な進行を図らなければならないとの一般的な責務を課している。

「計画的な進行」とは、審理の対象となる事項について争点を明確にし、計画を立てて審理を進めることをいう。37条においては、「審理すべき事項が多数であり又は錯綜しているなど事件が複雑であることその他の事情により、迅速かつ公正な審理を行うため、……審理手続を計画的に遂行する必要があると認める場合」に、審理関係人から審理手続の申立てに関する意見の聴取を行う手続を設けているが、上記の趣旨に照らせば、こうした事件でなくても、審理手続を計画的に進めるべきであり、審理員は、このような計画的な進行を図らなければならず、審理関係人はこれに協力することが求められる。

（弁明書の提出）

第29条　審理員は、審査庁から指名されたときは、直ちに、審査請求書又は審査請求録取書の写しを処分庁等に送付しなければならない。ただし、処分庁等が審査庁である場合には、この限りでない。

2　審理員は、相当の期間を定めて、処分庁等に対し、弁明書の提出を求めるものとする。

3　処分庁等は、前項の弁明書に、次の各号の区分に応じ、当該各号に定める事項を記載しなければならない。

一　処分についての審査請求に対する弁明書　処分の内容及び理由

二　不作為についての審査請求に対する弁明書　処分をしていない理由並びに予定される処分の時期、内容及び理由

4　処分庁が次に掲げる書面を保有する場合には、前項第１号に掲げる弁明書にこれを添付するものとする。

一　行政手続法（平成５年法律第88号）第24条第１項の調書及び同条第３項の報告書

> 二　行政手続法第29条第1項に規定する弁明書
> 5　審理員は、処分庁等から弁明書の提出があったときは、これを審査請求人及び参加人に送付しなければならない。

本条では、処分庁等による弁明書の作成・提出について定められている。

審理員は、原処分に関与していない者であるため、事案の概要、原処分の理由等を把握することが必要である。そこで、審査請求人から提出された審査請求の趣旨および理由等に対して、その内容の正確性や審査請求に係る処分の内容および理由等の詳細を説明することができる立場にある処分庁等が、弁明書の作成・提出を通じて、処分の理由等を明らかにするものとされている。

また、審査請求人と処分庁等が主張および証拠を提出し、これを基に審理員が意見書を作成するという審理員制度の趣旨に照らし、審理員が処分庁等の審査請求に対する主張の内容を把握するための手続が審査請求人等から見える形で行われることとなるよう、処分庁等から提出された弁明書を審理員が審査請求人および参加人に送付することとされている。

〈審査請求書等の処分庁等への送付（1項）〉

審理員は、9条1項の規定により審査庁から指名されたら直ちに、審査請求書または審査請求録取書の写しを処分庁等に送付しなければならない。ただし、処分庁等と審査庁が同一の行政庁である場合には、審査請求書を審査庁としてすでに受領していることから、その必要はない。

〈弁明書の提出の求め（2項）〉

「弁明書」とは、処分を行ったこと（処分についての審査請求の場合）、または処分を行っていないこと（不作為についての審査請求の場合）についての弁明を記載した書面をいう。

旧法22条1項は「審査庁は……弁明書の提出を求めることができる」と規定しており、弁明書の提出を求めるかどうかは、審査庁の判断に任されていたが、新法は、原処分に関与していない審理員が審理手続を行うので、事案の概要、原処分の理由等を審理員が把握する必要があることから、審理員は、必ず弁明書の提出を求めることとした。

弁明書の提出期限についても、審理の遅滞を防ぐ観点から、「相当の期間」すなわち社会通念上弁明書を作成するのに必要とされる期間を設定することとされている。

処分庁等の弁明書の提出義務については明文の規定を置いていないが、処分庁等は、「審理において、相互に協力する」責務を負う（28条）ものであるから、審理員の弁明書の提出の求めに誠実に対応すべきことは当然である。仮に、相当の期間内に弁明書が提出されなかった場合には、弁明書の提出なく審理手続を終了することがある（41条２項１号）。

〈弁明書の記載事項（３項）〉

⑴　処分についての審査請求に対する弁明書

弁明書は、審理員が審査請求に係る処分の違法または不当の判断をするため、また、審査請求人および参加人が処分庁の主張に対する主張を有効かつ適切に行うことができるようにするため、「処分の内容及び理由」が記載事項とされている。

したがって、その記載の程度は、抽象的・一般的なものでは不十分であり、審理員等が処分の内容および理由を明確に認識し得るものであることが必要である。具体的には、法令の根拠条項の内容、具体性等によってその程度は異なるものの、根拠となる法令の条項を示してその内容を明示した上で、当該処分要件に該当するその原因となる事実を明示する必要がある。

審査請求書または審査請求録取書に処分の違法または不当を理由付ける具体的な内容が記載されている場合には、処分が違法または不当のいずれでもないことの根拠となる事実も、「処分の内容及び理由」に含まれるものとして、記載しなければならない。

一方、処分をする段階でも、処分の内容および理由を示さなければならないとされているから（行手法８条・14条）、弁明書の提出を求められた時点で処分段階の説明にさらに付記する必要がない場合には、たとえば、弁明書に処分の決定書を添付し、弁明書は、「処分の決定書に記載のとおり」とする記載で足りると考えられる。

⑵　不作為についての審査請求に対する弁明書

不作為についての審査請求の場合、以下の事項が記載される。

①処分をしていない理由：申請に対し、時間的、物理的意味で、当該申請がどのような処理の段階にあるかといった審査の進行状況、審査に時間を要する事情が生じていれば当該事情など、処分をするに至っていない原因となる事実が記載される。

②予定される処分の時期：弁明書の提出時点における予定時期であり、たとえば、「標準処理期間どおりにいけば、○月△日頃であるが、本件の場合は×日程度早くなる見込み」といった記載が想定される。

③予定される処分の内容および理由：弁明書の提出時点において予定されている処分の内容および理由が記載される。いまだ処分をしていない段階であるため、審査の進行状況等によって具体的に記載することが困難な場合は、その時点でのできる限り具体的な記載をする。状況によっては、「内容及び理由」を明示できない場合もあり得る。

〈処分についての審査請求に対する弁明書に添付する書面（４項）〉

審査請求に係る処分に至る過程で聴聞または弁明の機会の付与の手続がとられた場合は、行手法の規定により、聴聞調書・聴聞報告書や弁明書が処分庁に提出されている。これらの書面は、当該処分に関する審査請求人や処分庁の主張が記載されており、事件の内容や争点を把握するのに役立つと考えられることから、処分庁は、これらの書面を保有するときは、弁明書に添付して審理員に提出する。

〈弁明書の審査請求人および参加人への送付（５項）〉

審理の公正性・透明性を確保し、審査請求人等が十分に主張できるようにする観点から、提出された弁明書は、他の審理関係人（審査請求人および参加人）に送付する。旧法22条５項では「審査請求の全部を容認すべきときは、この限りでない」と規定し、弁明書の送付を不要としていたが、新法においては、この段階では審理員が審理を行っており、審理員が審査請求の全部を認容すべきと考えても、審理員意見書を審査庁に提出した後でなければ、審査庁による裁決はされない手続となることから、同様の規定は置かれていない。

旧法では、弁明書は審査請求人のみに送付することとされていたが、新法では、参加人の意見書提出の手続（30条２項）が設けられていることから、参加人が処分庁の弁明を把握した上で意見書を提出することができるよう、参加人にも送付することとされている。

なお、送付対象は弁明書であり、４項各号の添付書面は送付の対象とはならないが、これらの書面も閲覧・謄写（38条１項）の対象となる。

（反論書等の提出）

第30条　審査請求人は、前条第５項の規定により送付された弁明書に記載された事項に対する反論を記載した書面（以下「反論書」という。）を提出することができる。この場合において、審理員が、反論書を提出すべき相当の期間を定めたときは、その期間内にこれを提出しなければならない。

2　参加人は、審査請求に係る事件に関する意見を記載した書面（第40条及び第42条第１項を除き、以下「意見書」という。）を提出することができる。この場合において、審理員が、意見書を提出すべき相当の期間を定めたときは、その期間内にこれを提出しなければならない。

3　審理員は、審査請求人から反論書の提出があったときはこれを参加人及び処分庁等に、参加人から意見書の提出があったときはこれを審査請求人及び処分庁等に、それぞれ送付しなければならない。

本条では、審査請求人および参加人に主張する機会を十分に与えるため、審査請求人の反論書および参加人の意見書の提出について規定されている。

〈審査請求人による反論書の提出（１項）〉

(1)　反論書の提出（前段）

反論書の内容については、旧法23条１項では単に「弁明書の副本の送付を受けたときは、これに対する反論書」と規定していたが、新法では「弁明書に記載された事項に対する反論を記載した書面」と記載事項が明記されている。

審査請求人は反論書を「提出することができる」と規定されており、反論書の提出を求められた場合でも、提出するか否かは、審査請求人の意思に委ねられている。

反論書の中で、弁明書における実際の記載と直接には対応しない主張がなされることも想定され得るが、弁明書の記載事項は、処分についての審査請求であれば「処分の内容及び理由」、不作為についての審査請求であれば「処分をしていない理由並びに予定される処分の時期、内容及び理由」である（29条３項）ことからすれば、こうした事項についての主張（反論）であれば、当該反論書は適法なものとして取り扱われるべきである。

⑵　反論書の提出期限（後段）

審理員が「相当の期間」すなわち社会通念上反論書を作成するのに必要とされる期間を指定したときは、反論書を提出する場合には、その期間内に提出することが審査請求人に義務付けられる。実務上は、弁明書を審査請求人および参加人に送付する際に、２項の意見書と併せ「反論書又は意見書を提出する場合には、その提出期限を○月○日とする」旨を通知することが想定される。

定められた期間内に反論書を提出しない場合には、反論書の提出なく審理手続を終結することがある（41条２項１号）。

提出期限を設定し得ることとされているのは審理の遅滞を防ぐ観点からであるが、必ず定めなければならないものではなく、定めるか否かは、審理員の合理的な判断に委ねられている。

〈参加人による意見書の提出（２項）〉

旧法は、参加人の審査請求の審理における権限について、口頭意見陳述や証拠書類等の提出等についてのみ規定し、主張に関する書面の提出については規定されていなかった。しかしながら、審理員が簡易迅速かつ公正な審理を行うためには参加人の主張内容が審理の冒頭に明らかになっていることが望ましく、また、書面審理を原則としていることから参加人の主張も書面で提出されるべきであること、さらに、参加人が審査請求を全部認容することに反対する主張をしている場合には行政不服審査会等への諮問を要する（43条１項７号）こと等から、参加人の主張書面に関する規定が整備された。

意見書を提出するか否かは、反論書と同様に、参加人の意思に委ねられる。

また、反論書と同様に、審理員が提出期限を設定し得ることとされている。この場合、参加人が意見書を提出しようとするときは、その期間内に提出することを義務付けられ、定められた期間内に意見書を提出しない場合には、意見書の提出なく審理手続を終結することがある（41条2項1号)。

意見書の記載事項すなわち「審査請求に係る事件に関する意見」とは、処分または不作為の違法または不当に限らず、審査請求の適法要件をも含むものである。参加人には、審査請求人とは利害を異とする者も想定され、その場合には、審査請求が不適法であるとの主張をすることが考えられる。

〈反論書・意見書の処分庁等への送付（3項)〉

弁明書と同様、審理の公正性・透明性を確保する観点から、反論書または意見書の提出があったときは、審理員から他の審理関係人に送付することとされている。具体的には、審査請求人から提出される反論書は参加人および処分庁等に、参加人から提出される意見書は審査請求人および処分庁等に、それぞれ送付される。

審査請求人または参加人が複数である場合に、提出者以外の審査請求人・参加人に対する送付の要否については、法律上の定めはないが、特に、審査請求人と利害が共通する参加人と利害が相反する参加人の双方がいる場合には、その一方から提出された意見書について、他方の主張・立証の機会を保障する観点から、意見書の写しを送付するなど、他の参加人も意見書の内容を知り得るようにすべきである。

また、反論書や意見書に記載された審査請求人や参加人の主張については、審理員は、質問（36条）の活用等により、処分庁等をはじめとする他の審理関係人に反論の機会を適切に与えるべきである。

（口頭意見陳述）

第31条　審査請求人又は参加人の申立てがあった場合には、審理員は、当該申立てをした者（以下この条及び第41条第２項第２号において「申立人」という。）に口頭で審査請求に係る事件に関する意見を述べる機会を与えなければならない。ただし、当該申立人の所在その他の事情により当該意見を述べる機会を与えることが困難であると認められる場合には、この限りでない。

2　前項本文の規定による意見の陳述（以下「口頭意見陳述」という。）は、審理員が期日及び場所を指定し、全ての審理関係人を招集してさせるものとする。

3　口頭意見陳述において、申立人は、審理員の許可を得て、補佐人とともに出頭することができる。

4　口頭意見陳述において、審理員は、申立人のする陳述が事件に関係のない事項にわたる場合その他相当でない場合には、これを制限することができる。

5　口頭意見陳述に際し、申立人は、審理員の許可を得て、審査請求に係る事件に関し、処分庁等に対して、質問を発することができる。

〈口頭意見陳述の機会（１項）〉

審査請求人および参加人に主張する機会を十分に与えるため、書面主義の例外として、審査請求人または参加人の申立てがあった場合には、口頭意見陳述の機会が付与される。なお、口頭意見陳述の対象には、審査請求の適法要件も含まれる。

⑴　口頭意見陳述の機会が付与される場合（本文）

新法は書面審理を原則とするが、審査請求人または参加人の立場からは、審理を行う者に自己の主張を直接的に訴えたい場合があることから、口頭意見陳述の機会が保障されている。

口頭意見陳述は、審査請求人または参加人の申立てを要件とするものであり、審理員が職権で行うことはできない。申立てを受けた審理員は、申立人が出頭することが可能な日時および場所を指定して、全ての審理関係人に通知する。審理員が指定した口頭意見陳述の期日に申立人が正当な理由なく出頭しなかった場合は、申立人が自ら口頭意見陳述の権利を放棄したといえ、また、迅速かつ公正な審理に支障を来すことから、改めて口頭意見陳述の機会を与える必要はない。このような場合に、他の必要な審理を終えたときは、審理員は、改めて口頭意見陳述の機会を与えることなく審理手続を終結することができる（41条2項2号）。

旧法では、処分または不作為の違法または不当に限らず、審査請求の適法要件について口頭意見陳述の対象となるか否かについては必ずしも明確ではなかったが、不服申立人適格のように本案審理にも関わり得る論点について口頭意見陳述を望む審査請求人もあることから、審査請求の適法要件についても口頭意見陳述の機会を保障することが明確にされた。

⑵　機会の付与の例外（ただし書）

上記の例外として、口頭意見陳述の機会を与えることが現実的に困難な場合には、その機会を与えることを要しない。

「申立人の所在その他の事情」とは、たとえば、申立人が矯正施設に収容されていて出所の見込みが相当期間ない場合など、申立人が審理員の指定した期日および場所に出頭して口頭で意見を述べることが困難である原因となる事情をいう。口頭意見陳述の機会を与えることが困難な事情の有無については、社会通念に照らして、審理員により判断される。

〈期日および場所の指定ならびに全ての審理関係人の招集（2項）〉

審理員は、口頭意見陳述の日時および場所を指定して、全ての審理関係人に通知する。審査請求人および参加人が口頭意見陳述に出頭する機会を保障し、申立人の質問権の行使を充実したものとするため、審理員は、申立人等の審理関係人が出頭可能な日時および場所を指定しなければならない。

申立人および処分庁等だけでなく、「全ての審理関係人」を招集するのは、口頭意見陳述の申立人から処分庁等に対する質問（5項）の実効性を確保するのみでなく、審理員が、口頭意見陳述の場において、職権または審査請求人もしくは参加人の申立てにより、審理関係人への質問（36条）を適切に行うことを通じて、充実した審理を行うことができるようにするためである。

ただし、審理員が指定した口頭意見陳述の期日に申立人および処分庁等が出頭したが、その他の審査請求人または参加人が出頭しなかった場合は、申立人の口頭意見陳述の権利が確保されているから、改めて口頭意見陳述の機会を与える必要はない。

なお、処分庁等については、実際には、その補助機関たる職員が出頭することとなり、具体的な者は処分庁等の判断に委ねられるが、全ての審理関係人を招集する趣旨に照らし、原処分の担当者など、申立人が発する審査請求に係る事件に関する質問に適切に回答し得る者が出席する必要がある。

〈補佐人の出頭（3項）〉

口頭意見陳述において、申立人は、審理員の許可を得て、補佐人とともに出頭することができる。

補佐人とは、自然科学的・人文科学的な専門知識をもって、口頭意見陳述をしようとする審査請求人または参加人を援助することができる第三者である。補佐人は、事実上の問題に関する陳述に限らず、法律上の論点についても陳述をすることができる。

補佐人は、審査請求人または参加人とともに出頭している場合において、審査請求人または参加人を補佐して発言できるにとどまり、補佐人が単独で出頭し、あるいは審査請求人または参加人の意思とは関係なく自らの判断により質問を発することはできない。

〈陳述の制限（4項）〉

口頭意見陳述は、「審査請求に係る事件に関する意見」を口頭で主張する機会を保障するための手続であるから、事件に関係のない事項にわたる陳述については、その機会を保障する必要はない。また、こうした陳述を許容することは、迅速かつ充実した審理を阻害するおそれもあることから、迅速かつ充実した審理を実現するため、このような場合には、審理員が陳述を制限することが認められている。

具体的には、当該審査請求の事件と関係のない事項にわたる場合のほか、意見陳述がすでに陳述された内容の繰り返しにすぎない場合や、その発言が意見陳述の趣旨・目的に沿わないと認められる場合等が制限の対象となる。

〈申立人の質問（５項）〉

申立人の手続保障の充実のため、申立人は、口頭意見陳述において、審理員の許可を得て、処分の内容や処分または不作為の理由等に関し、処分庁等（処分庁等の職員）に対し質問を発することができる。

質問は、「審査請求に係る事件に関し」認められるものであり、審理の対象である処分等の違法または不当の判断のために必要な事項に関しての質問は認められるが、それ以外、つまり審理に不必要な質問は認められない。

審理員の許可を要することとされているのは、質問が不当に多発されるなど質問権が濫用された場合に審理に混乱を来すおそれがあることに配慮したものである。必要な場合には、許可を取り消すことができると考えられ、実際の質問の内容が審査請求事件に関係のない事項にわたる場合や、繰り返しとなる場合等には、審理員は、質問者の発言を制限することができる。

質問は、審理員に対してではなく、処分庁等に対してするものである。口頭意見陳述が全ての審理関係人を招集して実施される趣旨からも、処分庁等は、回答に調査を要するなどの事情がある場合を除き、口頭意見陳述の場において回答すべきである。

（証拠書類等の提出）

第32条　審査請求人又は参加人は、証拠書類又は証拠物を提出することができる。

2　処分庁等は、当該処分の理由となる事実を証する書類その他の物件を提出することができる。

3　前２項の場合において、審理員が、証拠書類若しくは証拠物又は書類その他の物件を提出すべき相当の期間を定めたときは、その期間内にこれを提出しなければならない。

本条では、審査請求人や参加人が自らの主張を理由付ける証拠書類等（証拠書類または証拠物）を提出する手続や、処分庁等が処分の理由となる事実を証する書類その他の物件を提出する手続について規定されている。

〈審査請求人または参加人の証拠書類等の提出（1項）〉

審査請求人および参加人は、証拠書類または証拠物、すなわち裁決の判断資料となる書類その他の物件を提出することができる。電磁的記録媒体も物件に含まれる。

なお、新法は、国民の権利利益の救済を図ることを趣旨とし、審査請求人または参加人がその判断により提出した書類その他の物件の全てについて、裁決の判断資料とすべきであることから、「証拠書類又は証拠物」という法的概念を用いている。

〈処分庁等の処分の理由となる事実を証する書類その他の物件の提出（2項）〉

処分庁等が有する処分の理由となる事実を証する書類その他の物件については、審査請求の審理に際して必要・有益なものと考えられる。これらについては、審理員からの物件の提出要求（33条）に応じることによっても審理員に提出されるが、審査請求の簡易迅速な処理のためにはこうした手続を待たず処分庁等から自発的に提出されることが望ましく、また、審理員が物件の提出要求をしなかった場合に処分庁等が審理に必要な書類その他の物件を提出することができなくなるのは不合理であることから、処分庁等が処分の理由となる事実を証する書類その他の物件を提出する手続が規定されている。

〈提出期限（3項）〉

反論書等と同様、審理員が提出すべき相当の期間を定めたときは、その期間内に証拠書類等または書類その他の物件を提出しなければならない。

（物件の提出要求）

第33条　審理員は、審査請求人若しくは参加人の申立てにより又は職権で、書類その他の物件の所持人に対し、相当の期間を定めて、その物件の提出を求めることができる。この場合において、審理員は、その提出された物件を留め置くことができる。

〈職権による証拠調べ〉

審理員が、審査請求の審理の上で、その判断の参考に供するため、審理関係人から提出された証拠書類以外にもさらに物件を収集したり、第三者から事実に係る陳述を聞き、あるいは鑑定を行ったり、審理に関係する場所の状況を確認したり、審理関係人の主張の趣旨・内容の確認や事案の概要や争点の把握のため質問したりすることを必要とする場合がある。

本条～36条では、そのような場合における、いわゆる証拠調べの手続について規定されている。

不服申立制度は、簡易迅速で公正な手続により、国民の権利利益の救済を図るとともに、行政の適正な運営を確保することを目的とするものであることから、審理手続については職権主義がとられており、これらの証拠調べについても、審査請求人等の申立てによる場合のほか、職権によってすることが認められている。物件の提出要求等の申立てに対する採否の判断や、職権で提出等を求めるかについては、簡易迅速かつ公正に審理を行う観点から、審理員が合理的に判断すべきである。また、申立てがあったときは、審理員は、必ずこれに対する判断を示さなければならない。

審理員は、これらの規定により証拠書類の提出等を求めること等ができるのであって、求められた者がその提出等を拒んでも、それを強制することはできないが、審理関係人以外の第三者にあっても、所持人の積極的な協力が望まれるところである。他方、審理関係人は、「審理において、相互に協力する」責務を負うものであるから（28条）、審理員の物件の提出要求に誠実に対応すべきであることは当然である。仮に、相当の期間内に物件が提出されなかった場合には、その提出なく審理手続を終結することがある（41条２項１号）。

〈物件の提出要求〉

⑴　要求対象

審理員は、審査請求の審理に必要と思われる証拠書類等を所持している者に対し当該物件の提出を求めることができる。行政庁である処分庁等を含む審理関係人も、こうした物件を所持している限りこれに含まれる。

⑵　提出期限

提出要求にあたっては、審理の遅滞を防ぐ観点から、提出期限として「相当の期間」すなわち社会通念上当該書類その他の物件を提出するのに必要とされる期間を設定する。反論書等とは異なり、本条の規定に基づき物件の提出を求める場合には必ず、審理員は、「相当の期間」を定めなければならない。

⑶　提出された物件の留置

提出された物件は、審理の必要性に応じて留め置くことができる。ただし、任意の協力により提出されるものであることに照らせば、運用にあたっては、提出者が当該物件を必要とするときは、審理員は、提出人の意向に応じて、コピーを作成した上で返却するなどの適切な措置をとるべきであろう。

（参考人の陳述及び鑑定の要求）

第34条　審理員は、審査請求人若しくは参加人の申立てにより又は職権で、適当と認める者に、参考人としてその知っている事実の陳述を求め、又は鑑定を求めることができる。

〈参考人の陳述〉

審理員は、その判断の参考に供するため、その事件の当事者その他の直接の利害関係人でない第三者からその問題について事実の陳述を聞く必要がある場合がある。「参考人」とは、この場合の第三者をいう。

参考人に求められる「その知っている事実の陳述」とは、参考人自らが直接見聞した事項の陳述を意味し、当該参考人が持つ意見を述べさせるのではない。したがって、仮に参考人が意見を述べた場合であっても、当該意見を判断の参考とすべきではない。

複数の参考人が陳述する場合に別々に陳述を求めるか否か、審理関係人の立会いを認めるか否かなど、陳述の方法については、簡易迅速かつ公正な審理を行う観点から、審理員の合理的な判断に委ねられている。

〈鑑定〉

「鑑定」とは、ある者が、他人のために、その有する特別の知識経験に基づき、これにより知り得る法則またはこれに基づく事実の判断を行うことをいう。

〈陳述・鑑定を求める相手の指定〉

参考人の陳述や鑑定の申立てに対する採否の判断や、職権で陳述・鑑定を求めるかについては、審理員の判断によるが、陳述または鑑定を誰に求めるかについても、同様に、審理員の判断に委ねられている。したがって、審査請求人または参加人から、陳述を求めるべき参考人または鑑定を求めるべき者を指定して申立てがされた場合であっても、必ずしも申立てで指定された者に対して求めをしなければならないものではない。

〈得られた事実の評価等〉

新法は、参考人の陳述等をどう評価し、裁決に反映させるかは、審理員の心証判断に委ねていると考えられる。

参考人の陳述や鑑定により得られた事実については、手続保障の充実の観点から、審理関係人にとって不意打ちとならないよう、必要に応じ、審理関係人に対する質問（36条）等により反論の機会を与えるなどの運用が望まれる。

（検証）

第35条　審理員は、審査請求人若しくは参加人の申立てにより又は職権で、必要な場所につき、検証をすることができる。

2　審理員は、審査請求人又は参加人の申立てにより前項の検証をしようとするときは、あらかじめ、その日時及び場所を当該申立てをした者に通知し、これに立ち会う機会を与えなければならない。

新法は、厳格な証拠法則を定めてはいないが、審査請求の審理の上で、審理に関係する場所の状況を確認し、判断の資料を得ることを審理員が必要と認める場合等の手続を規定する。

〈検証の実施（1項）〉

「検証」とは、証拠調べの一方法であって、直接に五感の働きにより、目的物たる人または物の性質形状について証拠資料を得ることをいう。

新法における検証は、「場所」について行うものとしている。すなわち、審査請求の審理を進める上で、ある場所の状況を確認し判断の資料を得る必要があるときに、当該「場所」に赴き、確認するものである。

〈審査請求人等の立会い（2項）〉

検証が審査請求人または参加人の申立てによって行われる場合は、その申立ての目的が達成され得るよう、検証に立ち会う機会を与えるため、あらかじめ、検証の日時および場所を申立人に通知することとされている。

日時および場所の通知にあたっては、相手方が事実上立ち会い得ないような通知をしても適法な通知をしたとはいえず、申立人が立ち会うことが可能な日時および場所を通知すべきである。ただし、申立人が立ち会わなければ検証を行うことができないとする趣旨ではなく、申立人が立会可能な日時および場所の通知をしたにもかかわらず、申立人が検証に立ち会わない場合には、申立人が立会権を放棄したものとして、検証を進めることができる。

申立人以外の審理関係人や、職権で検証を実施する場合の審理関係人については、審理員が検証の通知をする義務はないが、審理手続を進める上で支障がない場合には、通知するのが望ましい。

（審理関係人への質問）

第36条　審理員は、審査請求人若しくは参加人の申立てにより又は職権で、審査請求に係る事件に関し、審理関係人に質問することができる。

審理員は、簡易迅速かつ公正な審理を実現すべく、審理手続を行うものであるが、審理関係人の主張の趣旨・内容が不明確である、あるいは事案の概要や争点が十分に把握できていない場合などは、迅速で充実した審理ができない。

本条は、このような場合に、審理を促進し、効果的な審理を行えるようにするため、審理員が審査請求に係る事件に関し、審理関係人の主張の趣旨・内容等について質問し、その説明を求める等の手続が規定されている。

なお、旧法30条では「審尋」と規定されていたが、新法では、行手法など関係法律と同様、「質問」と規定されている。

「質問」とは、ある事柄または問題について説明を求めることであり、具体的には、書面で、審理関係人の主張の内容および趣旨を明確にするよう求める、口頭意見陳述において、申立人の意見の内容および趣旨を明確にさせる、審理手続の申立てに関する意見聴取において、争点および証拠の整理のため、審理関係人の主張および立証事項の内容を明確にさせる、といった場合にされることが想定される。その内容は、31条１項と同様、処分または不作為の違法または不当に限らず、審査請求の適法要件に関する事項も含まれる。

質問の相手方としては、旧法31条（「審尋」）が、審査請求人または参加人を対象としていたのに対し、新法では、審理の公正性・透明性を高めるため審理員制度が導入されたのに照らし、処分庁等をも含む「審理関係人」に質問することができることとされている。

質問を書面で行うか、口頭で行うかなど、質問の方法については、質問の具体的内容も踏まえつつ、簡易迅速かつ公正な審理を行う観点から、審理員の合理的な判断に委ねられている。

質問により新たな事実等が判明した場合には、手続保障の充実の観点から、他の審理関係人にとって不意打ちとならないよう、必要に応じ、当該他の審理関係人に対する質問等により適切に反論の機会を与えるなど、適切な運用が望まれる。

（審理手続の計画的遂行）
第37条　審理員は、審査請求に係る事件について、審理すべき事項が多数であり又は錯綜（そう）しているなど事件が複雑であることその他の事情により、迅速かつ公正な審理を行うため、第31条から前条までに定める審理手続を計画的に遂行する必要があると認める場合には、期日及び場所を指定して、審理関係人を招集し、あらかじめ、これらの審理手続の申立てに関する意見の聴取を行うことができる。

2　審理員は、審理関係人が遠隔の地に居住している場合その他相当と認める場合には、政令で定めるところにより、審理員及び審理関係人が音声の送受信により通話をすることができる方法によって、前項に規定する意見の聴取を行うことができる。

3　審理員は、前2項の規定による意見の聴取を行ったときは、遅滞なく、第31条から前条までに定める審理手続の期日及び場所並びに第41条第1項の規定による審理手続の終結の予定時期を決定し、これらを審理関係人に通知するものとする。当該予定時期を変更したときも、同様とする。

本条では、審理すべき事項が多数でありまたは錯綜しているなど複雑な事件について、審理員が、迅速かつ公正な審理を行うため審理手続を計画的に遂行する必要があると認める場合に、争点・証拠の整理を行うことができるよう、あらかじめ審理関係人を招集し、これらの審理手続の申立てに関する意見の聴取（以下、「意見聴取手続」という）を行うことができることが規定されている（1項・2項）。

また、3項では、意見聴取手続を行った場合には、それ以降の手続が計画的になされるよう、審理員が審理手続の期日等を決定した上で、審理関係人に通知することが規定されている。

なお、審理員および審理関係人には審理手続の計画的な進行を図る責務がある（28条）ことから、審理員は、上記の手続を行わない場合であっても、審理手続の期日等をあらかじめ決定して審理関係人に通知するなど、審理手続の透明性を確保し、審理の計画的な進行を図るべきである。

〈審理手続の申立てに関する意見聴取手続の意義〉

審査請求の審理は、処分がされた段階でその内容および理由が名宛人に示されていることから、基本的には、処分庁等が弁明書を提出し、それに対して審査請求人が反論書を提出し、参加人があれば意見書を提出した段階で、審理員が事案の概要および争点を把握し、口頭意見陳述や物件の提出要求等の審理手続（31条～36条）の採否を決定し、審理を進めることができる。

しかしながら、審理すべき事項が多数でありまたは錯綜しているなど事件が複雑である場合などは、弁明書および反論書が提出されたのみでは、審査請求の趣旨や審査請求人と処分庁等の主張の対立点等を正確に把握できず、審理手続の必要性や順番についても的確に判断できないことが考えられる。

このような場合に、審理員と審理関係人が一同に会し、口頭で、審理関係人が審理手続の申立てに関する意見を述べ、審理員が、その申立ての趣旨および理由や審査請求事件に関する主張の趣旨および内容等について質問し、主張および立証事項の内容を明確にすることにより、その後行うべきこれらの審理手続の採否を的確に判断することが可能になる。

そこで、簡易迅速に国民の権利利益の救済を図るため、審理員は、迅速かつ公正な審理を行うため、審理手続を計画的に遂行する必要があると認める場合には、争点および証拠の整理を行うことができるよう、審理関係人を招集し、あらかじめこれらの審理手続の申立てに関する意見の聴取を行うことができることとされている。

〈審理関係人を招集して行う意見聴取手続（１項）〉

⑴　意見聴取手続が行われる場合

意見聴取手続は、①31条～36条に定める審理手続をとる必要がある事項が多数ある、または事実関係が錯綜し、審査請求事件が複雑である、②審査請求の趣旨および内容が多岐にわたっている、または審査請求の趣旨および内容にあいまいな部分があるため事後の審理手続を決定できないなど、審理手続を計画的に遂行する必要があると審理員が認める事情があり、審理手続の実施日時や順序、審理手続の終結予定時期をあらかじめ定め、計画的にこれらの審理手続を行う必要がある場合等に行われる。

意見聴取手続を行うか否かは、審理手続を主宰する審理員が、審理手続を計画的に遂行し、迅速かつ公正な審理を行う観点からする裁量判断に委ねられており、31条、33条～36条に定める審理手続とは異なって、審査請求人または参加人が申立てをすることはできない。

⑵ 意見聴取手続の内容

意見聴取手続では、審理手続の申立て等の有無や内容・理由等について、審理員が審理関係人から聴き取りを行う。具体的には、以下の審理手続が対象となる。

① 口頭意見陳述（31条）
② 証拠書類もしくは証拠物または書類その他の物件の提出（32条）
③ 物件の提出要求（33条）
④ 参考人の陳述および鑑定の要求（34条）
⑤ 検証（35条）
⑥ 審理関係人への質問（36条）

これらは、弁明書、反論書および意見書の提出後に実施されることが想定され、かつ、審理関係人の申立て等によっても実施が認められるものであることから、意見聴取の対象とされている。

意見の聴取は、あくまでこれらの審理手続の申立てに関するものであり、審理関係人は、口頭意見陳述とは異なり、意見聴取手続において審査請求に係る事件に関する意見を自由に陳述する権利が与えられているものではなく、不規則な発言は認められない。

意見の聴取に際し、審理員が、争点および証拠を適切に整理するために、その申立ての趣旨および理由や審査請求事件に関する主張の趣旨および内容等について審理関係人に質問し、主張および立証事項の内容を明確にすることが考えられるが、この場合における質問は、36条の規定に基づき行われる。

⑶ 期日・場所の指定等

意見聴取手続は、複雑な事件等について、書面によるやりとりでは迅速な審理の遂行が困難と考えられる場合に、主張および立証事項を明確にし、その後の審理手続を計画的に遂行するための手続であるので、当事者が指定された期日・場所に出頭し、口頭で行うことが基本となっている。

意見聴取手続を行う期日・場所は、審理員の裁量で指定されるが、審理関係人が出頭可能な期日・場所である必要がある。運用にあたっては、審理員が審理関係人の都合等を事前に聴取した上で、期日・場所を指定することが想定される。

また、31条2項で「全ての審理関係人を招集し」とされているのに対し、本項では単に「審理関係人を招集し」とされており、審理手続を計画的に遂行するための準備的な手続である意見聴取手続では、そのために必要な審理関係人のみを招集することも許容されている。なお、審理員が指定した意見聴取の期日に招集した全ての審理関係人が出頭しなかった場合でも、出頭した審理関係人により意見聴取手続を実施することができる場合は、再度の意見聴取手続を実施する必要はない。

⑷　実施時期

31条～36条に定める具体の審理手続を実施する前の時点において行われる。

一般的には、弁明書、反論書および意見書の提出後、これらの審理手続を実施する前に意見聴取手続をとることが想定されるが、事件によっては、審理員の判断により、弁明書の提出後（反論書および意見書の提出前）の時点で行うことや、口頭意見陳述を実施した後に、その他の審理手続を計画的に遂行するために行うことも考えられる。

〈電話による意見聴取手続（2項）〉

意見聴取手続は、審理員が指定した期日および場所に審理関係人が出頭して行うのが原則であるが、審査請求人が遠隔地に居住している場合等、審理関係人が指定された期日および場所に出頭して口頭で意見聴取手続を行うのが困難な場合も考えられる。

このような場合に意見聴取手続を円滑に行うため、民事訴訟法170条3項が定める弁論準備手続も参考に、審理員の判断により、1項に規定する「これらの審理手続の申立てに関する意見の聴取」すなわち31条～36条に定める審理手続の申立てに関する意見の聴取を、政令で定めるところにより電話による方法で行うことが認められている。

本項の要件に該当する例として、遠隔の地ではない場合であっても審理関係人が出頭を望まない場合や、審理員が審査請求人もしくは参加人または処分庁等と一対一で通話をすることにより目的を達することができる場合がある。

本項の手続は、審理員と審理関係人が電話による通話をする方法で行われる。意見聴取手続は簡易迅速な審理の進行が目的なので、民事訴訟法の弁論準備手続で電話による方法をとることができるのが当事者の一方がその期日に出頭した場合に限られているのとは異なり、審理員と審理関係人の一部のみとの通話も認められている。具体的な態様としては、たとえば、①審理員が意見聴取手続を行う場所として審査庁を指定し、同所に処分庁等（処分庁等の職員）が出頭し、これらと審査請求人とが電話で話す、②審理員が意見聴取手続を行う場所として処分庁等を指定し、同所に審査請求人および処分庁等（処分庁等の職員）が出頭し、これらと審理員が電話で話す、などが考えられる。

〈審理予定の決定・通知（3項）〉

意見聴取手続は、審理すべき事項が多数でありまたは錯綜しているなど事件が複雑である場合について、審査請求の趣旨や審査請求人と処分庁等の主張の対立点等を明確にし、審理手続を計画的に遂行するために行うものである。そのため、審理員は、意見聴取手続をとったときは、その後の審理の予定について決定し、審理関係人に通知することとされている。

(1)　審理予定の決定

審理員は、意見聴取手続をとったときは、31条～36条に定める審理手続の期日・場所と審理手続の終結予定時期を「遅滞なく」決定しなければならない。

期日・場所として、口頭意見陳述や参考人の陳述、検証等についてはそれを実施する日時および場所を、証拠書類等の提出や物件の提出要求等については、それらを提出すべき相当の期間の終期を定める。

「遅滞なく」とは、「すぐに」の意味であるが、「直ちに」および「速やかに」に比べ、正当・合理的な遅滞は許されると解される。意見聴取手続においてこれらの審理手続の採否や期日等を決定することが可能な場合には、その場で決定すればよいが、審理員が検討を要するような場合には、合理的な期間内に当該決定をすることになる。

審理手続の終結予定時期としては、決定した審理手続を予定どおり実施すれば必要な審理を終えると認められる場合の最終期日を指すが、これはあくまで「予定」であるから、当該予定時期に審理手続を終結しなければならない義務が審理員に課されるものではない。なお、41条2項の規定により審理手続を終結するのは、期限までに物件が提出されない等、審理予定に反する事情が発生した場合であるから、この予定時期には含まれない。

⑵　審理関係人への通知

審理手続の透明性を図る観点から、また、審理予定について審理員および審理関係人が共通の認識を持ち、それ以降の審理を適正かつ計画的に行う観点から、決定された期日・場所や審理手続の終結の予定時期について、意見聴取手続に参加した審理関係人に限らず、全ての審理関係人に通知する。通知の方法は、審理員の判断に委ねられている。

審理員は、意見聴取手続を行ったときは、上記の期日および場所ならびに審理手続の終結予定時期の決定および審理関係人への通知を必ずしなければならない。

⑶　予定の変更通知

審理の終結予定時期は、審理手続の進行状況によって変わり得るものであり、その場合も変更後の終結予定時期が審理関係人に通知されるべきであることから、審理員は、審理の終結予定時期を変更したときは、その変更後の予定時期を審理関係人に通知するものとされている。

（審査請求人等による提出書類等の閲覧等）

第38条　審査請求人又は参加人は、第41条第1項又は第2項の規定により審理手続が終結するまでの間、審理員に対し、提出書類等（第29条第4項各号に掲げる書面又は第32条第1項若しくは第2項若しくは第33条の規定により提出された書類その他の物件をいう。次項において同じ。）の閲覧（電磁的記録（電子的方式、磁気的方式その他人の知覚によっては認識することができない方式で作られる記録であって、電子計算機による情報処理の用に供されるものをいう。以下同じ。）にあっては、記録された事項を審査庁が定める方法により表示したものの閲覧）又は当該書面若しくは当該書類の写し若しくは当該電磁的記録に記録された事項を記載した書面の交付を求めることができる。この場合において、審理員は、第三者の利益を害するおそれがあると認めるとき、その他正当な理由があるときでなければ、その閲覧又は交付を拒むことができない。

2　審理員は、前項の規定による閲覧をさせ、又は同項の規定による交付をしようとするときは、当該閲覧又は交付に係る提出書類等の提出人の意見を聴かなければならない。ただし、審理員が、その必要がないと認めるときは、この限りでない。

3　審理員は、第１項の規定による閲覧について、日時及び場所を指定することができる。

4　第１項の規定による交付を受ける審査請求人又は参加人は、政令で定めるところにより、実費の範囲内において政令で定める額の手数料を納めなければならない。

5　審理員は、経済的困難その他特別の理由があると認めるときは、政令で定めるところにより、前項の手数料を減額し、又は免除することができる。

6　地方公共団体（都道府県、市町村及び特別区並びに地方公共団体の組合に限る。以下同じ。）に所属する行政庁が審査庁である場合における前２項の規定の適用については、これらの規定中「政令」とあるのは、「条例」とし、国又は地方公共団体に所属しない行政庁が審査庁である場合におけるこれらの規定の適用については、これらの規定中「政令で」とあるのは、「審査庁が」とする。

審査請求人または参加人には、処分がいかなる根拠に基づくものであるかを知り、これに対する反論をする機会が認められる必要がある。その意味で、審理員に提出された書類その他の物件を審査請求人などに了知させることは、公正な審理の促進にも役立つ。旧法33条２項における書類その他の物件の閲覧の規定の対象は、審査庁に対して処分庁から提出されたものに限られていたが、新法では、審査請求人または参加人の手続保障の充実を図る見地から、処分庁等から提出されたものに限らず、処分庁等以外の所持人から物件の提出要求に応じて提出された物件等も対象とするとともに、閲覧に限らず、写しまたは電磁的記録に記録された事項を記載した書面の交付を求めること（いわゆる「謄写」）ができることが規定された。

〈閲覧等の求め（１項前段）〉

⑴　対象

「提出書類等」すなわち審理員に提出された書類その他の物件が閲覧等の対象とされている。具体的には、以下のものである。

①　行手法24条１項の聴聞調書、同条３項の報告書
②　行手法29条１項に規定する弁明書
③　32条１項の規定により審査請求人・参加人が提出した証拠書類等
④　32条２項の規定により処分庁等が提出した書類その他の物件
⑤　33条の物件の提出要求に応じて提出された書類その他の物件

本項により閲覧等を認めるのは、審査請求人または参加人に、処分がいかなる根拠に基づくものであるかを知り、これに対する反論をする機会を認めるためであるから、本項の規定により上記の物件等の閲覧または当該物件等の写しもしくは電磁的記録に記録された事項を記載した書面の交付を求める権利が与えられるのは、審査請求人または参加人に限られる。

⑵　請求の時期

閲覧等の求めをすることのできる時期は、審査請求人または参加人が審査請求の審理において適切に主張・立証することができるよう、その手続的権利を保障する観点から審理手続に必要な範囲で認められるものであるとの趣旨を反映して、審理手続が終結するまでの間に限られる。審理手続の終結後は閲覧等を求めることができない。

⑶　電磁的記録の閲覧の方法

本条に規定する閲覧の対象となる物件等には、原処分の理由となった事実を証する物件で書類ではないものも含まれるほか、個別の法令上は書類として規

定されている物件であっても、行政手続等における情報通信の技術の利用に関する法律3条1項の規定により、書面等の提出に代えて、同項に規定する電子情報処理組織を使用して提出される場合（オンライン提出）があり得ることから、このような場合には、審査庁が定める方法により表示したものの閲覧を求めることができる。

具体的な方法については、審査庁の裁量に委ねられているが、たとえば、電磁的記録を当該電磁的記録に応じた所定のアプリケーションを用いて端末の画面に表示し、または用紙に出力し、その画面または出力した書面を閲覧させることが想定される。

⑷　写しの交付（いわゆる「謄写」）の対象

写しの交付については、簡易迅速な審理手続の枠内で認められるものである本手続の性質を考慮し、書類またはこれに相当する電磁的記録のみを対象とする。その他の物件については、対象とされていない。

具体的には、以下がこれにあたる。

① 「当該書面」：24条4項各号に掲げられた書面（聴聞に係る聴聞調書（行手法24条1項）・報告書（同条3項）、弁明の機会の付与に係る弁明書（同法29条1項））。
② 「当該書類」：32条1項・2項の規定により審理関係人が提出した書類、33条の物件の提出要求に応じて提出された書類。
③ 「当該電磁的記録に記録された事項を記載した書面」：電磁的記録を当該電磁的記録に応じた所定のアプリケーションを用いて用紙に出力したもの。

〈閲覧等を拒むことができる場合（1項後段）〉

対象とする書類その他の物件に第三者の利益を害するおそれがあるときなど、正当な理由がある場合には、閲覧等を認めるべきではない。そのため、旧法33条2項や行手法18条1項と同様に、第三者の利益を害するおそれがあると認めるとき、その他正当な理由があると認めるときは、審理員は、閲覧等（当該証拠書類等の閲覧または写しもしくは電磁的記録に記録された事項を記載した書面の交付）を拒むことができる。

対象とする証拠書類等の中に、第三者の個人識別情報が含まれている場合や、閲覧等により、行政機関が行う事務の性質上、当該事務の適正な遂行に支障を及ぼすおそれがある情報が含まれている場合などがこの事由に該当する（南＝小高229〜230頁）。これらの情報は、行政機関個人情報保護法14条各号に規定する不開示事由に該当する。

１項前段の規定に基づく閲覧等は、簡易迅速な審理手続の枠内で認められるものであるから、写しの交付の対象となる資料が膨大であるため、写しの交付を認めることにより、審理員（審査庁）の事務負担が過大となり、簡易迅速な審理手続の遂行に支障を生じるような場合には、写しの交付を拒むことができる正当な理由があると考えられる。逆に、１項後段の規定は、閲覧等を拒むことができるのは掲げられた場合に限る趣旨である。

なお、１項の規定に基づく閲覧等は、情報公開法６条や行政機関個人情報保護法15条におけるような部分開示を前提とするものではない。

〈提出人への意見聴取（２項）〉

提出書類等の閲覧等を求める権利は、審査請求人または参加人にとって重要な手続的権利である。しかしながら、審理員に提出される提出書類等の中には、第三者の利益を害するおそれがある内容が含まれているなどのため、閲覧等をさせることができないものがあり得る。したがって、審理員が、１項の規定による閲覧または交付を認めようとするときには、こうした判断を適切にすることができるようにするため、当該閲覧または交付に係る提出書類等の提出者の意見を聴くこととされている。審理員が閲覧または交付を拒む正当な理由があると認め、閲覧または交付を拒もうとするときは、意見を聴くことを要しない。

ただし、閲覧または交付を拒む正当な理由がないことが明らかである場合など、意見を聴くまでもなく、閲覧等の求めに対する判断が可能であり、審理員がその必要がないと認めるときは、意見を聴かなくてもよい。

意見の聴取は、あくまで、閲覧または交付を拒む正当な理由があるか否かについて、審理員が適切に判断できるようにするために行うものであり、審理員は、閲覧等の求めに対する判断に際し、提出者の意見に拘束されない。

〈閲覧の日時・場所の指定（3項）〉

閲覧についての日時および場所の指定については、社会通念上、合理的な日時および場所が指定されるべきであり、具体的な事案に応じて審理員が判断する。

〈手数料の納付（4項）および減額・免除（5項）〉

写し等の交付を請求した審査請求人または参加人に対し役務を提供するために発生する費用については、本手続を利用しない者との負担の公平を図る観点から、適切な額を手数料として徴収し、これを回収する必要があるため、実費の範囲内において政令で定める額を徴収する。

手数料の納付を要するのは、写しまたは書面の交付を受ける場合に限られ、閲覧については手数料の納付の規定は適用されない。

審理員は、経済的困難その他特別の理由があると認めるときは、手数料の減額・免除ができる。手数料の減免については、審理員の合理的な裁量判断に委ねられる。

〈国に所属しない行政庁の場合の4項および5項の読替（6項）〉

国に所属しない行政庁（地方公共団体や民間団体）が審査庁である場合には、手数料の額等を政令で定めることは適当でないことから、所要の読替規定が設けられている。

（審理手続の併合又は分離）
第39条　審理員は、必要があると認める場合には、数個の審査請求に係る審理手続を併合し、又は併合された数個の審査請求に係る審理手続を分離することができる。

証拠が共通している数個の審査請求がされている場合などには、その審理手続を一括して行うことにより審理の促進を図ることができる。また、併合して審理手続を行った数個の審査請求のうち、必要な審理を終えたと認めるものがあるときは、他の審査請求について審理を終えることを待つまでもなく、当該部分について速やかに審理手続を終結し、裁決を行うべきである。

本条では、旧法36条と同様に、審理の促進・迅速な処理の観点からの審理手続の併合・分離について規定されている。

〈審理手続の併合〉

「審理手続を併合」とは、審理手続の終結（または分離）までの間、数個の審査請求について一の手続により審理を行うことを意味する。これにより、提出された証拠書類等が、共通する審理資料として活用されるなど、審理の円滑かつ迅速な進行が図られる。

一方、裁決の権限は審査庁に帰属しており、審理員は、審理手続を行うにとどまることから、数個の審査請求についてその審理手続を併合して行ったことにより、当然に一の事件として裁決をしなければならないものではない。

旧法36条においても、条文には「……数個の審査請求を併合し……」と規定されていたが、条見出しのとおり「手続の併合」と解されており（田中＝加藤177頁）、実際の運用においても、併合審理される数個の審査請求が当然に１個の審査請求として扱われるものではないとされてきた。その趣旨を明確にするため、新法では「審査請求に係る審理手続を併合」と規定している。

〈審理手続の分離〉

併合して審理手続を行った数個の審査請求のうち、その一部について必要な審理を終えた場合や、審理手続を併合した数個の審査請求について、審理の進行により争点が異なることとなった場合など、一括して審理手続を行うことが不適当となる場合も考えられる。このような場合には、審理員の裁量判断により、審理手続を分離することができる。

〈審理手続の併合・分離と審理員〉

審理手続の併合・分離は、審理の円滑かつ迅速な進行と手続経済の観点から行われるものであり、個々の審査請求事案の関連性、審理手続の進行状況等を踏まえて判断すべきものであることから、審査請求の審理を主宰する審理員が判断することとされる。

審理手続の併合の判断主体は審理員であり、異なる審理員が審理を行う事件の審理手続を併合することはできないことから、審査庁は、審理員の指名にあたっては、審理手続の併合の可能性等も考慮して指名を行うことが望まれる。

（審理員による執行停止の意見書の提出）

第40条　審理員は、必要があると認める場合には、審査庁に対し、執行停止をすべき旨の意見書を提出することができる。

執行停止は、権限が審査庁にあり（25条2項）、審査請求がされた段階で審査庁が判断を行うことが一般に想定される。

しかしながら、審査請求がされた段階で審査庁が執行停止をしない判断をしていても、あるいはそもそも執行停止の申立てがなかった場合でも、審理を行う中で、国民の権利利益の救済の観点から執行停止をする必要があると審理員が認める場合も考えられる。

そこで、本条では、国民の権利利益の救済の観点から、審理手続を担う審理員に、執行停止をする必要があると認める場合には職権で、審査庁に対し執行停止をすべき旨の意見書を提出する権限が与えられている。

審理員は、審査請求人の権利利益の救済の必要性、本案における認容の可能性等を総合的に勘案して、執行停止を行う必要があると認める場合に、執行停止をすべき旨の意見書を提出する。

本条に基づき審理員から執行停止をすべき旨の意見書が提出された場合には、審査庁は、速やかに、執行停止をするかどうかを決定しなければならないが（25条7項）、執行停止の権限は審査庁にあり、審査庁が執行停止をすべき旨の意見書の内容に拘束されるものではない。

執行停止の取消しについては、国民の権利利益の救済の観点からは審理員に意見書を提出させる必要性が認められないため、審理員の意見書提出の規定は設けられていない。

（審理手続の終結）
第41条　審理員は、必要な審理を終えたと認めるときは、審理手続を終結するものとする。
2　前項に定めるもののほか、審理員は、次の各号のいずれかに該当するときは、審理手続を終結することができる。
一　次のイからホまでに掲げる規定の相当の期間内に、当該イからホまでに定める物件が提出されない場合において、更に一定の期間を示して、当該物件の提出を求めたにもかかわらず、当該提出期間内に当該物件が提出されなかったとき。
イ　第29条第２項　弁明書
ロ　第30条第１項後段　反論書
ハ　第30条第２項後段　意見書
ニ　第32条第３項　証拠書類若しくは証拠物又は書類その他の物件
ホ　第33条前段　書類その他の物件
二　申立人が、正当な理由なく、口頭意見陳述に出頭しないとき。
3　審理員が前２項の規定により審理手続を終結したときは、速やかに、審理関係人に対し、審理手続を終結した旨並びに次条第１項に規定する審理員意見書及び事件記録（審査請求書、弁明書その他審査請求に係る事件に関する書類その他の物件のうち政令で定めるものをいう。同条第２項及び第43条第２項において同じ。）を審査庁に提出する予定時期を通知するものとする。当該予定時期を変更したときも、同様とする。

〈審理手続の終結の原則（１項）〉

審理手続を終結するとは、前条までに規定する審理手続を終えることをいい、審理員が必要な審理を終えたと認めるときに終結することが原則である。

「必要な審理」とは、目的規定（1条1項）に照らし、処分の違法および不当についての必要な審理である。審理員は、必要な審理を十分に尽くさなければならず、これに反し、たとえば、申立てがあったにもかかわらず口頭意見陳述の機会を与えずに裁決をすれば、当該裁決は違法となる。

〈審理手続の終結の例外（2項）〉

審査請求の審理は、公正かつ適正というだけでなく、迅速に行われなければならない。審理関係人は、審理を計画的かつ迅速に行うことができるよう、相互に協力し、審理の実施に関し、審理員に進んで協力しなければならない責務を負っている（28条）ことに照らしても、審理関係人に主張および立証の機会を与えたにもかかわらず、その機会が履行されなかった場合を本項1号・2号に掲げ、これらに該当するときは、必要な審理を終えたとは認められない場合であっても、審理手続を終結できる。

審査請求事件の内容や審理の進行状況によっては、各号に該当する場合であっても、新法の目的を達するため審理を継続すべき場合があることから、各号のいずれかに該当する場合において、審理手続を終結するか否かは、事案の状況に応じた審理員の判断に委ねられている。

(1)　物件が再度の提出要求に対し期限内に提出されなかった場合（1号）

審理員が相当の期間を定めて弁明書・反論書・意見書または書類その他の物件等の提出を求め、期限内に提出されなかったときは、審理関係人の手続的権利を保障する見地から、さらに一定の期間を示してこれらの物件の提出を求めることとされている。しかしながら、この2度目の提出期間内に提出されなかったときは、もはや主張・立証の機会を与える必要はないと考えられるので、審理手続を終結することができる。

これは、提出期間内に物件のいずれかが提出されなかったことのみをもって審理手続を終結しなければならないという趣旨ではなく、審理員が審理の現状や審理関係人の対応状況等を考慮して相当と認めるときに、審理手続を終結することができるとするものである。

(2)　申立人が、正当な理由なく、口頭意見陳述に出頭しないとき（2号）

口頭意見陳述は、審査請求人または参加人の主張の機会を確保するための重要な手続であるが、申立人が正当な理由（当事者の責めに帰すべからざる理由）がないのに指定された期日および場所に出頭しない場合においては、計画的かつ迅速な審理を損なうものであり、当該申立人がその提出に係る権利手続を放棄したともみなせるので、審理の現状や審理関係人の対応状況等を考慮して相当と認めるときに、審理手続を終結するものとされている。

〈審理員意見書の提出等の予定時期の通知（３項）〉

⑴　予定時期の通知

審理員は、審理手続を終結したときは、手続の透明性を確保する観点から、審理関係人に対し、審理員意見書および事件記録を審査庁に提出する予定時期を通知する。あくまで予定する時期であるから、審理員が当該予定時期までに審理員意見書等を審査庁に提出しなければ審理手続が違法となるというものではなく、後段が前提とするように、事情により当該提出予定時期を変更することもできる。

⑵　事件記録の具体的内容

事件記録の具体的内容については、法律上は、審査請求に係る事件に関する書類その他の物件のうち、最も基本となる審査請求書および弁明書を規定するにとどめ、その他については「審査請求に係る事件に関する書類その他の物件のうち政令で定めるもの」と規定し、具体的な列挙については政令に委ねられている。

⑶　予定時期の変更通知

審理員が審理員意見書等を審査庁に提出する予定時期を変更する場合は、手続の透明性を確保する観点から、変更後の提出予定時期を審理関係人に通知する。

（審理員意見書）

第42条　審理員は、審理手続を終結したときは、遅滞なく、審査庁がすべき裁決に関する意見書（以下「審理員意見書」という。）を作成しなければならない。

２　審理員は、審理員意見書を作成したときは、速やかに、これを事件記録と

ともに、審査庁に提出しなければならない。

本条は、審理員意見書の作成および提出手続について規定する。

審理員は、一定の条件の下で審査庁により指名され、審理に関する権限を行使して公正に審理を行うものであるから、その審理の結果が審査庁による裁決に適正に反映されるよう、審理員は、審理の結果を審査庁がすべき裁決に関する意見書（以下「審理員意見書」という）にまとめ、これを事件記録とともに審査庁に提出する。

〈審理員意見書の作成（1項）〉

審理員意見書とは、審理の結果を踏まえ、審理員が、事案の概要および審理関係人の主張の要旨を整理し、当該事件の争点を明示した上で、審査請求に対する結論（裁決主文に対応するもの）およびその理由を記載したものをいい、裁決の原案となり得るものである。

その記載事項について、新法は規定を置いておらず、運用に委ねられているが、審理員による審理の結果を裁決に適正に反映させる観点からは、裁決の記載事項（50条1項）に照らして作成されるのが合理的と考えられる。

審理員意見書の作成には、一定期間を要することも考えられるが、審査請求人等の手続保障および審理遅滞防止の観点から、審理員は、審理手続を終結したときは、「遅滞なく」、審理員意見書を作成しなければならない。

〈審理員意見書の提出（2項）〉

審理員意見書を作成した後に、なお事件記録の整理等を要する場合があり得るものの、審査請求人等の手続保障および審理遅滞防止の観点からは、審理員は、審理員意見書を作成したときは、できる限り早く、これを事件記録とともに審査庁に提出すべきこととされている。

第４節　行政不服審査会等への諮問

本節では、審理員意見書が審査庁に提出された後になされる行政不服審査会等への諮問に関する手続が規定されている。

第43条　審査庁は、審理員意見書の提出を受けたときは、次の各号のいずれかに該当する場合を除き、審査庁が主任の大臣又は宮内庁長官若しくは内閣府設置法第49条第１項若しくは第２項若しくは国家行政組織法第３条第２項に規定する庁の長である場合にあっては行政不服審査会に、審査庁が地方公共団体の長（地方公共団体の組合にあっては、長、管理者又は理事会）である場合にあっては第81条第１項又は第２項の機関に、それぞれ諮問しなければならない。

一　審査請求に係る処分をしようとするときに他の法律又は政令（条例に基づく処分については、条例）に第９条第１項各号に掲げる機関若しくは地方公共団体の議会又はこれらの機関に類するものとして政令で定めるもの（以下「審議会等」という。）の議を経るべき旨又は経ることができる旨の定めがあり、かつ、当該議を経て当該処分がされた場合

二　裁決をしようとするときに他の法律又は政令（条例に基づく処分については、条例）に第９条第１項各号に掲げる機関若しくは地方公共団体の議会又はこれらの機関に類するものとして政令で定めるものの議を経るべき旨又は経ることができる旨の定めがあり、かつ、当該議を経て裁決をしようとする場合

三　第46条第３項又は第49条第４項の規定により審議会等の議を経て裁決をしようとする場合

四　審査請求人から、行政不服審査会又は第81条第１項若しくは第２項の機関（以下「行政不服審査会等」という。）への諮問を希望しない旨の申出がされている場合（参加人から、行政不服審査会等に諮問しないことについて反対する旨の申出がされている場合を除く。）

五　審査請求が、行政不服審査会等によって、国民の権利利益及び行政の運

営に対する影響の程度その他当該事件の性質を勘案して、諮問を要しないものと認められたものである場合

六　審査請求が不適法であり、却下する場合

七　第46条第1項の規定により審査請求に係る処分（法令に基づく申請を却下し、又は棄却する処分及び事実上の行為を除く。）の全部を取り消し、又は第47条第1号若しくは第2号の規定により審査請求に係る事実上の行為の全部を撤廃すべき旨を命じ、若しくは撤廃することとする場合（当該処分の全部を取り消すこと又は当該事実上の行為の全部を撤廃すべき旨を命じ、若しくは撤廃することについて反対する旨の意見書が提出されている場合及び口頭意見陳述においてその旨の意見が述べられている場合を除く。）

八　第46条第2項各号又は第49条第3項各号に定める措置（法令に基づく申請の全部を認容すべき旨を命じ、又は認容するものに限る。）をとることとする場合（当該申請の全部を認容することについて反対する旨の意見書が提出されている場合及び口頭意見陳述においてその旨の意見が述べられている場合を除く。）

2　前項の規定による諮問は、審理員意見書及び事件記録の写しを添えてしなければならない。

3　第1項の規定により諮問をした審査庁は、審理関係人（処分庁等が審査庁である場合にあっては、審査請求人及び参加人）に対し、当該諮問をした旨を通知するとともに、審理員意見書の写しを送付しなければならない。

〈行政不服審査会等への諮問手続の意義〉

行政庁による処分の判断は、違法または不当な処分により国民の権利利益が侵害されることのないよう、公正かつ慎重に行われるべきものであるが、審査請求は、行政庁の違法または不当な処分により侵害された国民の権利利益の救済を目的とする制度であり、それに対する判断（裁決）も、公正かつ慎重に行われなければならない。このようなことから、新法においては、審査請求の審理を処分に関与した者以外の者等である審理員が行うことにより、審理が公正に行われることを企図している。

しかしながら、審理員は、審査庁の職員であることから、審理員の審理のみ

では、客観性は必ずしも十分に担保されないと考えられ、事前・事後のいずれかの段階で一度は、有識者で構成される機関等による調査審議がされ、処分または不作為についての判断が公正かつ慎重に行われるようにするための手続を整備することが、裁決の客観性・公正性を高める上で有効であると考えられる。

新法は、審理員が行った審理手続の適正性や、法令解釈を含めた審査庁の審査請求についての判断の妥当性を第三者の立場からチェックし、裁決の客観性・公正性を高めるため、既存の第三者機関が事前・事後のいずれかの段階で関与している等の場合を除き、審査庁に、有識者で構成される行政不服審査会等（国の場合は行政不服審査会、地方公共団体の場合は81条に基づき設けられた合議制の附属機関）への諮問を義務付ける。

〈行政不服審査会等への諮問（1項柱書）〉

(1)　諮問の義務付けの対象となる審査庁

主任の大臣等（4条1号で上級行政庁がないものとして扱う行政庁）が審査庁となる場合については、処分または不作為についての判断が公正かつ慎重に行われるようにするための手続を整備し、裁決の客観性・公正性を高める趣旨に照らし、行政不服審査会への諮問を義務付けられている。

一方、以下のものが審査庁である場合については、行政不服審査会への諮問の義務付けの対象から除外されている。

①　国会、裁判所および会計検査院

いずれも憲法上内閣から独立した組織として位置付けられており、内閣の下に置かれる行政不服審査会に諮問することは、その性質上なじまないため。

②　外局として置かれる委員会およびこれに置かれる委員会

③　人事院および国家行政組織法8条に規定する合議制の機関

②③とも、合議体により公正かつ慎重に判断が行われることが制度上担保されていると考えられるため。

(2)　地方公共団体の扱い

「地方公共団体」とは、都道府県、市町村および特別区ならびに地方公共団体の組合のことを指す（38条6項）。

①　普通地方公共団体

普通地方公共団体の長である都道府県知事または市町村長が審査庁となる場合については、主任の大臣等と同様の趣旨から、当該普通地方公共団体に置かれる諮問機関への諮問が義務付けられている。普通地方公共団体に置かれる議会は、選挙で選ばれた議員により、公正かつ慎重に判断がなされることから、諮問の義務付けの対象から除外されている。また、委員会および委員は、政治的中立性が強く要求される分野に設けられており、委員の選任等に特別の配慮が払われ、公正かつ慎重に判断が行われることが制度上担保されていると考えられることから、同様に諮問の義務付けの対象から除外されている。

②　特別地方公共団体

特別地方公共団体のうち、特別区については基礎的な地方公共団体であるとされる（地方自治法281条の2第2項）ことから、また、地方公共団体の組合については本来は都道府県、市町村および特別区が担う基礎的な行政事務を担当するものであることから、それらの長等については、普通地方公共団体と同様、1項の規定による諮問が義務付けられている。一方、その他の特別地方公共団体については、諮問の義務付けの対象から除外されている。

⑶　諮問の時期

行政不服審査会等への諮問手続は、審理員が行った審理手続の適正性や、法令解釈を含めた審査庁の審査請求についての判断の妥当性をチェックし、裁決の客観性・公正性を確保するためのものであることから、審理員が審理員意見書を審査庁に提出（42条2項）したときに諮問する。

審査庁は、審理員意見書の提出を受けたときは、審理員意見書および事件記録の内容を踏まえ、速やかに審査庁としてしようとする裁決についての考え方を整理し、1項各号への該当性を確認した上で、諮問を行うべきである。

〈行政不服審査会等への諮問の適用除外事由（1項各号）〉

他の法律または政令に有識者で構成される機関等の議を経るべき旨の定めがあり、かつ、当該議を経て処分が行われた場合や、審査請求人等から諮問を希望しない旨の申出がされている場合など、行政不服審査会等への諮問を義務付ける必要がないものが各号に掲げられ、行政不服審査会等への諮問の対象から除外されている。

⑴　事前手続または事後手続のいずれかにおいて、他の法律等の規定に基づく議を経ている場合（1号・2号）

審査請求に係る処分が他の法令の規定に基づき第三者機関の議を経てされている場合には、個別の行政分野において、専門性の高い第三者機関による調査審議を通じて、処分についての判断が公正かつ慎重に行われており、行政不服審査会等への諮問手続の目的である国民の手続的権利の保障はすでに実現されているので、行政不服審査会等の調査審議の対象から除外されている。

また、処分についての不服申立ての手続の特例等が個別の法律または政令（条例に基づく処分については、条例）で定められている場合において、法律等に審議会等へ諮問する旨の定めがあるものがある。こうした規定に従い実際に諮問された場合には、それにより裁決の客観性・公正性が確保されていることから、行政不服審査会等への諮問の対象から除外されている。

本項の規定による諮問手続と同視できるといい得るためには、諮問先が、専門家や各種利害の公平な代表者の参加の下で、公正かつ慎重な判断に基づいて処理させるために設置されている機関等である必要があることから、9条1項各号に掲げる機関（国では外局たる委員会や審議会等、地方公共団体では委員会、委員等）や地方公共団体の議会のほか、同様に諮問手続が規定されているものについて「これらの機関に類するものとして政令で定めるもの」が除外される。

なお、1号は審査請求に係る処分をする前、すなわち処分をする際の手続（いわゆる事前手続）を対象とし、2号は審査請求に係る処分または不作為についての裁決をする際の手続（いわゆる事後手続）を対象とする。

⑵　審議会等の議を経て裁決をしようとする場合（3号）

46条3項または49条4項の規定により審議会等の議を経て裁決をしようとする場合には、審査庁が裁決をするまでの間に第三者機関の議を経ることとなり、本項の規定の趣旨は実現されると考えられることから、行政不服審査会等への諮問の対象から除外されている。

この号で「審議会等」とは、1号に規定する「審議会等」をいい、9条1項各号に掲げる機関もしくは地方公共団体の議会またはこれらの機関に類するものとして（1号に基づき）政令で定められるものがこれにあたる。

⑶　審査請求人が諮問を希望しない場合（4号）

行政不服審査会等への諮問手続には一定の期間を要するが、場合によっては、審査請求人等が行政不服審査会等の手続を経るよりも迅速な裁決を望むことも想定されうる。

行政不服審査会等への諮問の第1の目的が、公平な手続の下で国民の権利利益の救済を図ることであることに照らせば、審査請求人等が諮問を希望しない場合にまで諮問を義務付ける意義は乏しいものと考えられることから、審査請求人が諮問を希望しない旨の申出をした場合には、行政不服審査会等への諮問の対象から除外されている。

参加人がいる場合には、審査請求人のみならず参加人の手続保障にも配慮が必要であることから、審査請求人が諮問を希望しない旨の申出をした場合であっても、参加人が諮問を希望する場合には、諮問対象から除外されない。

⑷　行政不服審査会等が諮問を不要と認める場合（5号）

処分の中には、法律に規定する要件が明確であって解釈上の疑義が生じるおそれがなく、かつ、当該要件への適合性が客観的に判断されるようなものなど、行政不服審査会等の調査審議を経ても結論が変わることは想定されず、行政不服審査会等が調査審議を行う意義が小さいと考えられるものがある。このような処分に係る審査請求について諮問を行うことは、審査の期間が不必要に長期化するとともに、行政コストの増大を引き起こすものともいえる。

このため、行政不服審査会等が国民の権利利益および行政の運営に対する影響の程度その他当該事件の性質を勘案して、諮問を要しないものと認めた場合は、行政不服審査会等への諮問の対象から除外されている。

具体的には、個々の審査請求事件ごとに行政不服審査会等が判断するほか、運用の積重ねを踏まえ、一定の審査請求事件について諮問を要しない旨を行政不服審査会等が類型的に定めることも考えられる。

⑸　「審査請求が不適法であり、却下する場合」（６号）

行政不服審査会等への諮問手続は、審理員が行った審理手続の適正性や、法令解釈を含めた審査庁の審査請求についての判断の妥当性をチェックするものであるので、審査請求が不適法であり、本案審理に入らないような場合は、行政不服審査会等への諮問の対象から除外されている。

⑹　申請に対する処分以外の処分についての審査請求を全部認容する場合（７号）

申請に対する処分以外の処分についての審査請求の場合は、裁決で、処分（事実上の行為を除く）の全部が取り消され、または事実上の行為の全部が撤廃されれば、審査請求人の権利利益の救済がその時点で完全に図られるといえるから、行政不服審査会等への諮問は不要とされている。

ただし、参加人が処分の全部を取り消すことまたは事実上の行為の全部を撤廃をすることについて反対している場合（いわゆる三面関係の場合）には、審査請求の全部を認容することは参加人の権利利益を損なうおそれがあり、審査請求人のみならず参加人の権利利益にも配慮した審理が必要なことから、諮問対象から除外されない。反対意見が記載された意見書（30条２項）が提出されている場合や、参加人が口頭意見陳述の申立てをして反対意見を陳述した場合のほか、審査請求人または他の参加人の申立てにより実施された口頭意見陳述に審理関係人として出頭し（31条２項）、その場においてなされた審査請求に係る事件に関する意見についての審理員からの質問（36条）に対し、反対意見を述べた場合等が該当する。

この号は、裁決で「全部を取り消」すこととする（事実上の行為については「全部を撤廃」する）場合に諮問を要しないこととするものであり、仮に審査請求人の審査請求の趣旨が全て認容される場合であっても、裁決が処分の一部の取消しまたは処分の変更（事実上の行為の一部の撤廃または変更）にとどまるときは、この号の対象とはならない。

⑺　申請に対する処分に関する審査請求を全部認容する場合（８号）

申請に対する処分に関する審査請求の場合、審査請求人（申請者）が求めるものは申請の全部を認容する処分である。審査庁が申請に対し当該処分をすべきものと認め、申請の全部を認容する内容の措置がとられる場合には、審査請求人の権利利益の救済が完全に図られることになるので、このような場合には、諮問は不要とされている。

また、７号と同様に、参加人が、申請の全部を認容することについて反対している場合（いわゆる三面関係の場合）には、諮問を要する。

〈行政不服審査会等への諮問の添付書類（２項）〉

行政不服審査会等は、裁決の客観性・公正性を確保するため、審理員が行った審理手続の適正性や、審理員による審理の結果を踏まえてなされる審査庁の審査請求についての判断の妥当性をチェックするものであり、調査審議は、審理手続の結果をまとめたものである審理員意見書や審理手続において作成・収集された事件記録を基に行う必要がある。

これらの資料については、行政不服審査会等への諮問にあたり、審査庁から添付することが規定されている。

〈諮問をした旨の審理関係人への通知（３項）〉

審査請求人や参加人は、行政不服審査会等に対し、意見を陳述し（75条）または主張書面等を提出（76条）することができるが、適切な主張をするためには、行政不服審査会等に諮問されたことや、行政不服審査会等の調査審議の基となる審理員意見書の内容について了知している必要がある。

また、処分庁等は、行政不服審査会等における調査審議について直接の当事者ではないが、審査請求の当事者であるので、同様に、これらを了知させる必要がある。

こうしたことから、審理関係人に対し、諮問をした旨を通知するとともに審理員意見書の写しを送付することとされている。なお、審査庁が処分庁または不作為庁と同一の場合もあるが、審査庁である行政庁が処分庁としての自らに通知するという事実行為を行う必要はないことから、この場合には、この項の規定による通知等は不要とされている。

第5節　裁　　決

（裁決の時期）
第44条　審査庁は、行政不服審査会等から諮問に対する答申を受けたとき（前条第１項の規定による諮問を要しない場合（同項第２号又は第３号に該当する場合を除く。）にあっては審理員意見書が提出されたとき、同項第２号又は第３号に該当する場合にあっては同項第２号又は第３号に規定する議を経たとき）は、遅滞なく、裁決をしなければならない。

〈「裁決」とは〉

「裁決」とは、すでに行われた行政処分に対し不服がある者があり、これの再審査が争訟の形式で行われ、行政庁が容認（原処分の全部または一部について取消しまたは撤廃をすること）、棄却、却下のいずれかの処分をするものである。

裁決は、行政処分の一種であるから一般の行政処分の持つ効力を有すると同時に、争訟手続を通じてされる処分であることに由来する特別の効力を有する。法の条文上は拘束力のみが規定され（旧法43条、新法52条）、その他については解釈に委ねられている。

〈審理員意見書および行政不服審査会等の答申と裁決との関係〉

新法は、審理の公正性・透明性を高めるため、処分に関する手続に関与していないなど一定の要件を満たす職員の中から審査庁が審理員を指名し、この審理員が、審査庁の指揮を受けることなく、自らの名で審理を行うこととしており、その審理の結果は、審理員意見書としてまとめられ、審査請求に対する裁決の案とされることを念頭に、審査庁に提出される。

また、裁決の客観性・公正性を確保するため、行政不服審査会等が、審理員が行った審理手続の適正性や法令解釈を含めた審査庁の審査請求についての判断の妥当性をチェックすることとされており、その結果は、答申書として審査庁に提出される。

このような制度の趣旨に照らし、審査庁は、審理員意見書や行政不服審査会等の答申書の内容を適正に裁決に反映させるべきであるものの、裁決の権限・責任はあくまで審査庁にあり、審理員の意見や行政不服審査会の答申は法的に審査庁を拘束するものではない。

〈裁決についての審査庁の補助機関〉

審理員は審理手続についての審査庁の補助機関であるが、裁決についての審査庁の補助機関については、審理員のようにその資格要件を法律事項とはせず、従前と同様、運用に委ねている。もっとも、審査庁は、公正に裁決をする責務を負っているので、処分に関与した者を不当に裁決に関与させないなど、公正かつ適正に裁決がされるべきである。

行政不服審査会等における調査審議に関与する者が審査庁の補助機関として裁決に関与することは、審査庁の審査請求についての判断の妥当性を行政不服審査会等が第三者の立場からチェックするという諮問手続の趣旨から、審査庁の組織体制等から特段の必要性があるような場合を除き、避けることが望ましいと考えられる。

〈裁決の時期〉

審査庁は、下記の要件に該当したときは、「遅滞なく」裁決をしなければならない。

裁決の判断は、単純な事件から複雑な事件まで様々であり、行政としての最終判断であることを考慮し、「直ちに」「速やかに」のいずれでもなく、「遅滞なく」と規定している。

なお、個別法で裁決をすべき期間を定めている（生活保護法65条等）場合には、当該期間内に裁決をしなければならないのは当然であるが、裁決が当該期間経過後にされたことによって直ちに違法な裁決となるものではない。

⑴　行政不服審査会等から答申を受けたとき

43条1項の規定により行政不服審査会等へ諮問した場合には、当該諮問に対する答申を受けたとき、その内容を踏まえて裁決がなされる。

⑵　43条1項2号に規定する議を経たとき

裁決をしようとするときに他の法律等に審議会等の議を経るべき旨または経ることができる旨の定めがあり、かつ、当該議を経て裁決をしようとする場合には、当該法律等の定める審議会等から、答申などの形で、当該審議会等としての意見や考え方が示されたとき、その内容を踏まえて裁決がなされる。

⑶　43条1項3号に規定する議を経たとき

他の法律等にその処分をしようとするときに審議会等の議を経るべき旨の定めがあり、かつ、次の①②に該当することから、裁決の際に処分庁等に対し当該処分をすべき旨を命ずる措置（46条2項1号・49条3項1号）または当該処分をする措置（46条2項2号・49条3項2号）をとるために、当該法律等の定める審議会等の議を経て裁決をしようとする場合には、その審議会等から、答申などの形で、当該審議会等としての意見や考え方が示されたとき、その内容を踏まえて裁決がなされる。

①　法令に基づく申請を却下しまたは棄却する処分の全部または一部を審査庁が46条1項の規定により裁決で取り消す場合に、当該申請に対し一定の処分をすべきものと認めるとき。

②　審査庁が49条3項の規定により裁決で不作為が違法または不当である旨を宣言する場合において、当該不作為に係る申請に対し一定の処分をすべきものと認めるとき。

⑷　⑴～⑶以外の場合に、審理員意見書が提出されたとき

43条1項各号に該当することにより、同項の規定による諮問を要せず、かつ、43条1項2号・3号にも該当しない場合には、審査庁の裁決は、審理員意見書が提出されたとき、その内容を踏まえてなされる。

（処分についての審査請求の却下又は棄却）

第45条　処分についての審査請求が法定の期間経過後にされたものである場合その他不適法である場合には、審査庁は、裁決で、当該審査請求を却下する。

2　処分についての審査請求が理由がない場合には、審査庁は、裁決で、当該審査請求を棄却する。

3　審査請求に係る処分が違法又は不当ではあるが、これを取り消し、又は撤廃することにより公の利益に著しい障害を生ずる場合において、審査請求人の受ける損害の程度、その損害の賠償又は防止の程度及び方法その他一切の事情を考慮した上、処分を取り消し、又は撤廃することが公共の福祉に適合しないと認めるときは、審査庁は、裁決で、当該審査請求を棄却することができる。この場合には、審査庁は、裁決の主文で、当該処分が違法又は不当であることを宣言しなければならない。

〈却下裁決（1項）〉

「却下」とは、審査請求が不適法である場合に、本案の審理を拒絶するという判断であり、この判断は、「裁決」によって示される。したがって、審査請求が不適法である場合であっても、審査庁は「裁決」でその判断を示さなければならない。運用上の取扱いとして、審査請求人に対し自主的な取下げを要請することが許されないものではないが、その要請に応じない場合に手続を進めないといった取扱いや、審査請求書を返戻し、またはその受理を拒否するといった取扱いは認められない。

審査請求を却下する場合の要件は、審査請求が不適法であることである。

不適法の例示として、条文上は、審査請求をすべき期間（18条1項・2項に規定する審査請求期間のほか、個別法令で審査請求期間を定めている場合には、当該期間を含む）の経過後にされた審査請求である場合が掲げられている。他に、①審査請求をすることができない事項について審査請求をした場合、②審査請求をすべき行政庁を誤った場合、③審査請求をする資格（不服申立人適格）のない者が審査請求をした場合、④補正命令に応じなかった場合、⑤審査請求の目的が消滅した場合などがある。

審理員が不服申立人適格の有無など審査請求の適法要件について審理を行った結果として不適法であると判断される場合のほか、24条の規定により審理手続を経ないで却下する場合も、本項の規定による。

〈棄却裁決（２項）〉

「棄却」とは、原処分（審査請求に係る処分）を是認するという判断であり、棄却裁決は、却下裁決とは異なり、本案についての裁決である。

審査請求を棄却する場合の要件は、審査請求が理由がないことである。処分についての審査請求について「理由がある」または「理由がない」とは、審査請求によって処分の取消し・変更を求めること自体の当否を意味する。

審査請求は、行政の自己反省機能をいかし、簡易迅速に国民の権利利益の救済を図るものであり、民事訴訟のような処分権主義をとらない。その審理の範囲は、審査請求人が主張する審査請求の理由に限られず、当該処分の当否を判断するために必要な範囲全般に及ぶ（最判昭和49・４・18訟務月報20巻11号175頁）。したがって、棄却裁決の要件である「処分についての審査請求が理由がない場合」とは、審査請求人が主張する個々の理由の当否に限らず、当該処分が違法または不当のいずれでもないと審査庁が認める場合を指す。

ただし、審査請求は簡易迅速な手続で行われるものであるから、審査庁（審理員）は、審査請求に係る処分の当否を判断するため必要な範囲全般について、審査請求人が主張する事項と同様に綿密な審理を行うべき義務を負うものではなく、審査請求人が主張しない事項について具体的にどのような範囲で審理・判断を行うかは、審査庁（審理員）の判断に委ねられている。

違法または不当の判断は、一般には、処分をした時点が基準となる。

〈事情裁決（３項）〉

３項では、いわゆる「事情裁決」について規定されている。これは、行訴法31条１項に規定されているいわゆる「事情判決」と同趣旨である。

⑴　事情裁決の要件

審査請求が国民の権利利益の救済を目的とする制度であることからすれば、「審査請求に係る処分が違法又は不当で」ある場合には、本来、「審査請求が理由がある場合」（46条１項・47条）に該当するものして、処分の取消し等の認容裁決がなされるべきである。

しかしながら、当該処分の取消（または事実上の行為の撤廃）により、公の利益に著しい障害を生ずる場合があり得る。このような例外的な場合には、審査請求人が受ける損害の程度のほか、行政庁や処分を受けた第三者が行う損害の賠償の程度・方法、防止の程度・方法等をも考慮に入れて、公益の保護と本来救済が保障されるはずの私益の犠牲とを十分に比較衡量し、公共の福祉の観点からの判断によって、当該審査請求を棄却することができる。

ここでいう「公共の福祉」とは、個人人権の尊重と社会公共の利益の調和の上に考えられる全体の幸福という一段と高次の概念をいう（杉本103〜104頁）。

この判断は、個別の事案に即して具体的に行われることとなる。上記の要件を満たす場合に、事情裁決により審査請求を棄却するか否かは、審査庁の裁量判断に委ねられる。

⑵　処分の違法・不当の宣言

事情裁決をする場合には、裁決の主文で、当該処分が違法または不当であることを宣言する。裁決が確定すれば、処分の違法の点については、不可争力等の裁決の効力が生じることになり（南＝小高270頁）、たとえば、処分の違法を前提として国家賠償等を求めることが可能となる。処分の不当については法的な効力が生じるものと解されていないが、違法ではなくとも処分が不当であることを宣言することにより、事後における行政の自己統制を図ることができる。

（処分についての審査請求の認容）

第46条　処分（事実上の行為を除く。以下この条及び第48条において同じ。）についての審査請求が理由がある場合（前条第３項の規定の適用がある場合を除く。）には、審査庁は、裁決で、当該処分の全部若しくは一部を取り消し、又はこれを変更する。ただし、審査庁が処分庁の上級行政庁又は処分庁のいずれでもない場合には、当該処分を変更することはできない。

2　前項の規定により法令に基づく申請を却下し、又は棄却する処分の全部又は一部を取り消す場合において、次の各号に掲げる審査庁は、当該申請に対して一定の処分をすべきものと認めるときは、当該各号に定める措置をとる。

一　処分庁の上級行政庁である審査庁　当該処分庁に対し、当該処分をすべき旨を命ずること。
二　処分庁である審査庁　当該処分をすること。
3　前項に規定する一定の処分に関し、第43条第１項第１号に規定する議を経るべき旨の定めがある場合において、審査庁が前項各号に定める措置をとるために必要があると認めるときは、審査庁は、当該定めに係る審議会等の議を経ることができる。
4　前項に規定する定めがある場合のほか、第２項に規定する一定の処分に関し、他の法令に関係行政機関との協議の実施その他の手続をとるべき旨の定めがある場合において、審査庁が同項各号に定める措置をとるために必要があると認めるときは、審査庁は、当該手続をとることができる。

本条および次条（47条）では、処分についての審査請求の認容の裁決について規定されている。本条では事実上の行為を除く狭義の処分について、次条では公権力の行使にあたる事実上の行為について、規定されている。

審査請求が理由がある場合にすべき裁決について、旧法22条５項は「容認」という語を用いていたが、本来の語義として消極的な意味合いがあることや、行訴法33条３項の「審査請求を認容した裁決」という規定との整合性の観点から、本条の見出しでは、「認容」の語が用いられている。

〈狭義の処分〉

本条では、公権力の行使にあたる「事実上の行為」を除く、狭義の処分についての審査請求に対する認容裁決について規定されている。

「事実上の行為」とは、広義には行政庁の物理的な活動全般をいうが、新法で対象となるのは、公権力の行使にあたる事実上の行為、すなわち、人の収容、物の留置など当該活動によって国民の権利義務に具体的な影響を与えるものである。

なお、旧法２条１項では、「公権力の行使に当たる事実上の行為で、人の収容、物の留置その他その内容が継続的性質を有するもの」が「事実行為」と定義され、旧法40条３項（新法47条に相当）では「処分（事実行為を除く。）についての審査請求」と規定されていたが、新法では、審査請求の対象（２条）となる「処分」は「公権力の行使に当たる行為」（1条2項）に含まれるものに限られることから、単に「事実上の行為」と規定されている。

〈狭義の処分についての認容裁決（1項）〉

⑴　認容裁決の要件

当該処分が違法または不当であると審査庁が認める場合は、「理由がある」として、審査庁は、裁決で、当該処分の全部もしくは一部を取り消し、またはこれを変更する。

審査請求の審理の範囲は、審査請求人が主張する審査請求の理由に限られず、当該処分の当否を判断するために必要な範囲全般に及ぶことから、認容裁決の要件である「処分……についての審査請求が理由がある場合」とは、審査請求人が主張する個々の理由の当否に限らず、当該処分が違法または不当のいずれかであると審査庁が認める場合を指すこととなる。

事情裁決も「処分が違法又は不当ではある」（45条3項）場合にされるものであることから、適用関係を明確にするため、「（前条第3項の規定の適用がある場合を除く。）」と規定されている。

⑵　処分の取消と変更

「取消」とは、原処分の発動に関する意思決定が違法または不当であるとして、原処分の効果を全て消滅させることである。原処分が分割可能な場合であれば、違法または不当な部分に限って「一部を取り消」すことになる。

「変更」とは、一般に、原処分は存続させたまま、原処分の法律効果の内容を変更させるだけの効力を生じさせるものと解されており、たとえば、営業停止処分の期間を短縮する場合のように、原処分の発動に関する意思決定（営業停止処分を行うこと）を承認するが、原処分の法律効果の内容（営業停止とする期間の長さ）を一定の限度のものに変更するものが挙げられる。

処分庁の上級行政庁または処分庁のいずれでもない審査庁は、処分庁に対する一般監督権や処分権を有しないことから、変更裁決をすることができない。

〈申請に対する「一定の処分」に関する措置（２項）〉

⑴　意義

審査請求に対する処分が違法・不当である場合には、当該処分は１項の規定により取り消され（または変更され）ることになるが、いわゆる申請拒否処分についての審査請求は、一般に、申請の認容を求めて提起されるものであるから、審査請求人が本来求める結果（申請の認容）が実現するには、申請拒否処分が取り消されるだけでなく、加えて、改めて申請に対する応答として申請を認容する処分がされる必要がある。

申請拒否処分が裁決で取り消された場合、処分庁は、裁決の趣旨に従い、改めて申請に対する処分をしなければならないが（52条２項）、処分庁は、裁決の趣旨に反しない限りにおいて、裁決で違法とされた拒否理由とは別の理由によって再び拒否処分をすることが可能である。

そこで、新法においては、より手厚い権利利益の救済方法として、裁決で単に違法または不当な申請拒否処分を取り消すことにとどまらず、争訟の一回的解決の観点から行訴法の平成16年改正で設けられたいわゆる「申請型の義務付けの訴え」を参考に、法令に基づく申請を認容する処分をすることにより申請に対する応答内容を確定させる措置がとりうるよう規定された。

⑵　要件

審査庁は、申請拒否処分の全部または一部を取り消す場合において、当該申請に対して一定の処分をすべきものと認めるときは、処分庁の上級行政庁または処分庁である審査庁は、争訟の一回的解決の観点から、当該一定の処分をする旨の措置をとる。

原処分の全部または一部の取消しにとどめるか、加えて当該申請に対して一定の処分をすべきかについては、審査庁の判断に委ねられており、審査庁は、審理の状況その他の事情を考慮して、申請に対して一定の処分をすべきものとは認めない場合には、処分の取消しにとどめ、再処分については処分庁に委ねることも妨げられない。

ただし、処分庁の上級行政庁および処分庁のいずれでもない審査庁については、個別法において処分庁に対し申請を認容する処分をすべき旨を命ずる権限が付与されていない限り、処分庁に対する一般監督権や処分権限を有するものではないから、一定の処分をする旨の措置は規定されていない。

本項各号に定める一定の処分をする旨の措置は、裁決そのものとは別の措置と整理されるが、争訟の一回的解決の観点から設けられた仕組みであり、審理員制度や第三者機関への諮問の趣旨を踏まえると、裁決書においては、主文とは別に、裁決の理由において当該措置をとる旨を言及することが適当であり、審理員意見書や行政不服審査会等の答申において当該措置をとるべき旨を言及することも、当然に可能である。

⑶　「一定の処分」の考え方

ここでいう「一定の処分」は「特定の処分」より幅のある概念であるが、処分庁がいかなる処分をすべきかについて判断が可能な程度には特定される必要がある。具体的な特定の程度については、問題とされる処分の根拠法令の趣旨および社会通念に従って判断すべきものである（小林158頁)。「一定の処分」をすべき旨を命じられた処分庁は、当該「一定の処分」の範囲内であれば、たとえば、当該処分に条件等を付すことも可能と考えられる。

処分庁が審査庁である場合は、自ら具体的にする処分の内容を決定して「特定の処分」をすることになるから、「一定の処分」の範囲（特定の程度）が問題になることはない。

⑷　審査庁の取り得る措置

①　処分庁の上級行政庁である審査庁（1号）

旧法では、法令に基づく申請を却下しまたは棄却する処分がされた場合における不服申立てについて、処分庁でない審査庁が、処分を取り消すのみならず、申請認容処分をすることができるか否かについて議論があり、旧法40条5項に規定する変更裁決の一種としてはできないものと解されていた（塩野・行政法II 33頁)。

しかしながら、処分庁の上級行政庁は、審査請求の手続とは別に、一般監督権の行使として処分庁に対し当該申請を認容する処分を命ずることができるのであるから、審査請求の手続として処分庁に当該申請を認容する処分を命ずることとしても、理論的な問題は生じない。

そこで、争訟の一回的解決の観点から、処分庁の上級行政庁である審査庁について、処分庁に対する一般監督権の行使として、「当該処分庁に対し、当該処分をすべき旨を命ずること」が規定された。

なお、裁決は基本的に審査請求人に対してされるものであり、処分庁を名宛人とするものではないので、「当該処分をすべき旨命ずること」は裁決そのものには含まれない。裁決書に「当該処分をすべき旨を命ずる」旨を記載することによって効力が発生するものではなく、裁決書とは別に、処分庁に当該処分をすべき旨を命ずる行為が必要になる。

②　処分庁である審査庁（２号）

処分庁が審査庁である場合においては、申請拒否処分が違法または不当であり、かつ、法令に基づく申請を認容する処分をすべきものと認めるときは、当該処分庁は、本項の規定がなくとも、審査庁として、裁決で、当該申請を却下しまたは棄却する処分を取り消し、その自らの判断に従い、処分庁として、当然に申請を認容する処分をすることになる。

しかしながら、争訟の一回的解決の観点からは、処分庁が審査庁である場合についても、申請拒否処分が違法または不当である場合には、審査請求の審理の中で申請に対する応答内容についても審理を行い、当該申請を却下・棄却した原処分を取り消すのと同時に、当該申請を認容する処分をすることが望ましいことから、処分庁である審査庁については、認容裁決の場合の措置として「当該処分をすること」が規定されている。

なお、「当該処分をすること」は裁決そのものではないので、裁決書に「当該処分をする」旨を記載することによって効力が発生するものではないが、この場合には、裁決も「一定の処分」も同じ行政庁（審査庁と処分庁が一致）から発せられ、一般に審査請求人が処分の名宛人でもあることから、運用上の取扱いの便宜としては、処分庁が、裁決書と同一の書面において、申請を認容した処分をする旨を併記することによって処分を行うことも可能である。

〈「一定の処分」に関する事前手続（３項・４項）〉

(1)　意義と効果

申請に対する処分の中には、その根拠となる個別法令において、当該申請を認容しようとする場合に、第三者機関に対する諮問手続や、関係行政機関との協議等その他の手続をとるべき旨の定めが設けられている場合がある。

このような場合に、当該申請を却下しまたは棄却する処分をする際には、当該手続をとる必要がないことから、審査請求の裁決において、当該申請を却下・棄却する処分を取り消し、本項の規定により当該申請を認容する処分をする措置をとろうとする際に、個別法令で求められた手続がとられていない場合もあり得る。

しかしながら、個別法令に定める手続を経る前に、審査庁が本項の規定により申請に対する一定の処分をする旨の措置をとることを命じたり、自ら処分庁として処分をしたりすることは、個別法令が申請を認容する処分をしようとするときに特定の手続をとることを義務付けている趣旨に反する。

このため、申請を却下・棄却する処分を審査庁が裁決で取り消す場合において、当該申請に対して一定の処分をすべきものと認めるときは、審査庁が命じよう（または自ら行おう）とする「一定の処分」に関し、裁決に先立って当該個別法令に規定する手続をとることにより、当該個別法令が要求している手続をとったという効果を生じさせる旨が規定された。

⑵　審議会等の議を経るべき場合（３項）

他の法律または政令（条例に基づく処分については、条例）に、処分をしようとするときには９条１項各号に掲げる機関もしくは地方公共団体の議会またはこれらの機関に類するものとして政令で定めるものの議を経るべき旨の定めがある場合が対象となる。

本項は、裁決の際に当該議を経ないで処分をする措置をとることが当該個別法との関係では許されない場合を対象とするものであり、議を経ることが義務的でない場合（議を経ることができる旨の定めがある場合）については対象とされていない。

⑶　その他関係行政機関との協議等の手続を要する場合（４項）

他の法律等に審議会等の議を経るべき旨の定めがある場合のほか、他の法令に当該一定の処分をしようとするときにとるべき手続の定めがある場合が対象となる。具体的には、個別法令に定めるところにより、関係行政機関との協議のほか、利害関係者に対する意見聴取、関係者への通知等の手続等である。

第47条　事実上の行為についての審査請求が理由がある場合（第45条第３項の規定の適用がある場合を除く。）には、審査庁は、裁決で、当該事実上の行為が違法又は不当である旨を宣言するとともに、次の各号に掲げる審査庁の区分に応じ、当該各号に定める措置をとる。ただし、審査庁が処分庁の上級行政庁以外の審査庁である場合には、当該事実上の行為を変更すべき旨を命ずることはできない。

一　処分庁以外の審査庁　当該処分庁に対し、当該事実上の行為の全部若しくは一部を撤廃し、又はこれを変更すべき旨を命ずること。

二　処分庁である審査庁　当該事実上の行為の全部若しくは一部を撤廃し、又はこれを変更すること。

本条では、公権力の行使にあたる事実上の行為についての審査請求に対する認容裁決について規定されている。

〈認容裁決の要件〉

公権力の行使にあたる事実上の行為が違法または不当である場合には、裁決で事実上の行為が違法または不当である旨を宣言するとともに、事実上の行為の撤廃または変更の措置をとる。事実上の行為に関する審査請求についても、認容の要件は、審査請求人が主張する個々の理由の当否に限らず、審査請求に係る公権力の行使にあたる事実上の行為が違法または不当であると審査庁が認める場合である。

〈違法・不当の宣言、審査庁のとるべき措置〉

公権力の行使にあたる事実上の行為については、狭義の処分と異なり、一定の法律効果を生ずるものではないことから、「取消し」の観念を入れる余地があるのか否かが問題にされる。このため、裁決の態様としては、「違法又は不当」の法的判断を「宣言する」ことが規定されている。

なお、文理上は、公権力の行使にあたらない事実上の行為についての審査請求も含まれることとなるが、処分についての審査請求は「行政庁の処分に不服がある者」がすることができるものであるから（1条2項および2条)、公権力の行使にあたらない事実上の行為についての審査請求は、不適法な審査請求として45条1項の規定により却下され、「理由がある場合」には該当し得ないため、旧法との違いは生じない。

公権力の行使にあたる事実上の行為についての認容裁決においては、上記の違法・不当の宣言に加え、審査庁の区分に応じて、下記のとおり撤廃・変更の措置をとることとされている。

①　処分庁以外の審査庁：当該処分庁に対し、当該事実上の行為の全部もしくは一部を撤廃し、またはこれを変更すべき旨を命ずる。

②　処分庁である審査庁：当該事実上の行為の全部もしくは一部を撤廃し、またはこれを変更する。

なお、①のうち、処分庁またはその上級行政庁のいずれでもない審査庁は、処分庁に対する一般監督権を有しないことから、46条1項ただし書と同様に、処分庁に対し事実上の行為の変更を命ずることができない。

ここでいう「撤廃」とは、人身の拘束を解く、留置物件を返還するといったように、当該事実上の行為を物理的にやめることを意味する。

行訴法2条2項は、狭義の処分と事実上の行為とを特に区別することなく「取消し」と規定するが、新法・旧法とも、「撤廃」と規定されている。行政監督の観点から実際的な救済を図るとする趣旨で、できるだけ明快な規定をしたものと考えられる。

（不利益変更の禁止）

第48条　第46条第1項本文又は前条の場合において、審査庁は、審査請求人の不利益に当該処分を変更し、又は当該事実上の行為を変更すべき旨を命じ、若しくはこれを変更することはできない。

本条は、旧法40条5項ただし書と同様、処分を審査請求人の不利益に変更することを禁止する旨を規定する。

旧訴願法では、不利益変更の可否について、裁決庁が処分庁の上級行政庁である場合は、その監督権の作用として処分庁の行為を再審査することができ、不利益変更を正当と認めた場合は、一般にこれをなし得るものの解されていたが、旧法では、従前の訴願よりも国民の権利利益の救済に重点を置くものであることに照らし、不利益変更は禁止されていた。

新法も、旧法と同様、審査請求人の不利益に処分を変更することを禁止する旨が規定された。却下裁決（審査請求が不適法とされる）・棄却裁決（原処分が是認される）の場合は対象とならず、認容裁決の場合のみ対象となる。具体的には、次の①〜③の場合が該当する。

①　46条1項本文の規定により、審査庁が、裁決で、審査請求に係る処分（事実上の行為を除く）の全部もしくは一部を取り消し、またはこれを変更する場合。

②　47条の規定により、処分庁以外の審査庁が当該処分庁に対し事実上の行為の全部もしくは一部を撤廃し、またはこれを変更すべき旨を命ずる場合。

③　47条の規定により、処分庁である審査庁が事実上の行為の全部もしくは一部を撤廃し、またはこれを変更する場合。

なお、本条の「処分」には、事実上の行為は含まれない（46条1項）。

（不作為についての審査請求の裁決）

第49条　不作為についての審査請求が当該不作為に係る処分についての申請から相当の期間が経過しないでされたものである場合その他不適法である場合には、審査庁は、裁決で、当該審査請求を却下する。

2　不作為についての審査請求が理由がない場合には、審査庁は、裁決で、当該審査請求を棄却する。

3　不作為についての審査請求が理由がある場合には、審査庁は、裁決で、当該不作為が違法又は不当である旨を宣言する。この場合において、次の各号に掲げる審査庁は、当該申請に対して一定の処分をすべきものと認めるときは、当該各号に定める措置をとる。

一　不作為庁の上級行政庁である審査庁　当該不作為庁に対し、当該処分をすべき旨を命ずること。

二　不作為庁である審査庁　当該処分をすること。

4　審査請求に係る不作為に係る処分に関し、第43条第1項第1号に規定する議を経るべき旨の定めがある場合において、審査庁が前項各号に定める措置をとるために必要があると認めるときは、審査庁は、当該定めに係る審議会等の議を経ることができる。

5　前項に規定する定めがある場合のほか、審査請求に係る不作為に係る処分に関し、他の法令に関係行政機関との協議の実施その他の手続をとるべき旨の定めがある場合において、審査庁が第3項各号に定める措置をとるために必要があると認めるときは、審査庁は、当該手続をとることができる。

本条では、不作為についての審査請求の裁決について定められている。

新法においては、旧法7条に定める「不作為についての不服申立て」が事務処理の促進を求めるものであったのに対し、争訟の一回的解決の観点から、申請に対する不作為が違法または不当であると認められ、審査庁が当該申請に対して一定の処分をすべきものと認めるときは、裁決時に法令に基づく申請に対して「一定の処分」をする措置をとる旨が規定された。

〈**却下裁決（1項）**〉

⑴　却下の要件

審査請求を却下する場合の要件として、審査請求が不適法である場合が規定されている。

具体的には、①申請から相当の期間が経過していない場合のほか、②不作為がない（法令に基づく申請に対して何らかの応答をしている）場合、③審査請求をすることができない事項について審査請求をした場合、④審査請求をすべき行政庁を誤った場合、⑤不服申立人適格が認められない場合（申請人以外の者が審査請求をした場合)、⑥補正命令に応じなかった場合、⑦審査請求の目的が消滅した（審査請求後に当該申請に対する処分がされた）場合などがある。

⑵　申請から相当の期間が経過していない場合

上記⑴のうち、申請から相当の期間が経過していない場合については、不適法となる場合の例として、条文上特に掲げられている。

「相当の期間」とは、3条におけると同様、社会通念上当該申請を処理するのに必要とされる期間を意味する。

不作為はあるが申請から「相当の期間」が経過しているとは認められない場合、不作為庁が個別法の規定により申請に対する審査・判断をしている段階にあるのが相当であるので、不作為庁としては個別法の規定により申請に対する処分に関する手続を引き続き行うこととなり、不作為についての審査請求は不適法とされる。

審査請求が不適法であることが明らかである場合には、審理員による審理手続を経ないで審査請求を却下することができる（24条2項）とされているので、たとえば、審査請求がされた時点が標準処理期間内であれば、一般には、相当の期間が経過していないことは明らかであるから、同項の規定により却下することができる。

他方、「相当の期間」が経過しているか否かが定かではなく、事案の内容を審理員による審理手続を行った上でなければ判断できない場合には、審理員による審理を経て、審理員は、審理手続を終結する前に収集した資料に基づき審理員意見書を作成し、「相当の期間」を超えているか否か（不作為が違法または不当と認められるか否か）を判断する。この場合の「相当の期間」の経過の有無についての判断は、審理手続の終結時を基準とすべきである。

〈棄却裁決（2項）〉

「棄却」とは、45条2項におけるのと同様、審査請求に係る不作為を是認するという判断である。審査請求人が主張する個々の理由の当否に限らず、当該不作為が違法または不当のいずれでもないと審査庁が認める場合を指し、具体的には、法令に基づく申請から「相当の期間」が経過しているが、そのことを正当化する特段の事由が認められる場合を意味する（東京地判昭和39・11・4 判時389号３頁）。

申請から相当の期間を経過しているが、それを正当化する特段の事由がある場合には、審査庁は審査請求を棄却し、不作為庁は、個別法令の規定により申請に対する処分をする事務処理を引き続き行う。

不作為があり、申請から相当の期間が経過しているが、そのことを正当化する特段の事由があるため、違法または不当な不作為とは認められない場合も、不作為庁が、個別法の規定により申請に対する審査・判断をしている段階であるから、審査庁が裁決により申請に対する応答内容を決定する必要はない。

ただし、この場合は、当該審査請求に係る申請手続の内容やその手続に関する諸事情を総合考慮し、申請から相当の期間を経過していることを正当化する特段の事由があるか否かという実体判断をしなければならないから、１項の却下裁決とは区別して、審査請求の本案要件として整理されている。

旧法においては、「行政庁が法令に基づく申請に対し、相当の期間内になんらかの処分その他公権力の行使に当たる行為をすべきにかかわらず、これをしないこと」を「不作為」と定義し（旧法２条２項）、このような意味における不作為の成否を不服申立要件と整理していたが（旧法７条）、新法は、「不作為」を単に客観的事実として応答の有無の面からとらえたうえ（３条）、「相当の期間」を経過しているか否かという形式的判断を却下裁決の要件とし、「相当の期間」を経過しているがそのことを正当化する特段の事由があるという実体判断を棄却裁決の要件と整理した。

〈認容裁決（３項）〉

申請から相当の期間を経過し、そのことを正当化する特段の事由も認められない場合には、当該不作為は違法または不当であるから、その旨を宣言する裁決をする。

⑴　不作為についての審査請求における認容の意義

不作為についての審査請求は、一般に、申請の認容を求めて提起されるものであり、審査請求人が本来求める申請の認容が実現するためには、単に不作為が違法または不当であることが確定するだけでは足りず、不作為庁により申請に対する応答として申請を認容する処分がなされる必要がある。

不作為庁は、審査請求に係る不作為が違法または不当である場合は、速やかにその不作為を解消し、申請に対する処分をしなければならないが、新法では、より手厚い権利利益の救済方法として、裁決で当該不作為が違法または不当である旨を宣言するにとどまらず、当該申請に対してこれを認容するなど「一定の処分」をする措置をとり、申請に対する応答内容を確定させることが可能とされた。

つまり、旧法の不作為についての不服申立てが事務処理の促進を求めるものであったのを改め、争訟の一回的解決の観点から、行訴法の平成16年の改正により設けられたいわゆる申請型の義務付けの訴えを参考にし、審査請求の審理手続において当該不作為が違法または不当であると認められ、審査庁が当該申請に対して一定の処分をすべきものと認めるときは、裁決時に法令に基づく申請に対して「一定の処分」をする措置をとる旨が規定された。

ただし、審査庁は、審理の状況その他の事情を考慮して、裁決で不作為が違法または不当である旨の宣言をするにとどめ、不作為庁の事務処理を促すことにより、より迅速な争訟の解決を図ることも可能とされている。

⑵　認容の要件

審査請求人が主張する個々の理由の当否に限らず、当該不作為が違法または不当であると審査庁が認める場合には、「不作為についての審査請求が理由がある場合」として認容される。具体的には、申請から相当の期間が経過し、かつ、そのことを正当化する特段の事由も認められない場合を意味する。

「一定の処分」については、46条の解説のとおりである。

「すべきものと認めるとき」とは、審理の状況その他の事情を考慮して、審査庁が当該申請に対して一定の処分をすべきと判断した場合という趣旨である。不作為についての審査請求は、一般に、申請の認容を求めて提起されるものであり、審査請求人の権利利益の救済の観点からは、一般的には、一定の処分をすべきか否かについてまで判断することが望まれる。

審査庁が申請に対して一定の処分をすべきものとは認めない場合には、不作為が違法または不当である旨を宣言する裁決をするにとどめることにより、不作為庁の事務処理を促すことになる。

⑶　審査庁がとるべき措置

審査庁は、裁決で当該不作為が違法または不当である旨を宣言する場合において、当該申請に対して一定の処分をすべきものと認めるときは、46条２項と同様に、不作為庁の上級行政庁または不作為庁である審査庁は、争訟の一回的解決の観点から、当該一定の処分をする旨の措置をとることとする。

ただし、不作為庁の上級行政庁および不作為庁のいずれでもない審査庁については、個別法において不作為庁に対し一定の処分をすべき旨を命ずる権限が付与されていない限り、不作為庁に対する一般監督権や処分権限を有するものではないから、一定の処分をする旨の措置は規定されていない。

①　不作為庁の上級行政庁である審査庁（１号）：46条２項の「一定の処分」に関する措置と平仄を合わせ、不作為庁に対する一般監督権の行使として、「当該不作為庁に対し、当該処分をすべき旨を命ずること」を規定する。

②　不作為庁である審査庁（２号）：法令に基づく申請に対する応答として、「当該処分をすること」を規定する。

〈「一定の処分」に関する事前手続（４項・５項）〉

申請に対する処分の中には、その根拠となる個別法令において、当該申請を認容しようとする場合に、第三者機関に対する諮問手続や、関係行政機関との協議等その他の手続をとるべき旨の定めが設けられている場合がある。

このような処分に係る不作為についての審査請求がされた場合には、いまだ申請に対する処分がされていないことから、３項の規定により当該申請を認容する処分をする措置をとろうとする際に、個別法令で求められた手続がとられていない場合が考えられる。

そのため、46条３項・４項と同様に、審査庁が当該申請に対して一定の処分をすべきものと認めるときは、審査庁が当該個別法令に規定する手続をとることができる旨を規定することにより、当該個別法令が要求している手続をとったという効果を生じるものとされている。

本項にいう「審査請求に係る不作為に係る処分」とは、当該審査請求の対象となる不作為に関し法令に基づきされた申請につき、これに対する応答としてされる処分をいい、当該申請を認容する処分に限らず、当該申請を却下・棄却する処分を含む。

（裁決の方式）
第50条　裁決は、次に掲げる事項を記載し、審査庁が記名押印した裁決書によりしなければならない。
一　主文
二　事案の概要
三　審理関係人の主張の要旨
四　理由（第１号の主文が審理員意見書又は行政不服審査会等若しくは審議会等の答申書と異なる内容である場合には、異なることとなった理由を含む。）
2　第43条第１項の規定による行政不服審査会等への諮問を要しない場合には、前項の裁決書には、審理員意見書を添付しなければならない。
3　審査庁は、再審査請求をすることができる裁決をする場合には、裁決書に再審査請求をすることができる旨並びに再審査請求をすべき行政庁及び再審査請求期間（第62条に規定する期間をいう。）を記載して、これらを教示しなければならない。

〈裁決書（１項）〉

新法においては、審査請求人の手続保障および手続の公正性・透明性を確保する観点から、裁決書の必要的記載事項が具体的に定められている。なお、裁決書には、必要的記載事項以外にも、事案に応じ、事実関係や争点を明記することが望ましい。

審査請求の裁決は、審査請求についての審査庁の判断を示すものであるから、書面でしなければならない。

⑴　必要的記載事項、審査庁の記名押印（柱書）

審査請求に係る事件の事実関係、争点および裁決の理由が明らかなものとなるよう、本項各号において必要的記載事項が定められている。

各事項のうち、記載すべき内容が審理員意見書と同一であると判断されるものについては、一般には、裁決書における当該事項についての記載は、「審理員意見書に記載のとおり」といった記載でも足りるものと考えられるが、審査請求についての結論を示す主文については、審理員意見書における記載と同一内容であっても、裁決書に改めて明記すべきである。なお、本項で特に規定されていないが、審査請求人の氏名や裁決の年月日は、当然に記載しなければならない。

裁決書の真正性を担保するため、審査庁は裁決書に記名押印しなければならない。記名押印を欠く裁決書によりされた裁決は、違法であり、取り消されるべきものである。

⑵　主文（１号）

審査請求についての結論を示すものであり、「審査請求を却下する（棄却する）」、「処分を取り消す」、「事実上の行為（不作為）は違法である」等がこれにあたる。

⑶　事案の概要（２号）

審査請求に係る処分等の内容など、当該事案のおおよその内容・要点をまとめたものであり、審査請求に係る事件の事実関係等を明らかにするため、記載事項とされている。

⑷　審理関係人の主張の要旨（３号）

審査請求人、参加人および処分庁等のそれぞれの主張の主な内容であり、審査請求に係る事件の争点を明らかにするため、記載事項とされている。

⑸　理由（４号）

審査庁の判断の理由を明らかにするものであり、審査庁が審査請求に係る処分または不作為について、適法または違法、あるいは正当または不当とした判断の根拠を、審査請求人に理解できる程度に具体的に記載する必要がある。

審査庁が審理員意見書や行政不服審査会等の答申書と異なる内容の主文で裁決をする場合には、判断過程の透明性を確保し、審理関係人への説明を尽くす観点から、その異なることとなった理由を記載しなければならないことが特に規定されている。

〈審理員意見書の添付（2項）〉

43条1項の規定により行政不服審査会等への諮問がされない場合は、審理員意見書が審理関係人へ送付されていないから、判断過程の透明性を確保し、審理関係人への手続保障の向上を図る観点から、裁決の際に、審理員意見書を添付しなければならない。

具体的には、43条1項各号に該当することにより、同項の規定による行政不服審査会等への諮問が不要となる場合のほか、同項において行政不服審査会等に諮問すべき審査庁とされている主任の大臣等や地方公共団体の長以外の行政庁（民間機関等）が審査庁である場合が該当する。

ただし、9条1項各号に掲げる機関が審査庁である場合など同条3項の適用を受ける場合には、審理員ではなく審査庁が審理する構造となることから、この項の規定は適用されない。

〈再審査請求をすることができる裁決をする場合の教示（3項）〉

本項では、再審査請求をすることができる裁決をする場合の教示について規定されている。

具体的には、旧法41条2項と同様、裁決書に記載することにより、以下の3点を書面で教示すべきことが規定されている。

① 再審査請求をすることができる旨

② 再審査請求をすべき行政庁

③ 再審査請求期間（62条）

本項の規定による教示は、適法に再審査請求をすることができる場合を対象とするものであり、一般には、審査請求を却下し、もしくは棄却し、またはその一部を認容するものである場合に、教示を行う。

他方、裁決が審査請求の全部を認容するものである場合には、審査請求人が当該裁決に不服があること、すなわち、当該裁決の取消しまたは変更を求める法律上の利益を有することは、およそ考えられない。このような場合には、審査請求人は、適法に再審査請求をすることはできないことから、本項に基づく教示をする必要はない。

裁決が審査請求の全部を認容するものである場合であっても、審査請求人が処分の相手方以外の者である場合や審査請求人と利害が相反する参加人がいる場合には、当該処分の相手方または参加人から適法に再審査請求がされることも考えられる。このような場合、本項の規定による教示の対象とはならないが、裁決書は処分の相手方や参加人にも送付されるから（51条１項・４項）、その送付の際に、運用上、再審査請求に関する教示がなされることが望ましい。

（裁決の効力発生）

第51条　裁決は、審査請求人（当該審査請求が処分の相手方以外の者のしたものである場合における第46条第１項及び第47条の規定による裁決にあっては、審査請求人及び処分の相手方）に送達された時に、その効力を生ずる。

2　裁決の送達は、送達を受けるべき者に裁決書の謄本を送付することによってする。ただし、送達を受けるべき者の所在が知れない場合その他裁決書の謄本を送付することができない場合には、公示の方法によってすることができる。

3　公示の方法による送達は、審査庁が裁決書の謄本を保管し、いつでもその送達を受けるべき者に交付する旨を当該審査庁の掲示場に掲示し、かつ、その旨を官報その他の公報又は新聞紙に少なくとも１回掲載してするものとする。この場合において、その掲示を始めた日の翌日から起算して２週間を経過した時に裁決書の謄本の送付があったものとみなす。

4　審査庁は、裁決書の謄本を参加人及び処分庁等（審査庁以外の処分庁等に限る。）に送付しなければならない。

〈裁決の効力の発生（１項）〉

意思表示は、相手方に到達した時にその効力を生ずるのが原則であり、審査請求に対する判断を示す行政処分である裁決についても、同様である。本項では、裁決の効力の発生時期について、裁決は審査請求人に送達された時にその効力を生ずることが規定されている。

⑴ 「送達」

「送達」とは、訴訟法等において、手続に必要な書類を法定の方式に従って当事者や関係人に交付し、またはこれらの者にその交付を受ける機会を与える行為をいい、書類の受領者への書類の交付を確実にし、かつ、後の紛争を防止するために送付の事実を明らかにすることを目的とするものである。

一般的に、隔地者に対する意思表示はその通知が相手方に到達した時にその効力を生ずるのが原則であるが（民法97条１項）、審査請求の裁決が重要な処分であることから、その効力の発生時期については、「送達」として形式的に明確に規定された。

⑵ 裁決の送達先

審査請求が処分の相手方以外の者のしたものである場合には、46条１項の規定により審査請求に係る処分（事実上の行為を除く）を取消し・変更する裁決および47条の規定により審査請求に係る事実上の行為が違法または不当であることを宣言する裁決については、当該裁決によって直接影響を受ける者は当該処分（事実上の行為を含む）の相手方であるため、審査請求人のみならず、当該処分の相手方に送達しなければその効力は生じない。

送達の時点が審査請求人と処分の相手方との間で差が生じた場合には、最も遅い送達がされた時に、裁決の効力が生ずる。

〈送達の方式（２項）〉

⑴ 原則（本文）

裁決の送達は、裁決書の謄本を送付することによってする。

「謄本」とは、文書の「原本」に対する用語であって、原本と同一の文字、符号を用いて原本の内容を完全に写し取った書面をいう。また、「送付」とは、ある場所ないし人から他の場所ないし人に書類その他の物を送り届けることをいい、郵送による方法のほか、送達を受けるべき者に直接交付する等の方法が考えられる。

名宛人を誤った場合には、裁決は、その効力を生じない。ただし、審査請求人が死亡し、または合併した場合において、裁決書が死亡者または合併により解散した法人その他の社団もしくは財団宛てに送達されたときは、15条４項の規定が適用され、これらの者に対する裁決としての効力を有する。

⑵　例外（ただし書）

審査請求人または処分の相手方が所在不明であること等により、裁決書の謄本を送付することができず、裁決の効力を生じさせることができないとすれば、処分を不安定な状態に置くことになるため、このような場合には、いわゆる公示送達をすることができる。その具体的な方法は、３項に規定されている。

送達を受けるべき者の所在が知れない、すなわち、その者について関係書類の調査、実地調査、住民票の調査等を行っても、なお送達すべき場所が不明な場合には、本項の規定が適用されるが、たとえば、郵送した裁決書の謄本が宛先不明で返戻されたことのみをもって本項に該当するものではない。

その他、裁決書の謄本を送付することができない場合としては、たとえば、審査請求人または処分の相手方が戦場その他郵送もできない場所にあって、しかも国内に受領代理人が定められていないような場合が考えられる。

〈公示送達の方法（３項）〉

本項では、いわゆる公示による送達の方法について規定されている。

民事訴訟法上の公示送達は、裁判所の掲示場に掲示して行う（同法111条）こととされており、裁判所書記官が公示送達があったことを官報または新聞紙に掲載することができるにとどまるが（民事訴訟規則46条２項）、新法では、掲示場への掲示と官報等への掲載をともに行うべきものとされている。

掲示場に掲示し、または官報等に掲載する内容は、裁決の内容またはその要旨ではなく、「審査庁が裁決書の謄本を保管し、いつでもその送達を受けるべき者に交付する」というもので足りる。

公示による送達を行った場合には、審査庁の掲示場への掲示を始めた日の翌日から起算して２週間を経過した時に、効力を発生する。

〈参加人および処分庁等への裁決書謄本の送付（４項）〉

審理関係人である参加人および処分庁等も審査請求の審理に関与し、裁決に利害関係を有するから、審査庁は、「参加人及び処分庁等」に裁決書の謄本を送付することが義務付けられている。ただし、処分庁等が審査庁である場合には、裁決書の原本を保管している審査庁が、処分庁等としての自らに裁決書の謄本を送付する必要はないことから、「処分庁等（審査庁以外の処分庁等に限る。）」と規定している。

（裁決の拘束力）

第52条　裁決は、関係行政庁を拘束する。

2　申請に基づいてした処分が手続の違法若しくは不当を理由として裁決で取り消され、又は申請を却下し、若しくは棄却した処分が裁決で取り消された場合には、処分庁は、裁決の趣旨に従い、改めて申請に対する処分をしなければならない。

3　法令の規定により公示された処分が裁決で取り消され、又は変更された場合には、処分庁は、当該処分が取り消され、又は変更された旨を公示しなければならない。

4　法令の規定により処分の相手方以外の利害関係人に通知された処分が裁決で取り消され、又は変更された場合には、処分庁は、その通知を受けた者（審査請求人及び参加人を除く。）に、当該処分が取り消され、又は変更された旨を通知しなければならない。

本条では、旧法43条と同様に、裁決の拘束力について規定されている。

裁決は、一般の行政処分の持つ効力を有するほか、争訟手続を通じてされる処分であることからくる特別の効力をも有する。新法では、旧法と同様、処分庁等に対し速やかに審査請求の裁決に示された内容を実現させるため、拘束力について規定しているが、その他の効力については、解釈に委ねられている。

〈裁決の拘束力（１項）〉

裁決は、審査請求人および参加人のみならず、関係行政庁を拘束する。

「関係行政庁」とは、処分庁等およびそれと一連の上下の関係にある行政庁ならびに当該処分または不作為に関係を有する行政庁を指す。

拘束力は、裁決を実効あらしめるために認められる効力であるから、その効力は裁決主文とその理由となる要件事実の認定と効力の判断について生じるのが限度で、裁決の結論と直接関係のない傍論や間接事実の判断には及ばない。

〈申請に対する再処分（２項）〉

本項～４項では、処分庁に速やかに審査請求の裁決に示された内容を実現させるため、１項に規定する裁決の拘束力の具体的な適用が示されている。

⑴　原則

申請に対してした処分について審査請求がされ、裁決で当該処分が取り消された場合には、当該処分は処分時に遡ってその効力を失い、申請に対して何らの処分もなされていない状態に復する。このような場合には、処分庁は、裁決の趣旨に従い、改めて申請に対する処分をしなければならない。ただし、裁決の拘束力は、裁決の主文とその理由となる判断について生ずるものであり、たとえば、申請拒否処分が取り消された場合に、処分庁は必ず申請を認容すべき拘束を受けるものではなく、裁決の趣旨に反しない限りにおいて、別の理由により再び拒否処分をすることが妨げられるものではない。

⑵　申請を認容した処分が手続の違法もしくは不当を理由として裁決で取り消された場合

「申請に基づいてした処分」すなわち、申請を認容する処分について、申請者以外の第三者からその取消しを求める審査請求がなされ、手続の違法・不当を理由として裁決で取り消された場合、処分庁は、改めて裁決において違法・

不当とされた手続を適法に行った上で、申請に対する処分を行う。

⑶　申請を却下し、もしくは棄却した処分が裁決で取り消された場合

申請拒否処分が裁決で取り消された場合が該当するが、申請拒否処分を裁決で取り消す場合に、審査庁が当該申請に対して一定の処分をすべきものと認めるときは、審査庁は当該処分をする措置をとることが規定されている（46条２項）ので、本項が具体的に適用されるのは、次のような場合と考えられる。

①　上級行政庁または処分庁のいずれでもない審査庁の場合：この場合には、46条２項の規定により、処分庁に対し申請に対する一定の処分をすべき旨を命ずることはできないから、審査庁は、申請拒否処分を裁決で取り消し得るにとどまり、処分庁は、当該裁決の趣旨に従い、改めて申請に対する処分を行うことになる。

②　上級行政庁または処分庁が審査庁であるが、46条２項に規定にする措置をとらず、同条１項の原処分の取消しにとどめた場合：２項に規定する措置は、裁決で申請拒否処分を取り消す場合において、審査庁が当該申請に対して「一定の処分」をすべきものと認めるときにとられるものであることから、次のような場合には、審査庁は原処分を取り消すにとどめ、処分庁は、裁決の趣旨に従って、改めて申請に対する処分を行うことになる。

Ⓐ　法令に基づく申請が不適法であるとして却下した処分について、当該申請は適法であるとして取り消すが、申請の認容の可否の判断を処分庁の審査に委ねることとする場合。

Ⓑ　法令に基づく申請を棄却した処分について、当該処分が違法または不当であるとして取り消すが、当該申請に対してすべき「一定の処分」の判断を処分庁の審査に委ねることとする場合。

〈取消し等の公示（３項）〉

法令の規定により、処分をした際に公示がなされる場合がある。これは、当該処分の性質等から、それを広く一般に周知させる趣旨と考えられるから、当該処分が裁決で取り消され、または変更された場合にも、同様に、その旨を公示し、一般に周知させる必要がある。このような場合には、処分庁は、当該処

分が取り消され、または変更された旨を公示しなければならない。
「法令の規定により公示された処分」とは、当該公示が法令の規定を根拠としてされたものであることを意味し、法令上公示が義務付けられている場合のみならず、法令上公示するか否かが処分庁の裁量判断に委ねられている場合も含む。

〈取消し等の利害関係人への通知（4項）〉
法令の規定により処分の相手方以外の利害関係人に通知された処分が裁決で取り消され、または変更された場合についても、3項と同様、その処分の性格から、利害関係人に周知する必要があるため、処分庁は、処分時に通知を受けた者に、当該処分が取り消され、または変更された旨を通知しなければならない。ただし、審査請求人および参加人については、51条1項または4項の規定に基づき裁決書の謄本が送付されることから、本項の送付対象からは除外されている。
なお、3項と同様、法令上、通知するか否かが処分庁の裁量判断に委ねられている場合も含まれる。

（証拠書類等の返還）
第53条　審査庁は、裁決をしたときは、速やかに、第32条第1項又は第2項の規定により提出された証拠書類若しくは証拠物又は書類その他の物件及び第33条の規定による提出要求に応じて提出された書類その他の物件をその提出人に返還しなければならない。

審査庁が裁決をすることにより、審査請求の手続は完了する。したがって、裁決後には、審理のため審理員に提出された証拠書類等を審査庁に保管させる合理的な理由がないので、提出者に返還すべきである。
本条では、旧法44条と同様に、審理手続の過程で提出された証拠書類等の返還について規定されている。

返還の対象となる証拠書類等は、①32条１項の規定により審査請求人もしくは参加人から提出された証拠書類・証拠物、②同条２項の規定により処分庁等から提出された書類その他の物件、③33条の規定による物件の提出要求に応じて、その所持人から提出された書類その他の物件である。

証拠書類等の返還は、裁決後「速やかに」行わなければならない。返還の遅延は提出人その他の者の権利保護の障害となり、また、保管する行政庁にとっても負担となるからである。

本条は、証拠書類等の返還の最終期限を定めたものと解すべきであり、審理員または審査庁は、提出人等の権利保護のために、当該提出物件が不要になったときは、審理手続の終結前においても、速やかに返還すべきである。

第３章　再調査の請求

本章では、「再調査の請求」について、審査請求とは別に、手続等が規定されている。「再調査の請求」は、審査請求の手続をとる前に、処分の事案・内容等をよりよく把握している立場にある処分庁が、審査請求より簡略な手続により改めて処分を見直すものである。

（再調査の請求期間）
第54条　再調査の請求は、処分があったことを知った日の翌日から起算して３月を経過したときは、することができない。ただし、正当な理由があるときは、この限りでない。
２　再調査の請求は、処分があった日の翌日から起算して１年を経過したときは、することができない。ただし、正当な理由があるときは、この限りでない。

〈主観的請求期間（１項）〉

審査請求について主観的請求期間を定める18条１項と同様、再調査の請求について主観的請求期間は３か月とされ、旧法45条の異議申立てに係る主観的申立期間（60日）よりも延長された。また、「正当な理由」がある場合に同様の例外が認められた。

〈客観的請求期間（２項）〉

再調査の請求の客観的請求期間について、審査請求と同様、原則として１年とされた。また、「正当な理由」がある場合に同様の例外が認められた。

（誤った教示をした場合の救済）

第55条　再調査の請求をすることができる処分につき、処分庁が誤って再調査の請求をすることができる旨を教示しなかった場合において、審査請求がされた場合であって、審査請求人から申立てがあったときは、審査庁は、速やかに、審査請求書又は審査請求録取書を処分庁に送付しなければならない。ただし、審査請求人に対し弁明書が送付された後においては、この限りでない。

2　前項本文の規定により審査請求書又は審査請求録取書の送付を受けた処分庁は、速やかに、その旨を審査請求人及び参加人に通知しなければならない。

3　第１項本文の規定により審査請求書又は審査請求録取書が処分庁に送付されたときは、初めから処分庁に再調査の請求がされたものとみなす。

本条では、再調査の請求が、不服申立人が審査請求の前に再調査の請求をすることを希望する場合にされるものである（５条）ことを踏まえ、処分庁が誤って再調査の請求もすることができる旨の教示をせずに審査請求をすることができる旨のみを教示し、当該教示に従って審査請求がされた場合について、不服申立人の申立てにより、審査庁が処分庁に審査請求書等を送付し、初めから再調査の請求がされたものとみなす旨を規定する。

〈申立てによる審査請求書の処分庁への送付（１項）〉

再調査の請求は、旧法の異議申立てが審査請求に対し義務的に前置されていたのとは異なり、その決定を経ず直接に審査請求をすることができる（５条）。すなわち、再調査の請求は、不服申立人が、審査請求の前にこれをすることを希望する場合にされる手続である。

したがって、82条に基づく教示は、再調査の請求または審査請求のいずれかをすることができる旨を教示すべきこととなるが、処分庁が誤って再調査の請求をすることができる旨の教示をせずに審査請求をすることができる旨のみを教示し、当該教示に従って審査請求がされた場合に、不服申立人が希望する場合には再調査の請求をしたものとみなすことができるように取り扱うことが、不服申立人の利益に適う。

こうしたことから、本条においては、上記のような場合に、処分庁に審査請求書等が送付される手続を整備し、初めから処分庁に再調査の請求がされたものとみなすこととする規定が設けられている。

逆に、処分庁が誤って審査請求をすることができる旨の教示をせず、再調査の請求ができる旨の教示をした場合については、再調査の請求人の申立てにより、処分庁が審査庁となるべき行政庁に再調査の請求書等を送付し、初めから審査請求がされたものとみなす旨が規定されている（22条4項)。

⑴　移行の申立て（本文）

再調査の請求は、不服申立人が審査請求の前に申し立てることを希望する場合にのみされる手続であるから、誤った教示がされた場合も、一律に再調査の請求として取り扱うことは適切でない。したがって、不服申立人の申立てがあったときに、再調査の請求として取り扱うこととされている。

「再調査の請求をすることができる旨を教示しなかった場合」とは、審査請求をすることができる旨のみを教示した場合のほか、そもそも不服申立てをすることができる旨の教示を全くしなかった場合も含まれる。

実際の運用としては、審査請求書の記載事項である教示の内容（19条2項5号）において、再調査の請求をすることができる旨の教示があった旨の記載がない場合には、審査庁が誤った教示がされたか否かを審査請求人や処分庁に確認し、教示が誤っていたときは、本項に基づく申立てができる旨を教示することが望ましい。

⑵　移行の申立ての時期（ただし書）

再調査の請求は、審査請求の前段階で処分庁が簡易迅速に処分を見直す手続であり、処分庁が誤った教示をした場合であっても、審査請求の審理手続が進行しているにもかかわらず、いつまでも再調査の請求への移行を認めることは、争訟経済の観点から適当でない。そのため、審査請求の本案審理が進行した後においては、再調査の請求への移行を求める申立ては認められない。

審査請求において本案審理がされる場合には、まず、審査庁が審理員を指名し（9条1項)、審理員が審査請求書等を処分庁等に送付し（29条1項)、弁明書の提出を求め（同条２項）、提出された弁明書を審査請求人等に送付する（同条５項）という手続を経ることになる。このうち、弁明書の審査請求人等への送付については、９条３項の規定が適用される場合を含めて、必ず経る（29条５項）手続であること、また、審理関係人は本手続を経たことを当然に知り得るものであり、その申立てをすることができる期限が審査請求人にも明らかになることから、「審査請求人に対し弁明書が送付された」時点が申立ての期限として定められている。

〈審査請求人および参加人への通知（２項）〉

１項の規定により処分庁に審査請求書等が送付された場合には、３項の規定により、初めから再調査の請求がされたものとみなされるが、審査請求人や参加人がそれを知らなかったために、誤って従前の審査庁に書類を提出するなどの不都合を生じることのないよう、22条４項後段と同様に、送付を受けた処分庁に審査請求人および参加人への通知義務が課されている。

送付後の再調査の請求における参加の可否は、処分庁によって改めて判断されることから、送付前の審査請求の参加人が、直ちに送付後の再調査の請求における参加人の地位を得るものではないが、特段の事情がある場合を除き、送付後においても参加が認められるべきである。

〈送付された場合の取扱い（３項）〉

１項の規定により処分庁に審査請求書等が送付されたときは、22条５項と同様に、初めから適法に処分庁に再調査の請求がされたものとみなす。

処分庁に送付されたときではなく、教示に従って初めに審査請求がされた時点で、再調査の請求をしたものと扱われる。教示に従って審査請求書等を提出し、または郵送した時点が審査請求期間内であった場合には、その後１項の規定により処分庁に送付された時点では再調査の請求期間が経過していても、再調査の請求期間内に再調査の請求がされたものとみなされる。

このような場合、標題が「審査請求書」とされていたり、宛先として審査請求先（として教示された）行政庁が記されていても、特に補正をする必要はなく、処分庁を宛先とする「再調査の請求書」として取り扱うべきである。

（再調査の請求についての決定を経ずに審査請求がされた場合）

第56条　第5条第2項ただし書の規定により審査請求がされたときは、同項の再調査の請求は、取り下げられたものとみなす。ただし、処分庁において当該審査請求がされた日以前に再調査の請求に係る処分（事実上の行為を除く。）を取り消す旨の第60条第1項の決定書の謄本を発している場合又は再調査の請求に係る事実上の行為を撤廃している場合は、当該審査請求（処分（事実上の行為を除く。）の一部を取り消す旨の第59条第1項の決定がされている場合又は事実上の行為の一部が撤廃されている場合にあっては、その部分に限る。）が取り下げられたものとみなす。

処分について再調査の請求をしたときは、原則としてそれに対する処分庁の決定を経た後でなければ審査請求をすることができない（5条2項本文）が、同項ただし書の規定によりその決定を経ずに審査請求をした場合には、不服申立人は再調査の請求の簡略な手続による処分の見直しではなく、審査請求の審理による審査庁の判断を求めているのであって、再調査の請求については、審理を続ける意義に乏しい。

本条は、このような場合について、争訟経済の観点から、再調査の請求が取り下げられたものとみなす旨が規定されている。

〈再調査の請求のみなし取下げ（本文）〉

再調査の請求から3か月を経過しても、処分庁が当該再調査の請求につき決定をしない場合（5条2項1号）、その他再調査の請求についての決定を経ないことにつき正当な理由がある場合（同項2号）において、再調査の請求についての決定を経ずに審査請求がされた場合が対象となる。この場合は、当該再調査の請求についての審理を続ける意義に乏しいことから、取り下げられたものとみなされる。

再調査の請求についての決定を経ずに審査請求がされても、上記のいずれにも該当しない場合には、本条の適用はなく、引き続き再調査の請求について審理を行う。この場合、当該審査請求は不適法なものとして却下される。

〈認容決定がされた場合の特例（ただし書）〉

決定書の送達に要する期間等の事情によっては、処分庁が再調査の請求を認容する決定をした後に、５条２項ただし書の規定により審査請求がされる場合があり得る。

このような場合には、すでに再調査の請求において処分の見直しを行う旨の決定が出されているのであるから、当該再調査の請求が取り下げられたものとみなして改めて審査請求の手続を行うことは、争訟経済に反するのみならず、再調査の請求人の利益にも反する。このため、再調査の請求についての決定の効力を生じさせた上で、請求の趣旨が実現した範囲で、審査請求が取り下げられたものとみなされる。

（３月後の教示）

第57条　処分庁は、再調査の請求がされた日（第61条において読み替えて準用する第23条の規定により不備を補正すべきことを命じた場合にあっては、当該不備が補正された日）の翌日から起算して３月を経過しても当該再調査の請求が係属しているときは、遅滞なく、当該処分について直ちに審査請求をすることができる旨を書面でその再調査の請求人に教示しなければならない。

再調査の請求をした場合には、原則として、その決定があるまでは審査請求をすることができないが、再調査の請求から３か月を経過しても決定がされないときは、審査請求をすることができる（５条２項）。

本条では、このような審査請求の機会を失することのないよう、請求人の申立てにより審査請求に移行する手続を保障する観点から、審査請求への移行が可能となった旨の教示を義務付ける。

適法な再調査の請求がされてから３か月を経過しても、当該再調査の請求が処分庁に係属している場合、すなわち、当該再調査の請求についての決定がなされていない場合には、再調査の請求人に対し、審査請求をすることができる旨の教示を書面で行うことが処分庁に義務付けられる。

「再調査の請求がされた日」は、61条において準用する16条に規定する「その事務所に到達し」た日と同義である。また、「第61条において読み替えて準用する第23条の規定により不備を補正すべきことを命じた場合にあっては、当該不備が補正された日」と規定されており、上記の3か月の起算点は、適法な再調査の請求がされた日を基準としている。

（再調査の請求の却下又は棄却の決定）

第58条　再調査の請求が法定の期間経過後にされたものである場合その他不適法である場合には、処分庁は、決定で、当該再調査の請求を却下する。

2　再調査の請求が理由がない場合には、処分庁は、決定で、当該再調査の請求を棄却する。

〈「決定」〉

旧法の異議申立てに対する「決定」については、その審査を行うのが処分庁自身であることから別個の用語を使用しているのであって、上級行政庁等が行う「裁決」と性質上の差異はないとされていた。

新法における再調査の請求に対する「決定」も、行政処分の一種として一般の行政処分の持つ効力を持ち、また、争訟手続を通じてされる処分であることからくる特別の効力を持つ点で「裁決」と同じ性質を有する。しかしながら、新法においては、判断主体（審査庁）が処分庁であるか否かが重要な意味を持つのではなく、審理員等による公正な審理手続を経て争訟の判断を示すものが「裁決」であり、こうした手続をとらずより簡略な手続で処分庁が判断するものが「決定」と整理されている。また、効力についても、「裁決」は関係行政庁を拘束する（52条）のに対し、再調査の請求に対する「決定」は、処分庁自身が行うものであることから、拘束力を付与する必要がない点が異なっている。このため、61条では、52条が準用されていない。

〈却下決定（1項）〉

再調査の請求が不適法である場合には、決定で再調査の請求を却下することとするものであり、規定の内容は、45条１項と同様である。

〈棄却決定（２項）〉

再調査の請求が理由がない場合には、決定で再調査の請求を棄却することとするものであり、規定の内容は、45条２項と同様である。

旧法の異議申立ては、処分についての審査請求における事情裁決の規定（旧法40条６項）を準用していた（旧法48条）が、再調査の請求は、審査請求より簡略な手続により改めて処分を見直す手続であり、また、その対象が要件事実の認定の当否に係る不服申立てが大量になされるもの等に限られることを考慮すれば、事情裁決に相当する規定を設ける必要性は乏しいから、事情裁決に相当する規定は設けられていない。

（再調査の請求の認容の決定）

第59条　処分（事実上の行為を除く。）についての再調査の請求が理由がある場合には、処分庁は、決定で、当該処分の全部若しくは一部を取り消し、又はこれを変更する。

2　事実上の行為についての再調査の請求が理由がある場合には、処分庁は、決定で、当該事実上の行為が違法又は不当である旨を宣言するとともに、当該事実上の行為の全部若しくは一部を撤廃し、又はこれを変更する。

3　処分庁は、前２項の場合において、再調査の請求人の不利益に当該処分又は当該事実上の行為を変更することはできない。

〈処分についての認容決定（１項）〉

狭義の処分についての再調査の請求に理由がある場合には、決定で当該処分を取り消し、または変更することとするものであり、規定の内容は、46条と同様である。

旧法47条３項ただし書においては、異議申立の決定について、「当該処分が法令に基づく審議会その他の合議制の行政機関の答申に基づいてされたものであるときは、さらに当該行政機関に諮問し、その答申に基づかなければ、当該処分の全部若しくは一部を取り消し、又はこれを変更することができない」と規定されていたが、当該規定の適用対象となる処分は、新法では全て審査請求となり、再調査の請求については対象となる処分がないことから、このような規定は設けられていない。

再調査の請求は、処分庁が処分を見直す手続であるので、法令に基づく申請に対する拒否処分が再調査の請求の決定によって取り消される場合に、申請を認容する「一定の処分」に関する措置（46条2項）が必要であれば、処分庁は当然に、作用法に基づき申請を認容する処分を自らすることになるので、再調査の請求においては、このような規定は設けられていない。

〈事実上の行為についての認容決定（2項）〉

再調査の請求の対象となる処分は、具体的には、国税や関税に関する処分等であり、現時点において、再調査の請求の対象となる公権力の行使にあたる事実上の行為は想定されないが、制度的に事実上の行為を排除するものではないことから、事実上の行為についての決定の態様も規定されている。

公権力の行使にあたる事実上の行為についての再調査の請求に理由がある場合には、当該事実上の行為は違法・不当であり、撤廃・変更されるべきであるから、47条の規定に合わせ、決定で当該事実上の行為が違法・不当である旨を宣言するとともに、当該事実上の行為の全部または一部を撤廃し、またはこれを変更することが規定されている。

〈不利益変更の禁止（3項）〉

48条と同様、不利益変更の禁止が規定されている。

（決定の方式）

第60条　前2条の決定は、主文及び理由を記載し、処分庁が記名押印した決定書によりしなければならない。

2　処分庁は、前項の決定書（再調査の請求に係る処分の全部を取り消し、又は撤廃する決定に係るものを除く。）に、再調査の請求に係る処分につき審

> 査請求をすることができる旨（却下の決定である場合にあっては、当該却下の決定が違法な場合に限り審査請求をすることができる旨）並びに審査請求をすべき行政庁及び審査請求期間を記載して、これらを教示しなければならない。

〈決定の方式（1項）〉

再調査の請求の決定は、再調査の請求についての処分庁の判断を示すものであるから、書面でしなければならない。

再調査の請求は、審査請求よりも簡略な手続により迅速に処理することを目的とする手続であり、その決定に不服がある場合は審査請求をすることができることにも照らし、裁決書と異なり、決定書の必要的記載事項は、主文および理由のみとし、事案の概要および再調査の請求人等の主張の要旨は必要的記載事項とはされていない。もっとも、事案に応じ、事案の概要および再調査の請求人の主張の要旨等を決定の理由中に記載すべき場合には、そのようにしても差し支えない。

裁決書と同様に、再調査の請求人の氏名や決定の年月日は、当然に記載しなければならない。また、裁決書と同様に、決定書の真正性を担保するため、処分庁は決定書に記名押印しなければならない。

〈審査請求についての教示（2項）〉

再調査の請求に係る処分について審査請求をすることができる場合には、「審査請求をすることができる旨」を教示しなければならない。

ただし、再調査の請求についての決定によって処分（事実上の行為を除く）の全部が取り消され、または事実上の行為の全部が撤廃されるときは、「再調査の請求に係る処分」が効力を失い、教示の対象となる処分が消滅することになるから、当該処分について審査請求をすることはできないので、本項の規定の対象から除外されることが明記されている。

また、却下決定がされた場合、一般には、不適法な再調査の請求が却下された場合には「決定を経た」（5条2項）ことにはならないことから、当該再調査の請求に係る処分について審査請求をしても、同項の規定による再調査の請求を経た後の審査請求としては、不適法なものとなる。しかしながら、不適法却下の判断が誤っており、実際には当該不服申立てが適法であった場合には、当該決定後にされた不服申立ても適法となる（最判昭和36・７・21民集15巻７号1966頁）。したがって、審査庁において同却下決定が違法であると認める場合には、適法な再調査の請求についての決定を経たものとなり、適法な審査請求として裁決される。このため、「却下の決定である場合にあっては、当該却下の決定が違法な場合に限り審査請求をすることができる旨」を教示することと規定されている。

（審査請求に関する規定の準用）

第61条　第９条第４項、第10条から第16条まで、第18条第３項、第19条（第３項並びに第５項第１号及び第２号を除く。）、第20条、第23条、第24条、第25条（第３項を除く。）、第26条、第27条、第31条（第５項を除く。）、第32条（第２項を除く。）、第39条、第51条及び第53条の規定は、再調査の請求について準用する。この場合において、別表第２の上欄に掲げる規定中同表の中欄に掲げる字句は、それぞれ同表の下欄に掲げる字句に読み替えるものとする。

再調査の請求は、要件事実の認定の当否に係る不服が大量になされる処分等に関して、審査請求の前段階で処分庁が簡略な手続により事実関係等を迅速に再調査することにより、国民の権利利益の迅速な救済を図るとともに、審査庁の負担軽減にも資することを企図するものであることを踏まえ、審査請求の手続のうち必要な規定を準用し（前段）、または規定を読み替えたうえ準用する（後段・別表第２）こととしている。

第４章　再審査請求

「再審査請求」は、審査請求の裁決を経た後になされる手続であることから、審査請求とは別に、本章において手続等を規定する。

（再審査請求期間）
第62条　再審査請求は、原裁決があったことを知った日の翌日から起算して１月を経過したときは、することができない。ただし、正当な理由があるときは、この限りでない。
2　再審査請求は、原裁決があった日の翌日から起算して１年を経過したときは、することができない。ただし、正当な理由があるときは、この限りでない。

〈主観的請求期間（１項）〉

再審査請求は、審査請求についての裁決を経た後の不服申立てであり、審査請求の前に３か月の審査請求期間が認められている上、実際に審査請求の審理手続をも経ていることから、処分があったことを知った日から相当の期間が経過している。また、審査請求の審理を通じて、論点も絞られ、証拠物件の準備も十分にできていると考えられる。こうしたことから、旧法53条では、主観的再審査請求期間を原裁決があったことを知った日の翌日から起算して30日としており、新法でもこれを踏襲しているが、規定のしかたについては、18条１項で審査請求期間が月単位で規定されることとなったのに合わせ、「１月」とされた。

請求期間の特例についても、審査請求の場合（18条１項ただし書）と同様に規定されている。

〈客観的請求期間（2項）〉

客観的請求期間については、審査請求と同様、原則として1年である。また、「正当な理由」がある場合に、その例外が認められている。

（裁決書の送付）

第63条　第66条第１項において読み替えて準用する第11条第２項に規定する審理員又は第66条第１項において準用する第９条第１項各号に掲げる機関である再審査庁（他の法律の規定により再審査請求がされた行政庁（第66条第１項において読み替えて準用する第14条の規定により引継ぎを受けた行政庁を含む。）をいう。以下同じ。）は、原裁決をした行政庁に対し、原裁決に係る裁決書の送付を求めるものとする。

本条では、再審査請求の審理員（審理員の指名を要しない場合は再審査庁）が、再審査請求に係る事案を把握するため、裁決書の送付を求めることについて定められている。

旧法54条は、原処分または原裁決のいずれを対象とする再審査請求においても、再審査庁は、審査庁が審査請求に対しいかなる判断をいかなる理由に基づいてしたのかを検討するため、弁明書および反論書に係る規定を準用する代わりに、いわば弁明書に相当するものとして、再審査庁の裁量で、審査庁に裁決書の送付を求めることができる旨を規定していた。

しかしながら、新法における審査請求の審理手続においては、原処分に関与していない審理員が事案の概要、原処分の理由等を把握するための手続として、弁明書の作成・提出が必須とされている（29条2項）ことから、再審査請求についてもこれと同様に、原裁決をした行政庁からの裁決書の送付が必須と規定されている。

審査請求における弁明書については、「相当の期間を定めて……提出を求めるものとする」（29条2項）としているが、原裁決に係る裁決書は、弁明書とは異なり、送付要求を受けて新たに作成が必要となるものではないから、提出に期間を要することは一般に想定されず、「相当の期間を定め」る必要性は乏しいと考えられるから、「送付を求める」旨のみを規定している。

審理員または再審査庁が審理手続を行うにあたり、裁決書に加えて、当事者の主張や争点等をより詳しく把握するために、審理員から審査庁に提出された審理員意見書や事件記録（41条３項・42条）を必要とする場合も想定されるが、このような場合には、必要に応じ、物件の提出要求（66条１項において読み替えて準用する33条）によって、その提出を求めることとなる。

（再審査請求の却下又は棄却の裁決）

第64条　再審査請求が法定の期間経過後にされたものである場合その他不適法である場合には、再審査庁は、裁決で、当該再審査請求を却下する。

2　再審査請求が理由がない場合には、再審査庁は、裁決で、当該再審査請求を棄却する。

3　再審査請求に係る原裁決（審査請求を却下し、又は棄却したものに限る。）が違法又は不当である場合において、当該審査請求に係る処分が違法又は不当のいずれでもないときは、再審査庁は、裁決で、当該再審査請求を棄却する。

4　前項に規定する場合のほか、再審査請求に係る原裁決等が違法又は不当ではあるが、これを取り消し、又は撤廃することにより公の利益に著しい障害を生ずる場合において、再審査請求人の受ける損害の程度、その損害の賠償又は防止の程度及び方法その他一切の事情を考慮した上、原裁決等を取り消し、又は撤廃することが公共の福祉に適合しないと認めるときは、再審査庁は、裁決で、当該再審査請求を棄却することができる。この場合には、再審査庁は、裁決の主文で、当該原裁決等が違法又は不当であることを宣言しなければならない。

〈却下裁決（１項）〉

再審査請求が不適法である場合には、裁決で再審査請求を却下する。

〈**棄却裁決（2項）**〉

再審査請求が理由がない場合には、裁決で再審査請求を棄却する。

再審査請求は、原処分と原裁決のいずれを対象として争うことも可能であり、いずれを対象とするかは、再審査請求人の選択に委ねられるので、再審査請求人が原処分を対象とした場合には処分について、原裁決を対象とした場合には原裁決について、それぞれ違法または不当であるか否かが判断される。

〈**原処分が違法・不当でない場合の棄却（3項）**〉

原処分が違法または不当でない場合には、原裁決を取り消して再び審査請求をやり直してみても、結局審査請求を棄却することになるので、手続を重ねることを避けるため、旧法55条と同様、再審査請求に係る原裁決（審査請求に対する却下・棄却のものに限る）が違法または不当である場合であっても、当該審査請求に係る処分（原処分）が違法または不当のいずれでもないときは、再審査請求を棄却する旨が規定されている。

本項では、事情裁決（4項）とは異なり、原裁決が違法または不当である旨を宣言すべき旨の規定は特に置かれていないが、この項の適用により再審査請求を棄却する場合には、裁決の理由として、原裁決が違法または不当であるが、原処分が違法または不当のいずれでもないために棄却となった旨が明記されるべきである。

〈**事情裁決（4項）**〉

旧法56条において準用する旧法40条6項で規定されていた事情裁決について規定されている。

「原裁決等」とは、再審査請求をすることができる処分についての審査請求の裁決（原裁決）または当該処分（原裁決に係る審査請求の対象となった処分）であり（6条2項)、「再審査請求に係る原裁決等」とは、当該再審査請求において対象とされた原処分または原裁決を指す。3項に規定する場合も、「再審査請求に係る原裁決等が違法又は不当で」ある場合に含まれることから、適用関係を明確にするため、「前項に規定する場合のほか」と規定している。

その他の規定の内容については、45条3項と同様である。

> **（再審査請求の認容の裁決）**
>
> **第65条**　原裁決等（事実上の行為を除く。）についての再審査請求が理由がある場合（前条第3項に規定する場合及び同条第4項の規定の適用がある場合を除く。）には、再審査庁は、裁決で、当該原裁決等の全部又は一部を取り消す。
>
> 2　事実上の行為についての再審査請求が理由がある場合（前条第4項の規定の適用がある場合を除く。）には、裁決で、当該事実上の行為が違法又は不当である旨を宣言するとともに、処分庁に対し、当該事実上の行為の全部又は一部を撤廃すべき旨を命ずる。

〈狭義の処分・裁決についての再審査請求の認容裁決（1項）〉

本項では、狭義の処分・裁決についての再審査請求の認容裁決について規定されている。

旧法は、処分についての審査請求の裁決を規定する旧法40条を、原裁決等の変更等に関する規定も含めそのまま準用しているが、新法においては、審査請求において原則として最上級行政庁が審査庁となるため、処分庁・裁決庁の上級行政庁や処分庁・裁決庁が再審査庁となるケースは一般的には想定されない。

このため、本項では、再審査庁が処分庁・裁決庁の上級行政庁または処分庁・裁決庁のいずれでもない行政庁であることを前提に、取消裁決のみが規定されており、変更裁決（46条1項本文）や申請に対する「一定の処分」に関する措置（同条2項）については規定されていない。

64条3項の規定による棄却裁決および同条4項の規定による事情裁決は、いずれも再審査請求の対象とされた原裁決等が違法・不当である場合にされるものであることから、これらの規定との適用関係を明確にするため、両者をこの項の対象から除外する規定が置かれている。

その他の規定の内容については、46条1項と同様である。

〈事実上の行為についての再審査請求の認容裁決（2項）〉

「事実上の行為についての再審査請求」とは、原処分のうち公権力の行使にあたる事実上の行為に該当するものを対象にされた再審査請求を指す。

64条3項の規定による棄却裁決は、原裁決を対象にされた再審査請求が対象であり、本項との適用関係が問題となることはないから、本項では、1項と異なり、64条3項に規定する場合の除外規定は置かれていない。

1項と同様に、再審査庁が処分庁・裁決庁の上級行政庁または処分庁・裁決庁のいずれでもない行政庁であることを前提に、事実上の行為の撤廃についてのみ規定することとし、事実上の行為の変更に係る措置は規定していない。

その他の規定の内容については、47条1項と同様である。

（審査請求に関する規定の準用）

第66条　第2章（第9条第3項、第18条（第3項を除く。）、第19条第3項並びに第5項第1号及び第2号、第22条、第25条第2項、第29条（第1項を除く。）、第30条第1項、第41条第2項第1号イ及びロ、第4節、第45条から第49条まで並びに第50条第3項を除く。）の規定は、再審査請求について準用する。この場合において、別表第3の上欄に掲げる規定中同表の中欄に掲げる字句は、それぞれ同表の下欄に掲げる字句に読み替えるものとする。

2　再審査庁が前項において準用する第9条第1項各号に掲げる機関である場合には、前項において準用する第17条、第40条、第42条及び第50条第2項の規定は、適用しない。

再審査請求は、審査請求を経た後になお不服がある者がする不服申立てであること等に照らし、旧法と同様、原則として、審査請求に準じた手続とされており、その性質上準用することが適当でないものや、前条までに直接規定されているものを除き、審査請求の手続が準用または読替準用されている。

第５章　行政不服審査会等

審査庁の諮問を受けて調査審議を行う行政不服審査会等の設置等については審理手続に関する規定と性質が異なるものであることから、本章では、審査請求の手続とは別に、行政不服審査会等の設置および組織ならびにその調査審議の手続についての規定が置かれている。

第１節　行政不服審査会

本節では、主任の大臣等が一定の事件について諮問する「行政不服審査会」の設置および組織ならびにその調査審議の手続についての規定が置かれている。

第１款　設置および組織

（設置）
第67条　総務省に、行政不服審査会（以下「審査会」という。）を置く。
２　審査会は、この法律の規定によりその権限に属させられた事項を処理する。

〈行政不服審査会の設置（１項）〉

行政庁の処分等に対する審査請求についての裁決の客観性・公正性を高めるため、各府省における審理のみに委ねるのではなく、第三者の立場から、審理員が行った審理手続の適正性や、法令解釈を含め、審査庁である主任の大臣等の判断の適否を審査する機関として、総務省に行政不服審査会が設置された。

行政不服審査会は、国家行政組織法８条に規定する機関であり、いわゆる審議会等と呼ばれるものである。

⑴　名称

国家行政組織法８条や内閣府設置法37条に基づく審議会等のうち、不服審査事件を調査審議するものについては、「審査会」とされるものが多く見られる。
また、この機関は、新法に基づき、特定の行政分野に限定されず行政庁の行った処分等に対する審査請求事件一般について、審査庁たる主任の大臣等からの諮問を受けて調査審議する一般的な不服審査機関となるものであるため、その名称は「行政不服審査会」とすることとされた。

⑵　総務省に設置することについて

行政不服審査会は、特定の行政分野に限られることなく行政庁の行った処分等一般に対する審査請求事件について、審査庁たる主任の大臣等からの諮問を受けて調査審議する一般的な不服審査機関であるため、行政の基本的な制度の管理および運営を通じた行政の総合的かつ効率的な実施の確保を任務とし、法を所管し、その施行に責任をもつ総務省に行政不服審査会が設置される。

〈所掌事務（2項）〉

行政不服審査会は、43条の規定による審査庁たる主任の大臣等の諮問に応じ、審査請求事件について調査審議を行い、主任の大臣等に対して答申を行う機関であることから、本項で「この法律の規定によりその権限に属させられた事項を処理する」と規定されている。

（組織）
第68条　審査会は、委員9人をもって組織する。
2　委員は、非常勤とする。ただし、そのうち3人以内は、常勤とすることができる。

〈委員の数（1項）〉

行政不服審査会においては、審理の公正性の確保を図る一方、調査審議の効率性を確保する観点から、3名の委員で構成する合議体で調査審議を行うことを基本としている（72条1項）。このための合議体を3つ構成することを念頭に、委員数は9人と定められた。

〈常勤委員（２項）〉

行政不服審査会の委員は、原則として非常勤としている。

行政不服審査会においては、調査審議を効率的に行うため、３名の委員から構成される合議体で調査審議を行うほか（72条１項）、必要があると認めるときは、行政不服審査会が指名する委員に所要の調査審議を行わせることができる（77条）。合議体の会議以外の期間においても、これらの調査等を行い得る委員がいることにより、より効率的な調査審議が図られるよう、各合議体に１名の常勤委員を配置することを念頭に、委員のうち３人以内は常勤とすることができることと定められている。

（委員）

第69条　委員は、審査会の権限に属する事項に関し公正な判断をすることができ、かつ、法律又は行政に関して優れた識見を有する者のうちから、両議院の同意を得て、総務大臣が任命する。

2　委員の任期が満了し、又は欠員を生じた場合において、国会の閉会又は衆議院の解散のために両議院の同意を得ることができないときは、総務大臣は、前項の規定にかかわらず、同項に定める資格を有する者のうちから、委員を任命することができる。

3　前項の場合においては、任命後最初の国会で両議院の事後の承認を得なければならない。この場合において、両議院の事後の承認が得られないときは、総務大臣は、直ちにその委員を罷免しなければならない。

4　委員の任期は、３年とする。ただし、補欠の委員の任期は、前任者の残任期間とする。

5　委員は、再任されることができる。

6　委員の任期が満了したときは、当該委員は、後任者が任命されるまで引き続きその職務を行うものとする。

7　総務大臣は、委員が心身の故障のために職務の執行ができないと認める場合又は委員に職務上の義務違反その他委員たるに適しない非行があると認める場合には、両議院の同意を得て、その委員を罷免することができる。

8　委員は、職務上知ることができた秘密を漏らしてはならない。その職を退

> いた後も同様とする。
> 9　委員は、在任中、政党その他の政治的団体の役員となり、又は積極的に政治運動をしてはならない。
> 10　常勤の委員は、在任中、総務大臣の許可がある場合を除き、報酬を得て他の職務に従事し、又は営利事業を営み、その他金銭上の利益を目的とする業務を行ってはならない。
> 11　委員の給与は、別に法律で定める。

本条では、行政不服審査会の委員の任命、任期、罷免、服務、給与等について定められている。

〈任命（1項）〉

不服申立制度が違法または不当な行政処分を正すためのものであり、法解釈の専門家である法曹等や行政に精通した者等が行政不服審査会の委員にふさわしいことから、委員には、審査会の権限に属する事項に関し公正な判断をすることができ、かつ、法律または行政の有識者から任命されることとされた。

審議会等のうち、所掌事務を遂行する上で任命権者たる大臣等から高い独立性・中立性が求められるものについては、その人的構成の側面からも大臣等からの独立性・中立性を確保するとともに、国会による民主的コントロールを及ぼす趣旨で、委員の任命にあたって両議院の同意を得ることが必要とされている。

行政不服審査会は、総務大臣を含め審査庁たる主任の大臣等からの諮問を受け、調査審議のうえ答申することを任務とする機関であるので、職務を遂行する上で高い独立性・中立性が求められることから、委員の任命については、両議院の同意を得た上で総務大臣が行う。

〈国会閉会中の場合等の任命の特例（2項・3項）〉

国会が閉会中であったり、衆議院が解散中であるために両議院の同意を得ることができない場合には、行政不服審査会の調査審議に支障が生ずることを避けるため、総務大臣は、両議院の同意を得ることなく委員を任命することができる（２項）。

この場合であっても、委員任命後の最初の国会で両議院の事後の承認が得られないときには、総務大臣は、その委員を罷免しなければならない（３項）。

〈任期（４項〜６項）〉

委員の任期については、委員が国会同意人事とされている審議会等の例を参考に、３年とされている（４項）。

同時に全ての委員の任期が満了することにより行政不服審査会の運営に支障が生ずることがないよう、最初に任命される委員の任期については、９人のうち３人を２年とする特例を設けている（附則４条）。

委員は再任されることができる（５項）。

任期が満了しても後任者が不在である場合に、調査審議の停滞を回避するため、後任者が任命されるまでは任期満了後も引き続き職務を行う（６項）。

〈罷免（７項）〉

委員は、職務を遂行する上で高い独立性・中立性が求められ、その身分保障が重要であるが、心身の故障のため職務の執行ができないとき、または委員たるに適しない非行があったときには、委員の適格を欠くと考えられることから、総務大臣は、両議院の同意を得た上で、委員を罷免できることとしている。

〈服務（８項〜10項）〉

国会の同意を得て任命される特別職の国家公務員には、服務に関する国家公務員法が適用されない。しかしながら、行政不服審査会の委員は、調査審議の過程において、個人情報等に接する機会があり、守秘義務の遵守を求める必要性が高いと考えられること、客観的かつ公正な判断が求められること等から、他の審議会等の例も参考に、その委員について守秘義務および政治活動の制限が規定されている。また、常勤の委員については、その職務が適切に遂行される必要があることから、他の職務への従事制限が規定されている。なお、守秘義務違反については罰則（87条）が定められている。

〈給与（11項）〉

行政不服審査会の委員は、特別職の国家公務員であることから、その給与は、別に法律で定めることが規定されている。具体的な給与の額等は、特別職の職員の給与に関する法律の規定による。

（会長）
第70条　審査会に、会長を置き、委員の互選により選任する。
2　会長は、会務を総理し、審査会を代表する。
3　会長に事故があるときは、あらかじめその指名する委員が、その職務を代理する。

〈会長の設置・選任方法（1項）〉

行政不服審査会の会長については、委員の互選により選任する。

〈会長の職務（2項）〉

会長の職務は、「会務を総理」すなわち、行政不服審査会の事務を総合し、おさめること、および、「審査会を代表する」すなわち、法律上行政不服審査会がした行為と同じ効果を有する行為を会長の名において行うことである。

個別の審査請求事件の調査審議については、会長に他の委員と異なる職務が規定されているわけではなく、他の委員と対等の立場で合議体に参加する。

〈会長の職務の代理（3項）〉

会長に「事故があるとき」すなわち、病気、国外出張等、在職しているが事務を執り得ないときには、あらかじめ会長が指名する委員（実務上「会長代理」等と呼ばれる例が多い）が、その職務を代理する。

（専門委員）
第71条　審査会に、専門の事項を調査させるため、専門委員を置くことができる。
2　専門委員は、学識経験のある者のうちから、総務大臣が任命する。
3　専門委員は、その者の任命に係る当該専門の事項に関する調査が終了したときは、解任されるものとする。
4　専門委員は、非常勤とする。

行政不服審査会には様々な分野・態様の事件が諮問されることになることから、委員のみでは調査審議を行うことが困難な場合も想定される。

こうしたことから、必要に応じ、専門的知識を有する者を臨機に活用することができるよう、専門委員を置くことができる。専門委員は、非常勤とされる。

専門委員の設置の必要性、また、必要となる専門的知識は、諮問される審査請求事件の内容や件数により変わり得るものであることから、「学識経験のある者」のうちから、総務大臣が任命する。

専門委員は、諮問される審査請求事件の内容や件数に応じて、専門的知識を有する者を臨機に活用することを目的としていることから、任命に係る当該専門の事項に関する調査が終了したときは、解任される。

（合議体）
第72条　審査会は、委員のうちから、審査会が指名する者３人をもって構成する合議体で、審査請求に係る事件について調査審議する。
2　前項の規定にかかわらず、審査会が定める場合においては、委員の全員をもって構成する合議体で、審査請求に係る事件について調査審議する。

〈３人をもって構成する合議体（１項）〉

行政不服審査会は、審査請求についての裁決の客観性・公正性を高めるため、第三者の立場から、審理員が行った審理手続の適正性や、法令解釈を含め、審査庁である主任の大臣等の判断の適否を審査する機関であり、慎重な調査審議が求められる一方、相当数の諮問がなされることが予想され、事件の迅速な解決のためには、調査審議の効率性の確保が重要となる。

このため、原則として、個別の審査請求事件の調査審議は、委員の中から審査会が指名する3人をもって構成する合議体（以下、「合議体」という）により行う。

本項の規定に基づき合議体で調査審議を行うときは、その議決が審査会の議決となり、たとえば答申を行うにあたっても、改めて委員全員の会議を開催する必要はない。

合議体の構成の仕方については行政不服審査会における運用に委ねられており、必ずしも、諮問のあった都度、委員全員の会議を開催して合議体を構成する委員を指名する必要はない。

〈全員をもって構成する合議体（2項）〉

1項に基づき、審査会の調査審議は基本的には合議体によって行われるが、合議体の意見が過去の審査会の答申に反する場合など、委員全員による調査審議を行った上で判断することが適当な場合があり得ることから、行政不服審査会が適当と認める一定の場合には「委員の全員をもって構成する合議体」で調査審議を行う。

（事務局）
第73条　審査会の事務を処理させるため、審査会に事務局を置く。
2　事務局に、事務局長のほか、所要の職員を置く。
3　事務局長は、会長の命を受けて、局務を掌理する。

〈事務局の設置（1項）〉

行政不服審査会は、公正かつ中立な立場で調査審議する機関であり、その事務を処理する組織についても、審査庁等からの独立性を確保することが適当である。また、調査審議に資する資料の収集・整理、審査請求人や審査庁等との連絡調整に関する補佐事務その他行政不服審査会の運営に関する庶務等の事務が相当量に上る。このため、行政不服審査会には、専らその補佐等の事務を行う独立の事務局を設ける。

〈事務局職員の配置（2項・3項）〉

事務局の設置に伴い、事務局長および所要の職員が配置され、事務局長が「局務を掌理」すなわち、事務局の所掌事務を掌握し、おさめる。

第2款　審査会の調査審議の手続

（審査会の調査権限）

第74条　審査会は、必要があると認める場合には、審査請求に係る事件に関し、審査請求人、参加人又は第43条第1項の規定により審査会に諮問をした審査庁（以下この款において「審査関係人」という。）にその主張を記載した書面（以下この款において「主張書面」という。）又は資料の提出を求めること、適当と認める者にその知っている事実の陳述又は鑑定を求めることその他必要な調査をすることができる。

行政不服審査会は、審査庁から提出された諮問書の添付書類を基にして調査審議を行うことが基本となるが、調査審議を進めていく過程で、自ら調査する必要がある場合も考えられる。

行政不服審査会に諮問される事件については、審査庁（審理員）によりすでに十分な審理が行われており、行政不服審査会が、事実関係等について改めて一から調査をすることは、裁決までの期間が長期化し、簡易迅速に国民の権利利益を救済するという不服申立制度の趣旨に反する事態を招くおそれがある。したがって、行政不服審査会は、基本的には、審査庁（審理員）から提出された諮問書およびその添付書類（審理員意見書および事件記録の写し等）を基に調査審議を行う。

しかしながら、諮問を受けた行政不服審査会が調査審議を進めていく過程で、審査庁（審理員）による審理が不十分であると判断したとき等、行政不服審査会が自ら調査する必要がある場合も考えられる。

このような場合に行政不服審査会が必要な調査を行うことができるよう、本条では、行政不服審査会の調査権限について規定されている。

行政不服審査会の具体的な調査権限は、以下のとおり規定されている。

① 審査関係人（審査請求人、参加人および審査庁）に対して、主張書面（その主張を記載した書面）または資料の提出を求めること

② 適当と認める者（参考人）に対して、その知っている事実の陳述を求めること、または適当と認める者（鑑定人）に鑑定を求めること

③ その他必要な調査を行うこと

審理員による審理手続の段階で審理関係人等から提出された弁明書、反論書もしくは意見書、証拠書類もしくは証拠物または書類その他の物件については、基本的には、事件記録として行政不服審査会に提出されるが（41条3項）、行政不服審査会が必要があると認める場合には、これら事件記録として行政不服審査会に提出される資料等に加えて、審査関係人に対して「その主張を記載した書面」または「資料」の提出を求めることができる。

行政不服審査会に諮問が行われる（43条1項）段階では、審査庁として、審理手続の結果として審理員から提出される審理員意見書や事件記録等を踏まえ、裁決について一定の判断をしているはずである。そこで、諮問を受けた行政不服審査会は、審理員による審理手続など、審査庁がこのような判断に至るまでの過程の妥当性を含め、審査庁の判断の妥当性について調査審議を行う。したがって、主張書面や資料の提出を求める対象としては、審理員による審理手続においては、審理関係人（審査請求人、参加人および処分庁等）が規定されていたが、行政不服審査会における調査審議においては、審査関係人（審査請求人、参加人および審査庁）が規定されている。

その他必要な調査としては、たとえば、関係行政機関に資料の作成および提出、意見の開陳、説明を求めることなどが想定される。処分庁等に対して資料の作成および提出を求める場合も、これによることが想定される。

（意見の陳述）

第75条　審査会は、審査関係人の申立てがあった場合には、当該審査関係人に口頭で意見を述べる機会を与えなければならない。ただし、審査会が、その

必要がないと認める場合には、この限りでない。
２　前項本文の場合において、審査請求人又は参加人は、審査会の許可を得て、補佐人とともに出頭することができる。

〈口頭意見陳述の機会の付与（１項）〉

審査請求人等に主張する機会を十分に与えるため、31条の規定による審理員が行う口頭意見陳述と同様、行政不服審査会における調査審議においても、審査関係人の申立てがあった場合には、口頭で意見を述べる機会を付与しなければならない。なお、行政不服審査会が審査庁等からの独立性を有する機関であることを踏まえ、審査請求人および参加人のみならず、審査庁にも意見陳述の機会が与えられている。

ただし、簡易迅速に国民の権利利益を救済するという不服申立制度の趣旨を踏まえ、審理員意見書、事件記録等により審査関係人の主張がすでに十分明らかとなっており、改めて口頭意見陳述を実施したとしても調査審議に資することがないと考えられる場合など、行政不服審査会がその必要がないと認めるときは、意見を述べる機会を与えなくてもよい。

審理員が行う口頭意見陳述とは異なり、対審的なものを予定しているものではないことから、全ての審査関係人の招集や審査請求人等の質問権の付与は規定されていない。

〈補佐人（２項）〉

審査請求人または参加人が口頭意見陳述を行う際には、補佐人とともに出頭することができる。補佐人とは、自然科学的・人文科学的な専門知識をもって審査請求人または参加人を援助できる第三者である（31条３項と同様）。

審査庁については、口頭意見陳述をその職員に行わせることができるため、補佐人に関する規定は設けていない。

（主張書面等の提出）
第76条　審査関係人は、審査会に対し、主張書面又は資料を提出することができる。この場合において、審査会が、主張書面又は資料を提出すべき相当の期間を定めたときは、その期間内にこれを提出しなければならない。

行政不服審査会に適正な判断を行うための資料が十分に集まるようにするとともに、審査関係人に対して必要な主張・立証の機会を与えるため、審査関係人は、行政不服審査会に対し、主張書面または資料を提出することができることとされている。

主張書面・資料の提出時期については、調査審議の遅延防止の観点から、29条・30条と同様に、行政不服審査会が提出期限として「相当の期間」すなわち主張書面または資料を提出するために社会通念上必要と考えられる期間を定めたときには、その期限内に提出しなければならない。

（委員による調査手続）

第77条　審査会は、必要があると認める場合には、その指名する委員に、第74条の規定による調査をさせ、又は第75条第1項本文の規定による審査関係人の意見の陳述を聴かせることができる。

〈指名する委員による調査〉

行政不服審査会における全ての調査を合議体の会議において行うのは非効率であり、事件の調査審議にあたる委員に必要な調査を行わせた上で、その調査結果を基にして合議体で調査審議を行うことが適切な場合がある。審査審議の迅速性確保のため、本条では、行政不服審査会が必要と認めるときは、同審査会の指名する委員に調査を行わせることができることが規定されている。

本条を活用することにより、たとえば、地方での案件の実情に即して、委員が地方に赴いて意見を聴取するなどの対応が可能になる。

〈委員が行うことのできる調査手続〉

委員が行うことができる調査手続として、74条の規定による調査および75条

１項本文の規定による審査関係人の意見の陳述の聴取が定められている。

⑴　74条の規定による調査

審査関係人に対して主張書面または資料の提出を求めること、適当と認める者に対して、その知っている事実を陳述させることまたは鑑定を求めることなどがある。

⑵　75条第１項本文の規定による審査関係人の意見陳述の聴取

審査関係人の意見の陳述は、本来、事件の調査審議を担当する合議体に対して行われるものであるが、合議体の負担軽減を図るため、一部の委員に当該意見陳述を聴取させ、その内容を合議体に持ち帰って、調査審議の判断材料とすることを許容するものである。

（提出資料の閲覧等）

第78条　審査関係人は、審査会に対し、審査会に提出された主張書面若しくは資料の閲覧（電磁的記録にあっては、記録された事項を審査会が定める方法により表示したものの閲覧）又は当該主張書面若しくは当該資料の写し若しくは当該電磁的記録に記録された事項を記載した書面の交付を求めることができる。この場合において、審査会は、第三者の利益を害するおそれがあると認めるとき、その他正当な理由があるときでなければ、その閲覧又は交付を拒むことができない。

2　審査会は、前項の規定による閲覧をさせ、又は同項の規定による交付をしようとするときは、当該閲覧又は交付に係る主張書面又は資料の提出人の意見を聴かなければならない。ただし、審査会が、その必要がないと認めるときは、この限りでない。

3　審査会は、第１項の規定による閲覧について、日時及び場所を指定することができる。

4　第１項の規定による交付を受ける審査請求人又は参加人は、政令で定めるところにより、実費の範囲内において政令で定める額の手数料を納めなければならない。

> ５　審査会は、経済的困難その他特別の理由があると認めるときは、政令で定めるところにより、前項の手数料を減額し、又は免除することができる。

本条では、審査関係人が、行政不服審査会に提出された主張書面もしくは資料の閲覧等（閲覧または当該書面等の写しもしくは電磁的記録に記録された事項を記載した書面の交付）を求めることができることが規定されている。

〈閲覧等の求め（１項前段）〉

審査関係人が十分な主張・立証をすることができるようにするため、閲覧等を認めるのが本項の規定の趣旨である。したがって、閲覧等を求めることができる者は、審査請求人、参加人または審査庁である。また、行政不服審査会の調査審議手続における主張立証の便宜のために認められるものであることから、答申が行われた後に閲覧等を求めることはできない。

行政不服審査会が審査庁等からの独立性を有する機関であることから、審査庁も閲覧等を求めることができる。

対象となる「審査会に提出された主張書面若しくは資料」とは、74条の規定により審査関係人に提出を求めた主張書面または資料および76条の規定により審査関係人から提出された主張書面または資料のほか、諮問時に審査庁から提出される諮問書の添付書類（審理員意見書、事件記録等）を含む。

〈閲覧等を拒むことができる場合（１項後段）〉

閲覧等により、第三者の利益を害するおそれがあると認めるときその他正当な理由があるときは、38条１項と同様に、行政不服審査会は、閲覧等の求めを拒否できる。

〈提出人への意見聴取（２項）〉

閲覧等の可否について、審査会が適切に判断することができるよう、38条２項と同様に、当該主張書面または書類の提出人の意見を聴くこととされる。

〈日時および場所の指定（３項）〉

行政不服審査会は、１項の規定により提出資料等を閲覧に供するときは、事件の調査審議に支障が生じないよう、その日時・場所を指定することができる。その判断は行政不服審査会に委ねられるが、審査関係人が十分な主張・立証をすることができるようにするという制度の趣旨を損なわないよう、社会通念上、合理的な日時および場所が指定されるべきである。

〈手数料の納付（４項）〉

１項において写しまたは書面の交付の請求を認めることに伴い、38条４項と同様に、その交付を受ける際の手数料に関して規定されている。

〈手数料の減免（５項）〉

写しの交付を請求する審査請求人または参加人の経済的な理由や何らかの特別な理由により、４項の規定に基づき定められる手数料の負担を求めることが不適切な場合が考えられる。このため、38条５項と同様に、経済的困難その他特別な理由があると行政不服審査会が認めるときは、政令で定めるところにより、手数料を減額し、または免除することができる。

（答申書の送付等）

第79条　審査会は、諮問に対する答申をしたときは、答申書の写しを審査請求人及び参加人に送付するとともに、答申の内容を公表するものとする。

審査関係人への手続保障の見地から、行政不服審査会が審査庁に答申をしたときには、審査請求人および参加人に答申書の写しを送付しなければならない。なお、答申は審査庁に対してなされるものであり、答申書（の正本）は審査庁に送付される。

また、説明責任の観点から、行政不服審査会の答申は、一般に公表しなければならない。ただし、答申書には、審査請求人の氏名等、一般に公表することが適当でない部分が含まれるため、公表するものは「答申の内容」であり、答申書そのものを公表することは求めていない。実際にどのようなものを「答申の内容」として公表するかについては、行政不服審査会の判断に委ねられる。

第３款　雑　　則

（政令への委任）
第80条　この法律に定めるもののほか、審査会に関し必要な事項は、政令で定める。

本条では、行政不服審査会に関し、この法律に規定するもののほか、必要な事項を政令で定めることが規定されている。

本条に基づき政令で定める事項としては、①議決方法、②手続の併合または分離、③事務局の内部組織等が想定される。

第２節　地方公共団体に置かれる機関

本節においては、地方公共団体の長等が一定の事件について諮問する条例で定める機関について規定されている。

第81条　地方公共団体に、執行機関の附属機関として、この法律の規定によりその権限に属させられた事項を処理するための機関を置く。
2　前項の規定にかかわらず、地方公共団体は、当該地方公共団体における不服申立ての状況等に鑑み同項の機関を置くことが不適当又は困難であるときは、条例で定めるところにより、事件ごとに、執行機関の附属機関として、この法律の規定によりその権限に属させられた事項を処理するための機関を置くこととすることができる。
3　前節第２款の規定は、前２項の機関について準用する。この場合において、第78条第４項及び第５項中「政令」とあるのは、「条例」と読み替えるものとする。

> 4　前3項に定めるもののほか、第1項又は第2項の機関の組織及び運営に関し必要な事項は、当該機関を置く地方公共団体の条例（地方自治法第252条の7第1項の規定により共同設置する機関にあっては、同項の規約）で定める。

審査請求の裁決の客観性・公正性を確保する必要性は、国と地方公共団体で異なるものではない。本条では、地方公共団体は、条例または規約で定めるところにより、執行機関の附属機関として、この法律の規定によりその権限に属させられた事項を処理するための機関（以下「地方諮問機関」という）を置くことが規定されている。

〈地方諮問機関の設置（1項）〉

国における行政不服審査会と同様、地方公共団体の長の処分等に対する審査請求について、その裁決の客観性・公正性を高めるため、第三者の立場から、審理員が行った審理手続の適正性や、法令解釈を含め、審査庁である地方公共団体の長等の判断の適否を審査する機関として、各地方公共団体の執行機関の附属機関を設置する。

⑴　諮問機関を置く地方公共団体の範囲

本条における「地方公共団体」とは、①普通地方公共団体（都道府県および市町村）、②特別地方公共団体のうち特別区および地方公共団体の組合を指し（38条6項）、43条1項の規定による行政不服審査会等への諮問が義務付けられる行政庁に置かれる。

⑵　執行機関の附属機関

地方自治法138条の4第3項において、「普通地方公共団体は、法律又は条例の定めるところにより、執行機関の附属機関として自治紛争処理委員、審査会、審議会、調査会その他の調停、審査、諮問又は調査のための機関を置くことができる」こととされていることから、この諮問機関についても、執行機関の附属機関として設置することとされ、67条2項に合わせ、「この法律の規定によりその権限に属させられた事項を処理するための機関」と規定されている。

⑶　地方自治法との関係等

地方公共団体の中には、諮問機関を単独で常設することが容易でない団体もあると想定されるが、地方公共団体の自立性の観点から、諮問機関については、地方自治法の規定により、①機関等の共同設置（同法252条の７）、②他の団体への事務の委託（同法252条の14）、③事務の代替執行（同法252条の16の２）、④一部事務組合や広域連合を設けて諮問機関を設置すること（同法284条）ができる。

地方諮問機関の組織および運営に関し必要な事項は条例等に委ねられており（４項）、条例等で定めるところにより、既存の他の事項を処理する附属機関に「この法律の規定によりその権限に属させられた事項を処理するための機関」としての役割を併せて担わせること等も妨げられない。

〈地方諮問機関の設置の特例（２項）〉

地方公共団体の規模は多種多様であり、不服申立ての件数も様々である。たとえば、市区町村のうち、年間100件以上の申立てがある市がある一方で、町村の９割以上では１年間まったく申立てがなかったとのデータ（平成23年度における行政不服審査法等の施行状況に関する調査結果による）がある。

地方諮問機関については、地方自治法の規定により、機関等の共同設置や事務の委託等により柔軟に設置することが可能ではあるが、なお、これらの措置が不適当または困難であるときは、事件ごとに臨時に地方諮問機関を置くことが可能とされている。

なお、「不適当」であるときとは、不服申立ての件数が僅少であるなど機関常設の費用対効果が低いと考えられる場合など、「困難であるとき」とは、常設の附属機関を置く場合に委員の適任者を確保することが困難である場合などがあたる。

具体的には、条例において、事件ごとに地方諮問機関を置くこととする旨の定めをあらかじめ設けることにより、１項の規定により附属機関を置くことを要しないこととされている。

実際に事件が係属したときの地方諮問機関の組織および運営については、事件が発生した際に迅速に対応できるよう、当該条例において定めることを想定しており、事件ごとに別に条例を定めることを想定したものではない。

〈地方諮問機関の調査審議手続（３項）〉

新法は国・地方に共通した制度であり、国民の権利利益の救済の観点からも、手続保障は国の行政不服審査会と同水準を確保すべきであることから、地方諮問機関の調査審議手続については、行政不服審査会の調査審議手続が準用されている。

78条４項・５項における手数料の納付に関する規定の準用に際して、「政令」で定めることとしている部分については「条例」と読み替える。

〈条例等への委任（４項）〉

地方諮問機関は、審査請求についての裁決の客観性・公正性を高めるため、第三者の立場から、審理員が行った審理手続の適正性や、法令解釈を含め、審査庁である地方公共団体の長等の判断の適否を審査する機関として設けられるものであり、審査庁からの独立性の確保や、委員の資質等については、行政不服審査会と同様の配慮が求められる。他方、地方公共団体ごとに、不服申立ての件数・内容をはじめとする実情は様々であり、地方諮問機関の組織および運営について法律で一律に定めることは適当ではない。このため、地方諮問機関の組織（名称を含む）および運営については、新法の趣旨を踏まえ、地方公共団体の実情に応じて柔軟に対応できるよう、条例または規約で定める。

単独に設置する場合のほか、事務の委託、地方公共団体の組合および臨時の諮問機関の設置の方式をとる場合は、附属機関の組織および運営に関し必要な事項は各団体（事務の委託では原則として事務を受託する地方公共団体、地方公共団体の組合では当該組合、臨時の諮問機関では当該機関を置く地方公共団体）の条例で定められる。

機関等の共同設置の方式をとる場合は、地方自治法252条の７の規定により、共同設置する機関の名称、共同設置する機関を設ける地方公共団体、共同設置する機関の執務場所、共同設置する機関を組織する委員その他の構成員の選任の方法およびその身分取扱い等、共同設置する附属機関に関し必要な事項については、各団体の議会の同意を得て、規約で定められる。そのため、当該機関の組織および運営に関する事項について、別に条例で定める意義に乏しいことから、この場合には「規約」に定めることとされている。

第6章　補　　則

(不服申立てをすべき行政庁等の教示)
第82条　行政庁は、審査請求若しくは再調査の請求又は他の法令に基づく不服申立て（以下この条において「不服申立て」と総称する。）をすることができる処分をする場合には、処分の相手方に対し、当該処分につき不服申立てをすることができる旨並びに不服申立てをすべき行政庁及び不服申立てをすることができる期間を書面で教示しなければならない。ただし、当該処分を口頭でする場合は、この限りでない。
2　行政庁は、利害関係人から、当該処分が不服申立てをすることができる処分であるかどうか並びに当該処分が不服申立てをすることができるものである場合における不服申立てをすべき行政庁及び不服申立てをすることができる期間につき教示を求められたときは、当該事項を教示しなければならない。
3　前項の場合において、教示を求めた者が書面による教示を求めたときは、当該教示は、書面でしなければならない。

本条では、旧法57条と同様に、教示制度について定められている。

教示は、不服申立制度が十分に活用され、国民の権利利益の救済を図るため、処分をする際に処分の相手方に対し不服申立てによる救済を受けられる旨を教えるものであり、処分であるか否か、不服申立てをすべき行政庁がどこかなど、国民に判断が難しい場合もあり、極めて重要な制度といえる。

行訴法においても、平成16年の改正により教示制度が定められた（同法46条）。

〈処分の相手方への教示（1項）〉

本項では、処分をする際の教示について定める。

本項は、「審査請求若しくは再調査の請求又は他の法令に基づく不服申立て……をすることができる処分をする場合」を対象とするものであり、再調査の請求についての決定時の教示は60条2項の規定に基づいて、再審査請求についての教示は50条３項の規定に基づいて、それぞれなされる。

なお、旧法57条４項では、地方公共団体その他の公共団体に対する処分で、当該公共団体がその固有の資格において処分の相手方となるものについて、教示制度を適用除外とする旨の規定を置いていたが、新法においては、７条２項において、このような処分・不作為について「この法律の規定は、適用しない」と明確に規定したことに伴い、本条では特に規定されていない。

⑴　教示の対象となる処分

教示は、審査請求および再調査の請求に限らず、他の法令に基づく不服申立てについても義務付けられている。

教示は、処分をする際にしなければならない。仮に処分時に教示が失念された場合は、処分庁は、速やかに教示をしてこれを追完すべきである。

一般に、申請に係る処分について申請どおりの処分をする場合には、当該処分の相手方には不服申立ての利益がないと考えられるから、当該処分は不服申立てをすることができる処分にはあたらず、教示を要しない。

⑵　教示の相手方

教示をすべき者は、「処分の相手方」である。

⑶　教示事項

教示しなければならない事項は、以下のとおりである。

①　当該処分につき不服申立てをすることができる旨：「不服申立てをすることができる旨」と規定しているが、手続を円滑に進めるためにも、不服申立ての種類（「審査請求」等の名称）を教示すべきである。

②　不服申立てをすべき行政庁：不服申立てをすべき行政庁の名称を具体的に示さなければならない。

③　不服申立てをすることができる期間：一般には、18条１項等に規定する主観的申立期間を教示すればよいと考えられるが、客観的申立期間や「正当な理由」についても、併せて教示することが望ましい。

⑷　教示の方式

教示は、書面でしなければならない。教示の有無は、不服申立期間を経過した後に不服申立てをした場合の「正当な理由」等の該当性の判断に大きく影響し、また、誤った教示がされた場合に当該教示に従って不服申立てがされた場合の救済措置もある（22条・55条）ことから、教示の有無およびその内容が後に正確に確認できるようにするためである。

⑸　教示の対象外となる処分

処分をする場合の教示の対象は、書面でする処分であって不服申立てをすることができるものである。重要な処分は、口頭ですることはほとんどないと考えられることから、口頭でする処分は教示の対象とはされていない。なお、事実上の行為についても、一般に書面でされることは考え難く、口頭でする処分に含まれると解される。

ただし、国民の権利利益の救済を図る観点からは、本項の規定による教示の対象とならない処分についても、不服申立ての便宜を考慮し、状況に応じて、口頭で教示するなど、適切な対応がとられることが望ましい。

〈利害関係人への教示（2項）〉

⑴　教示を求めることのできる者

「利害関係人」（13条1項）、すなわち、当該処分の根拠となる法令に照らし当該処分につき利害関係を有するものと認められる者は、教示を求めることができる。処分の際に教示がなかった場合には、処分の相手方も当然にこれに含まれる。

⑵　教示の対象となる処分、教示事項

あらゆる処分が対象となり、不服申立てができる処分であるか否か、処分が書面でされるか口頭でされるかを問わず、非継続的な事実上の行為も含む。

教示すべき事項は、以下のとおりである。

①　当該処分が不服申立てをすることができる処分であるかどうか。

②　不服申立てをすべき行政庁（当該処分が不服申立てをすることができるもの

である場合)。

③　不服申立てをすることができる期間（当該処分が不服申立てをすることができるものである場合)：この期間は、前項と異なり、具体的に不服申立てをするために知っていなければならない不服申立期間を指す。たとえば、主観的審査請求期間のみならず、当該期間を経過しても審査請求が認められる「正当な理由」に該当する場合には、その旨を教示すべきであり、また、処分があった日から10か月以上経た後に処分があったことを知った事実があれば、客観的審査請求期間である1年を教示すべきである。

⑶　教示の方式

教示を求められる処分やその状況は様々であり、書面による教示を一律に義務付けることは適当ではない。このため、1項とは異なり、本項に基づく教示は、書面ですることは必ずしも義務付けられておらず、口頭ですることもできる。具体的な教示の方式については、行政庁の判断に委ねられている。

行政庁は、教示の求めを受けたときは、速やかに教示すべきである。

〈書面による教示（3項）〉

2項の教示を求めた者が書面による教示を求めたときは、当該教示は書面でしなければならない。

（教示をしなかった場合の不服申立て）

第83条　行政庁が前条の規定による教示をしなかった場合には、当該処分について不服がある者は、当該処分庁に不服申立書を提出することができる。

2　第19条（第5項第1号及び第2号を除く。）の規定は、前項の不服申立書について準用する。

3　第1項の規定により不服申立書の提出があった場合において、当該処分が処分庁以外の行政庁に対し審査請求をすることができる処分であるときは、処分庁は、速やかに、当該不服申立書を当該行政庁に送付しなければならない。当該処分が他の法令に基づき、処分庁以外の行政庁に不服申立てをすることができる処分であるときも、同様とする。
4　前項の規定により不服申立書が送付されたときは、初めから当該行政庁に審査請求又は当該法令に基づく不服申立てがされたものとみなす。
5　第３項の場合を除くほか、第１項の規定により不服申立書が提出されたときは、初めから当該処分庁に審査請求又は当該法令に基づく不服申立てがされたものとみなす。

本条では、処分庁が誤って、処分性がないまたは不服申立てをすることができる処分ではないと判断して教示を行わなかった場合等に、不服申立人がどこに不服申立てをしたらよいか分らないために不服申立制度を活用する機会を失うようなことがないよう、旧法58条と同様に、処分庁に不服申立書を提出することにより適法な不服申立てとして取り扱う救済措置が定められている。

〈処分庁への不服申立書の提出（１項）〉

本項は、教示がなかったためどこに不服を申し立てればよいか分からない場合の救済として、仮に処分庁に対して不服を申し立てることを認める規定である。当該不服申立書の提出後の手続は、３項以下で定められている。

「不服申立書」とは、不服申立人が行政庁に不服を申し立てるために提出する書面を指す一般的な名称として規定するものであり、本条４項または５項の規定により審査請求または他の法令に基づく不服申立てとみなされることにより、審査請求書や、他の法令に基づく不服申立てにおけるこれに相当する書面として、取り扱われることとなる。

〈不服申立書の記載事項（２項）〉

１項の規定により提出する不服申立書の記載事項等について、審査請求書の記載事項等を定める19条の規定が準用されている。

ただし、同条に規定する事項のうち、再調査の請求をした後に審査請求をする場合の記載事項を定める５項１号・２号については、準用されていない。

〈不服申立書の送付（3項）〉

不服申立書の提出を受けた処分庁は、本来不服申立てがされるべき行政庁にこれを送付しなければならない。処分庁に対して審査請求をすることができる場合には、処分庁が審査庁となるべき行政庁としての自らに送付する必要はないことから、このような場合は除外して規定されている。

また、再調査の請求は、処分担当者等が相手方等の申立てを契機として当該処分について再調査する意義が特に認められる特別な類型について、不服申立人が選択した場合に認められるものであり、不服申立人は、これに代えて直ちに審査請求をすることもできる。このようなことから、再調査の請求をすることができる処分について教示がされず、処分庁に不服申立書が提出された場合には、審査請求をすべき行政庁につき誤った教示があった場合（22条1項・4項）と同様、正しい審査請求先に不服申立書を送付する。

〈不服申立書の送付時の取扱い（4項）〉

3項の規定により正しい不服申立先に不服申立書が送付されたときは、初めから、当該行政庁に審査請求または不服申立てがされたものとみなす。

「初めから」とは、当該行政庁に送付されたときではなく、処分庁に不服申立書が提出されたときから適法な不服申立てがされたものと取り扱う趣旨であり、不服申立書の名称や宛先となる不服申立先の名称の表示が誤っていても、特に補正をさせる必要はなく、いずれも適法な名称が表示されているものとして取り扱われるべきである。

本項の規定により審査請求として取り扱われる場合において、55条の規定により不服申立人が申立てをしたときは、再調査の請求として取り扱われる。

〈処分庁に不服申立てをすべき場合の取扱い（5項）〉

処分庁に不服申立書が提出された場合で、当該処分について処分庁以外の行政庁に対して審査請求（または他の法令に基づく不服申立て）をすることができず、処分庁に対する審査請求（または他の法令に基づく不服申立て）のみができる場合には、初めから当該処分庁に審査請求または当該法令に基づく不服申立てがされたものとみなされる。

（情報の提供）
第84条 審査請求、再調査の請求若しくは再審査請求又は他の法令に基づく不服申立て（以下この条及び次条において「不服申立て」と総称する。）につき裁決、決定その他の処分（同条において「裁決等」という。）をする権限を有する行政庁は、不服申立てをしようとする者又は不服申立てをした者の求めに応じ、不服申立書の記載に関する事項その他の不服申立てに必要な情報の提供に努めなければならない。

本条では、国民の便宜に資する情報提供の観点から、行手法9条2項の規定も参考に、不服申立てをしようとする者または不服申立てをした者の便宜を図ることを目的として、これらの者の求めに応じ、個々の不服申立てが円滑にされるために必要な情報の提供に努めるべき旨が規定されている。

行手法においては、申請が国民の権利（申請権）の具体的行使であることに照らし、行政庁がとるべき基本的な態度として、国民の権利行使としての個々の申請が円滑になされるよう配慮すべきであるとの考えに基づき、申請に必要な情報に努めるべき旨の努力義務が規定されている（同法9条2項）。

この点、新法その他の法令に基づく不服申立ても、法律上認められた国民の権利の具体的行使であることは一般の申請と変わるものではなく、また、不服申立制度はそれが十分に活用されなくてはその目的を達し得ないものであり、不服申立制度の活用を図ることは行政庁の責務であることからも、申請と同様、行政庁がとるべき基本的な態度として、個々の不服申立てが円滑になされるよう配慮し、必要な情報の提供に努めるべきものと考えられる。

〈情報提供の主体〉

審査請求における審査庁となるべき行政庁など、他の法令に基づく不服申立ても含め、実際に不服申立ての処理を行う「裁決、決定その他の処分……をする権限を有する行政庁」が、その主体とされている。

〈情報提供の相手方〉

不服申立てをしようとする者のみならず、行手法9条2項と同様に、不服申立てをした後における情報提供も含まれる。

〈提供される情報〉

提供される情報については、不服申立てをしようとする者等の求めの内容等を踏まえ、各行政庁において判断されることになるが、以下のようなものが想定される。

① 不服申立てをしようとする者に対し提供することが想定される情報の例

Ⓐ 不服申立書の記載の程度・目安

Ⓑ 当該不服申立てにおける標準審理期間

Ⓒ 当該不服申立てにおける審理手続の基本的な流れ

反論書・証拠書類等の提出、口頭意見陳述・参考人の陳述・鑑定・検証・審理関係人への質問・物件の閲覧等ができる旨、第三者機関への諮問、裁決

Ⓓ 執行停止や口頭意見陳述の申立ての具体的手続・方式

② 不服申立てをした者に対し提供することが想定される情報の例

Ⓐ 反論書や証拠書類等の提出の具体的手続

Ⓑ 参考人の陳述、鑑定、検証等の申立ての具体的手続・方式

Ⓒ 閲覧等の求めの具体的手続・方式

Ⓓ 不服申立ての取下げの具体的手続・方式

Ⓔ 審理手続終結時期の見通し、裁決の時期の見通し

（公表）

第85条　不服申立てにつき裁決等をする権限を有する行政庁は、当該行政庁がした裁決等の内容その他当該行政庁における不服申立ての処理状況について公表するよう努めなければならない。

裁決等の内容その他不服申立ての処理状況を公表することは、不服申立制度の運用状況について国民に対する説明責任を果たすとともに、その透明性を高

め、不服申立制度、ひいては行政に対する国民の信頼を高めることになると考えられる。また、裁決の内容について情報提供を行うことは、不服申立てをしようとする者の予見可能性を高め、国民の権利利益の適切な救済にも資すると考えられる。

このようなことから、本条では、当該行政庁がした裁決等の内容その他当該行政庁における不服申立ての処理状況についての情報の提供に努めるべきことが規定されている。

〈公表すべき内容〉

裁決等は、不服申立てに対する行政庁の最終的な判断を示すものであるが、不服申立人の氏名等、一般に公表することが適当でない部分が含まれるため、通常、裁決等そのものを公表することは適当ではない。しかしながら、その内容を公表することにより、行政庁としては国民に対する説明責任を果たすとともに、国民の側においては予見可能性が高まり、不服申立てをするかどうかについてより合理的な判断をすることが可能となると考えられる。

こうしたことから、不服申立ての処理状況の例示として「当該行政庁がした裁決等の内容」が掲げられている。

具体的には、各処分（根拠法令）ごとの不服申立件数、処理件数、処理内容（認容、棄却等の別）、処理期間などの情報を公表することが想定される。これにより、たとえば不服申立てが長期間にわたり未処理となっている場合にはそれが明らかとなるなど、不服申立ての処理についての透明性が確保され、不服申立ての適正な処理を促すことが期待される。また、各分類ごとの処理期間がわかることにより、不服申立てをしようとする者の予見可能性が高まる。

〈公表の努力義務〉

対象となる行政庁には、国の行政機関のほか、民間団体や地方公共団体等、多様な機関が含まれ、その実情も様々であることや、裁決等の内容の公表についての事務負担等にも配慮が必要なことから、努力義務とされている。

具体的な公表の方法については、各行政庁の判断に委ねられているが、たとえば、ホームページ上に専用のページを設けて公開する等の方法が考えられる。

（政令への委任）
第86条　この法律に定めるもののほか、この法律の実施のために必要な事項は、政令で定める。

本条では、各条項で個別に政令に委任している事項のほか、新法の実施のために必要な事項について政令に委任することが規定されている。

（罰則）
第87条　第69条第８項の規定に違反して秘密を漏らした者は、１年以下の懲役又は50万円以下の罰金に処する。

本条では、行政不服審査会の委員の守秘義務違反に対する罰則が規定されている。行政不服審査会は、行政庁の処分等に対する審査請求事件について、審査庁たる主任の大臣等からの諮問を受けて調査審議を行い、答申することを任務とする機関であり、調査審議の過程においては、個人情報などみだりに開示してはならない情報に接する機会があり、守秘義務の遵守を求める必要性が高いと考えられること、第三者的立場からの客観的かつ公正な判断が求められること等から、その委員について守秘義務（69条８項）が規定されているが、その遵守を担保するため、当該規定への違反に対し罰則が規定されている。

刑罰については、国家公務員法109条（一般職の国家公務員の守秘義務違反。同条12号）、情報公開・個人情報保護審査会設置法18条（委員の守秘義務違反）等を参考としている。

附　　則

（施行期日）

第１条　この法律は、公布の日から起算して２年を超えない範囲内において政令で定める日から施行する。ただし、次条の規定は、公布の日から施行する。

新法は、旧法に定める不服申立制度を全面的に改めるものであり、特に、審理員および行政不服審査会等については、新たに導入される制度であることから、新法の施行のためには、職員の研修等も含め行政庁において各般にわたる準備作業が必要となる。また、新法は、国および地方公共団体をはじめ幅広い行政庁の処分に関する不服申立てに適用されるものであり、新法の施行に伴い、国民に無用の混乱を生じさせないよう、周知期間を十分に確保する必要がある。

こうしたことから、施行のための準備期間をおおむね２年間設けることとされ、具体的な施行日については、政令で定めることとされている。

ただし、附則２条は、新法の施行以前の段階において、行政不服審査会の委員の任命に関し必要な行為をすることができる旨を規定するものであることから、公布の日から施行することされている。

（準備行為）

第２条　第69条第１項の規定による審査会の委員の任命に関し必要な行為は、この法律の施行の日前においても、同項の規定の例によりすることができる。

行政不服審査会は、新法の施行日に設置されることから、新法の円滑な施行のためには、行政不服審査会の委員は、施行日に任命される必要がある。しかしながら、69条１項に規定する両議院の同意を得るための手続を新法が施行されてから行うこととしたのでは、施行日に委員を任命することができないおそれがある。

こうしたことから、この条では、新法の施行前の段階においても、行政不服審査会の委員の任命に関し必要な行為を、69条１項の規定の例によりすることができる旨が規定されている。

（経過措置）

第３条　行政庁の処分又は不作為についての不服申立てであって、この法律の施行前にされた行政庁の処分又はこの法律の施行前にされた申請に係る行政庁の不作為に係るものについては、なお従前の例による。

旧法と新法とでは、不服申立先が異なる場合があるほか、その審理手続も大きく異なる。また、不服申立てをすることができる場合には、その旨ならびに不服申立先および不服申立期間が教示されており、施行前にされた処分等についても新法の規定を適用することとした場合には、処分時に教示された内容と異なる取扱いとなり、実務上混乱が生ずるおそれもある。

こうしたことから、本条では、新法の円滑な施行を確保する観点から、行政庁の処分または不作為に係る不服申立てであって新法の施行前にされた行政庁の処分または新法の施行前にされた申請に係る行政庁の不作為に係るものについては、施行後の新法の規定を適用せず、旧法の規定によることと規定されている。

第４条　この法律の施行後最初に任命される審査会の委員の任期は、第69条第４項本文の規定にかかわらず、９人のうち、３人は２年、６人は３年とする。

２　前項に規定する各委員の任期は、総務大臣が定める。

行政不服審査会の委員については、法施行時に全ての委員が新たに任命されることから、同時に全ての委員の任期が満了することにより行政不服審査会の運営に支障が生ずることがないよう、最初に任命される行政不服審査会の委員について、9人の委員のうち、3人の任期を2年（残り6人は、原則どおり3年）とする特例が設けられている。具体的にそれぞれの委員の任期を2年とするか3年とするかについては、任命権者である総務大臣が定める。

（その他の経過措置の政令への委任）
第5条　前2条に定めるもののほか、この法律の施行に関し必要な経過措置は、政令で定める。

本条では、新法の施行に関し必要な経過措置について、政令へ委任する規定が設けられている。新法制定時点においては、本条の規定に基づき政令で規定する事項として具体的に予定しているものはないが、関係政令の整備の過程で経過措置を定めることが必要と認められる場合には、この条の規定に基づき、必要な経過措置が政令において定められる。

（検討）
第6条　政府は、この法律の施行後5年を経過した場合において、この法律の施行の状況について検討を加え、必要があると認めるときは、その結果に基づいて所要の措置を講ずるものとする。

本条は、衆議院における法案修正によって追加された、いわゆる「見直し規定」であり、政府に対し、①新法の施行後5年を経過した後に、新法の施行の状況について検討すること、②検討の結果、措置すべき事項があると認めるときは、当該措置を講ずること、という責務を課すものである。

別表第1（第9条関係）

第11条第2項	第9条第1項の規定により指名された者（以下「審理員」という。）	審査庁
第13条第1項及び第2項	審理員	審査庁
第25条第7項	執行停止の申立てがあったとき、又は審理員から第40条に規定する執行停止をすべき旨の意見書が提出されたとき	執行停止の申立てがあったとき
第28条	審理員	審査庁
第29条第1項	審理員は、審査庁から指名されたときは、直ちに	審査庁は、審査請求がされたときは、第24条の規定により当該審査請求を却下する場合を除き、速やかに
第29条第2項	審理員は	審査庁は、審査庁が処分庁等以外である場合にあっては
	提出を求める	提出を求め、審査庁が処分庁等である場合にあっては、相当の期間内に、弁明書を作成する
第29条第5項	審理員は	審査庁は、第2項の規定により
	提出があったとき	提出があったとき、又は弁明書を作成したとき
第30条第1項及び第2項	審理員	審査庁
第30条第3項	審理員	審査庁
	参加人及び処分庁等	参加人及び処分庁等（処分庁等が審査庁である場合にあっては、参加人）
	審査請求人及び処分庁等	審査請求人及び処分庁等（処分庁等が審査庁である場合にあっては、審査請求人）
第31条第1項	審理員	審査庁
第31条第2項	審理員	審査庁
	審理関係人	審理関係人（処分庁等が審査庁である場合にあっては、審査請求人及び参加人。以下この節及び第50条第1項第3号において同じ。）

第31条第3項から第5項まで、第32条第3項、第33条から第37条まで、第38条第1項から第3項まで及び第5項、第39条並びに第41条第1項及び第2項	審理員	審査庁
第41条第3項	審理員が	審査庁が
	終結した旨並びに次条第1項に規定する審理員意見書及び事件記録（審査請求書、弁明書その他審査請求に係る事件に関する書類その他の物件のうち政令で定めるものをいう。同条第2項及び第43条第2項において同じ。）を審査庁に提出する予定時期を通知するものとする。当該予定時期を変更したときも、同様とする	終結した旨を通知するものとする
第44条	行政不服審査会等から諮問に対する答申を受けたとき（前条第1項の規定による諮問を要しない場合（同項第2号又は第3号に該当する場合を除く。）にあっては審理員意見書が提出されたとき、同項第2号又は第3号に該当する場合にあっては同項第2号又は第3号に規定する議を経たとき）	審理手続を終結したとき
第50条第1項第4号	理由（第1号の主文が審理員意見書又は行政不服審査会等若しくは審議会等の答申書と異なる内容である場合には、異なることとなった理由を含む。）	理由

別表第2（第61条関係）

第9条第4項	前項に規定する場合において、審査庁	処分庁
	（第2項各号（第1項各号に掲げる機関の構成員にあっては、第1号を除く。）に掲げる者以外の者に限る。）に、前項において読み替えて適用する	に、第61条において読み替えて準用する
	若しくは第13条第4項	又は第61条において準用する第13条第4項
	聴かせ、前項において読み替えて適用する第34条の規定による参考人の陳述	聴かせる

	を聴かせ、同項において読み替えて適用する第35条第１項の規定による検証をさせ、前項において読み替えて適用する第36条の規定による第28条に規定する審理関係人に対する質問をさせ、又は同項において読み替えて適用する第37条第１項若しくは第２項の規定による意見の聴取を行わせる	
第11条第２項	第９条第１項の規定により指名された者（以下「審理員」という。）	処分庁
第13条第１項	処分又は不作為に係る処分	処分
	審理員	処分庁
第13条第２項	審理員	処分庁
第14条	第19条に規定する審査請求書	第61条において読み替えて準用する第19条に規定する再調査の請求書
	第21条第２項に規定する審査請求録取書	第22条第３項に規定する再調査の請求録取書
第16条	第４条又は他の法律若しくは条例の規定により審査庁となるべき行政庁（以下「審査庁となるべき行政庁」という。）	再調査の請求の対象となるべき処分の権限を有する行政庁
	当該審査庁となるべき行政庁及び関係処分庁（当該審査請求の対象となるべき処分の権限を有する行政庁であって当該審査庁となるべき行政庁以外のものをいう。次条において同じ。）	当該行政庁
第18条第３項	次条に規定する審査請求書	第61条において読み替えて準用する次条に規定する再調査の請求書
	前２項に規定する期間（以下「審査請求期間」という。）	第54条に規定する期間
第19条の見出し及び同条第１項	審査請求書	再調査の請求書
第19条第２項	処分についての審査請求書	再調査の請求書
	処分（当該処分について再調査の請求についての決定を経たときは、当該決定）	処分

第19条第４項	審査請求書	再調査の請求書
	第２項各号又は前項各号	第２項各号
第19条第５項	処分についての審査請求書	再調査の請求書
	審査請求期間	第54条に規定する期間
	前条第１項ただし書又は第２項ただし書	同条第１項ただし書又は第２項ただし書
第20条	前条第２項から第５項まで	第61条において読み替えて準用する前条第２項、第４項及び第５項
第23条（見出しを含む。）	審査請求書	再調査の請求書
第24条第１項	次節に規定する審理手続を経ないで、第45条第１項又は第49条第１項	審理手続を経ないで、第58条第１項
第25条第２項	処分庁の上級行政庁又は処分庁である審査庁	処分庁
第25条第４項	前２項	第２項
第25条第６項	第２項から第４項まで	第２項及び第４項
第25条第７項	執行停止の申立てがあったとき、又は審理員から第40条に規定する執行停止をすべき旨の意見書が提出されたとき	執行停止の申立てがあったとき
第31条第１項	審理員	処分庁
	この条及び第41条第２項第２号	この条
第31条第２項	審理員	処分庁
	全ての審理関係人	再調査の請求人及び参加人
第31条第３項及び第４項	審理員	処分庁
第32条第３項	前２項	第１項
	審理員	処分庁
第39条	審理員	処分庁
第51条第１項	第46条第１項及び第47条	第59条第１項及び第２項
第51条第４項	参加人及び処分庁等（審査庁以外の処分庁等に限る。）	参加人
第53条	第32条第１項又は第２項の規定により提出された証拠書類若しくは証拠物又は書類その他の物件及び第33条の規定による提出要求に応じて提出された書類その他の物件	第61条において準用する第32条第１項の規定により提出された証拠書類又は証拠物

別表第３（第66条関係）

第９条第１項	第４条又は他の法律若しくは条例の規定により審査請求がされた行政庁（第14条の規定により引継ぎを受けた行政庁を含む。以下「審査庁」という。）	第63条に規定する再審査庁（以下この章において「再審査庁」という。）
	この節	この節及び第63条
	処分庁等（審査庁以外の処分庁等に限る。）	裁決庁等（原裁決をした行政庁（以下この章において「裁決庁」という。）又は処分庁をいう。以下この章において同じ。）
	若しくは条例に基づく処分について条例に特別の定めがある場合又は第24条	又は第66条第１項において読み替えて準用する第24条
第９条第２項第１号	審査請求に係る処分若しくは	原裁決に係る審査請求に係る処分、
	に関与した者又は審査請求に係る不作為に係る処分に関与し、若しくは関与することとなる者	又は原裁決に関与した者
第９条第４項	前項に規定する場合において、審査庁	第１項各号に掲げる機関である再審査庁（以下「委員会等である再審査庁」という。）
	前項において	第66条第１項において
	適用する	準用する
	第13条第４項	第66条第１項において準用する第13条第４項
	第28条	同項において読み替えて準用する第28条
第11条第２項	第９条第１項の規定により指名された者（以下「審理員」という。）	第66条第１項において読み替えて準用する第９条第１項の規定により指名された者（以下「審理員」という。）又は委員会等である再審査庁
第13条第１項	処分又は不作為に係る処分の根拠となる法令に照らし当該処分	原裁決等の根拠となる法令に照らし当該原裁決等
	審理員	審理員又は委員会等である再審査庁
第13条第２項	審理員	審理員又は委員会等である再審査庁

第14条	第19条に規定する審査請求書	第66条第1項において読み替えて準用する第19条に規定する再審査請求書
	第21条第2項に規定する審査請求録取書	同項において読み替えて準用する第21条第2項に規定する再審査請求録取書
第15条第1項、第2項及び第6項	審査請求の	原裁決に係る審査請求の
第16条	第4条又は他の法律若しくは条例	他の法律
	関係処分庁（当該審査請求の対象となるべき処分の権限を有する行政庁であって当該審査庁となるべき行政庁以外のものをいう。次条において同じ。）	当該再審査請求の対象となるべき裁決又は処分の権限を有する行政庁
第17条	関係処分庁	当該再審査請求の対象となるべき裁決又は処分の権限を有する行政庁
第18条第3項	次条に規定する審査請求書	第66条第1項において読み替えて準用する次条に規定する再審査請求書
	前2項に規定する期間（以下「審査請求期間」という。）	第50条第3項に規定する再審査請求期間（以下この章において「再審査請求期間」という。）
第19条の見出し及び同条第1項	審査請求書	再審査請求書
第19条第2項	処分についての審査請求書	再審査請求書
	処分の内容	原裁決等の内容
	審査請求に係る処分（当該処分について再調査の請求についての決定を経たときは、当該決定）	原裁決
	処分庁	裁決庁
第19条第4項	審査請求書	再審査請求書
	第2項各号又は前項各号	第2項各号
第19条第5項	処分についての審査請求書	再審査請求書
	審査請求期間	再審査請求期間
	前条第1項ただし書又は第2項ただし書	第62条第1項ただし書又は第2項ただし書

第20条	前条第２項から第５項まで	第66条第１項において読み替えて準用する前条第２項、第４項及び第５項
第21条の見出し	処分庁等	処分庁又は裁決庁
第21条第１項	審査請求をすべき行政庁が処分庁等と異なる場合における審査請求は、処分庁等	再審査請求は、処分庁又は裁決庁
	処分庁等に	処分庁若しくは裁決庁に
	審査請求書	再審査請求書
	第19条第２項から第５項まで	第66条第１項において読み替えて準用する第19条第２項、第４項及び第５項
第21条第２項	処分庁等	処分庁又は裁決庁
	審査請求書又は審査請求録取書（前条後段	再審査請求書又は再審査請求録取書（第66条第１項において準用する前条後段
	第29条第１項及び第55条	第66条第１項において読み替えて準用する第29条第１項
第21条第３項	審査請求期間	再審査請求期間
	処分庁に	処分庁若しくは裁決庁に
	審査請求書	再審査請求書
	処分についての審査請求	再審査請求
第23条（見出しを含む。）	審査請求書	再審査請求書
第24条第１項	審理手続を経ないで、第45条第１項又は第49条第１項	審理手続（第63条に規定する手続を含む。）を経ないで、第64条第１項
第25条第１項	処分	原裁決等
第25条第３項	処分庁の上級行政庁又は処分庁のいずれでもない審査庁	再審査庁
	処分庁の意見	裁決庁等の意見
	執行停止をすることができる。ただし、処分の効力、処分の執行又は手続の続行の全部又は一部の停止以外の措置をとることはできない	原裁決等の効力、原裁決等の執行又は手続の続行の全部又は一部の停止（以下「執行停止」という。）をすることができる
第25条第４項	前２項	前項
	処分	原裁決等

第25条第6項	第2項から第4項まで	第3項及び第4項
	処分	原裁決等
第25条第7項	第40条に規定する執行停止をすべき旨の意見書が提出されたとき	第66条第1項において準用する第40条に規定する執行停止をすべき旨の意見書が提出されたとき（再審査庁が委員会等である再審査庁である場合にあっては、執行停止の申立てがあったとき）
第28条	処分庁等	裁決庁等
	審理員	審理員又は委員会等である再審査庁
第29条第1項	審理員は	審理員又は委員会等である再審査庁は、審理員にあっては
	審査請求書又は審査請求録取書の写しを処分庁等に送付しなければならない。ただし、処分庁等が審査庁である場合には、この限りでない	委員会等である再審査庁にあっては、再審査請求がされたときは第66条第1項において読み替えて準用する第24条の規定により当該再審査請求を却下する場合を除き、速やかに、それぞれ、再審査請求書又は再審査請求録取書の写しを裁決庁等に送付しなければならない
第30条の見出し	反論書等	意見書
第30条第2項	審理員	審理員又は委員会等である再審査庁
第30条第3項	審理員は、審査請求人から反論書の提出があったときはこれを参加人及び処分庁等に	審理員又は委員会等である再審査庁は
	これを審査請求人及び処分庁等に、それぞれ	、これを再審査請求人及び裁決庁等に
第31条第1項から第4項まで	審理員	審理員又は委員会等である再審査庁
第31条第5項	審理員	審理員又は委員会等である再審査庁
	処分庁等	裁決庁等
第32条第2項	処分庁等は、当該処分	裁決庁等は、当該原裁決等

第32条第3項及び第33条から第37条まで	審理員	審理員又は委員会等である再審査庁
第38条第1項	審理員	審理員又は委員会等である再審査庁
	第29条第4項各号に掲げる書面又は第32条第1項若しくは第2項若しくは	第66条第1項において準用する第32条第1項若しくは第2項又は
第38条第2項、第3項及び第5項、第39条並びに第41条第1項	審理員	審理員又は委員会等である再審査庁
第41条第2項	審理員	審理員又は委員会等である再審査庁
	イからホまで	ハからホまで
第41条第3項	審理員が	審理員又は委員会等である再審査庁が
	審理手続を終結した旨並びに次条第1項	審理員にあっては審理手続を終結した旨並びに第66条第1項において準用する次条第1項
	審査請求書、弁明書	再審査請求書、原裁決に係る裁決書
	同条第2項及び第43条第2項	第66条第1項において準用する次条第2項
	を通知する	を、委員会等である再審査庁にあっては審理手続を終結した旨を、それぞれ通知する
	当該予定時期	審理員が当該予定時期
第44条	行政不服審査会等から諮問に対する答申を受けたとき（前条第1項の規定による諮問を要しない場合（同項第2号又は第3号に該当する場合を除く。）にあっては審理員意見書が提出されたとき、同項第2号又は第3号に該当する場合にあっては同項第2号又は第3号に規定する議を経たとき）	審理員意見書が提出されたとき（委員会等である再審査庁にあっては、審理手続を終結したとき）
第50条第1項第4号	第1号の主文が審理員意見書又は行政不服審査会等若しくは審議会等の答申書と異なる内容である場合には	再審査庁が委員会等である再審査庁以外の行政庁である場合において、第1号の主文が審理員意見書と異なる内容であるときは

第50条第２項	第43条第１項の規定による行政不服審査会等への諮問を要しない場合	再審査庁が委員会等である再審査庁以外の行政庁である場合
第51条第１項	処分	原裁決等
	第46条第１項及び第47条	第65条
第51条第４項	及び処分庁等（審査庁以外の処分庁等に限る。）	並びに処分庁及び裁決庁（処分庁以外の裁決庁に限る。）
第52条第２項	申請を	申請若しくは審査請求を
	棄却した処分	棄却した原裁決等
	処分庁	裁決庁等
	申請に対する処分	申請に対する処分又は審査請求に対する裁決
第52条第３項	処分が	原裁決等が
	処分庁	裁決庁等
第52条第４項	処分の	原裁決等の
	処分が	原裁決等が
	処分庁	裁決庁等

補論――附帯決議

この度の行審法関連３案の国会審議では、衆議院および参議院の各総務委員会において、それぞれ４項目にわたる附帯決議が全会一致で決議されている。

行政不服審査法案に対する附帯決議（平成26年５月20日　衆議院総務委員会）

政府は、本法施行に当たり、次の事項についてその実現に努めるべきである。

一　今回導入される第三者機関及び審理員制度の運用に当たっては、権利救済の実効性を担保できるようにするため、適切な人材の選任に配意すること。特に、地方公共団体においては、各団体の実情を踏まえ、申立ての分野に応じた高い専門性を有する人材の選任に配意すること。

二　今回の制度改正の周知の過程において、地方公共団体が行った処分について審査請求すべき行政庁を住民に十分説明すること。

三　今回の改正によって新たに設けられた「再調査の請求」が、処分庁が簡易に処分を見直す事後救済手続であることを国民に十分説明すること。

四　審理手続における審理関係人又は参考人の陳述の内容が記載された文書の閲覧・謄写について、審理の簡易迅速性の要請も踏まえつつ検討を行うこと。

行政不服審査法案に対する附帯決議（平成26年６月５日　参議院総務委員会）

政府は、本法施行に当たり、次の事項についてその実現に努めるべきである。

一　行政不服審査制度については、公正で利用しやすい簡易迅速な手続により、国民の権利利益の救済を図り、あわせて行政の適正な運営を確保し、国民の行政への信頼を維持するための制度であることに鑑み、客観的かつ公正な審理手続を一層充実することなどにより、制度本来の目的が最大限発揮できるよう、制度改正後の実施状況を踏まえつつ、今後とも不断の見直しを行うこと。

二　今般の制度改革に伴い、国及び地方公共団体が行った処分については、審査請求すべき行政庁等、新たな行政不服審査制度を利用するに当たって必要となる情報を、懇切・丁寧な広報活動により国民・住民に周知徹底すること。なお、再調査の請求については、処分庁が簡易な手続で事実関係の再調査をすることにより、処分手続の見直しを行う事後救済手続であることを、十分説明すること。

三　有識者から成る第三者機関及び審理員制度の運用に当たっては、権利利益の救済について実効性を担保できるよう、適切な人材を選任すること。特に、地方公共団体において、各団体の実情を踏まえつつ、申立ての分野に応じた高い専門性を有する人材が確保できるよう格段の配慮を行うこと。

四　証拠書類の閲覧・謄写については、審理手続における審査請求人の権利の拡充や透明性の向上を踏まえ、適切な主張・立証ができるよう、審理関係人又は参考人の陳述内容が記載された文書の閲覧、謄写等について、今後とも検討すること。

右決議する。

ここに掲げた衆・参の両総務委員会における附帯決議は、それぞれ、ほぼ同じ内容であるが、表現が異なっている。

以下、それぞれの項目について、経緯と趣旨を解説する。

〈第三者機関および審理員への専門家の登用（衆(一)、参(三)[1]）〉

新法による審理構造は、処分に関与しない審理員が審理を担当し、有識者からなる第三者機関（国においては行政不服審査会。地方公共団体においては、執行機関の附属機関が置かれる）による諮問・答申を経て（申立人が希望しない場合等は、諮問手続は不要）、審査庁による裁決がなされるものとされている。

地方公共団体において新設される第三者機関が関与することとなる案件のうち、地方税法関係が約4割を占めると見込まれることが国会審議において明らかにされた。そこで、地方公共団体に置かれる第三者機関には税の専門家たる税理士を有識者として登用すべき、との提案がなされた[2]。これに対して、上村

1）衆議院総務委員会における附帯決議を「衆」とし、その後ろに附帯決議内の項目番号を括弧書の漢数字で示している。参議院も同様。以下同じ。

2）たとえば、平成26年5月15日に開かれた衆議院総務委員会において、近藤昭一議員は、「地方

進政府参考人（総務省行政管理局長）は、以下のとおり答弁している[3)]。

「今回の改正法案につきましては、地方公共団体に置かれる第三者機関の組織運営は条例または規約で柔軟に定めることとしております。したがいまして、委員の人選につきましては、不服申し立ての件数、それから諮問が多く見込まれる分野、こういうものに応じて、任命権者において判断されることになります。

御指摘の地方公共団体に置かれる第三者機関への諮問件数でございますが、まさしく、地方税関係が約4割と非常に多い割合を占めると想定してございます。そうした観点からしますと、任命権者の判断で、御指摘のありました税理士等、税の専門家を委員に選任するということは十分に想定されることだと思ってございます。

総務省といたしましても、このように、第三者機関の委員につきまして、条例等に基づきまして、柔軟に、各任命権者がそれぞれの諮問が見込まれる案件等に応じて選任することが適当である。こうした趣旨につきましては、今後、法案が通りました後の話でございますけれども、施行通知等によりまして、各団体にしっかりと周知してまいりたい、こういうふうに考えております。」

このような経緯を踏まえ、衆議院総務委員会での附帯決議(一)の後段および参議院総務委員会での附帯決議(三)の後段が書かれているわけである。

地方税関係が約4割であるが、もちろん他の様々な分野についても弁護士や社会保険労務士など高い専門性を有する人材が想定できるので、とくに税理士に限定せずに「申立ての分野に応じた高い専門性を有する人材」と広く記述されているものと考えられる。

税についての不服も随分多いというふうに聞いておりますが、地方税についての不服申し立ては、裁決について第三者機関が点検するということになっておるわけでありますが、特に地方公共団体における不服申し立ては地方税に関するものが多い。今も申し上げました。このため、第三者機関の委員には、税の専門家としての地域の税理士の能力活用、こうしたことが重要であると思いますが、この検討について考えるべきだと思いますが、いかがでありましょうか」と質問している（衆議院会議録 第186回国会 総務委員会 第21号（平成26年5月15日（木曜日））参照)。また、平成26年5月8日に開かれた衆議院総務委員会において、西野弘一議員も同旨の質問をしている（衆議院会議録 第186回国会 総務委員会 第19号（平成26年5月8日（木曜日））参照)。

3）上掲の平成26年5月15日の衆議院総務委員会。平成26年5月8日に開かれた衆議院総務委員会における上川陽子総務副大臣の答弁も同旨。

〈審査請求先の行政庁等の周知徹底（衆(二)、参(二)前段)〉

行審法は、国のみならず全国の各地方公共団体が行った処分をも制度の対象としている。審査請求先については、新法の原則は処分庁等の最上級行政庁（上級行政庁がない場合には処分庁等）であるが、法律（条例に基づく処分については、条例）に特別の定めがある場合には、当該法律（条例）に定める行政庁が審査請求先となる（新法4条)。この度の改正に伴う整備法で改正される法律が実に361本に及んでいることからも窺えるが、かなりの数の法律において審査請求先の特例を規定している。特に、地方公共団体の機関がした処分については、地方自治法255条の2において法定受託事務に係る処分等について国等を審査請求先とする特例を定めているほか、各分野の個別法においても、国等を審査請求先とする特例（前述の地方自治法255条の2の規定の特例を含む）が定められているなど、行審法上の原則と大きく異なる場合も少なくなく、極めて複雑な様相を呈している。

このようなことから、附帯決議においては、（国および）地方公共団体が行った処分について審査請求先となる行政庁等が国民（住民）に十分に周知徹底されることを政府に求めているものと考えられる。

〈再調査の請求が事後救済手続であることの周知徹底（衆(三)、参(二)後段)〉

この度の改正では、審査請求とは別に処分庁に対する再調査の請求を個別法に定めることが許容された（新法5条1項)。これにより国税通則法（以下、「国通法」という）上の審査請求の前段階の「異議申立て」は「再調査の請求」に衣替えすることとなったが（改正国通法75条1項1号イ)、この「再調査の請求」という名称については、納税者に対して“税務調査のやり直しの請求”といういわばネガティブな印象を与えかねないので問題である、との指摘がなされた。

たとえば、衆議院総務委員会の参考人質疑においては、青木丈参考人（筆者）より、①今回の改正では20年法案と異なり再調査の請求が審査請求との選択制とされていること、②平成23年の国通法の改正により税務調査手続に係る規定が整備され、現在では「再調査」は「再度の税務調査」を示す用語として定着していること、の2点の理由から、20年法案と同様の「再調査の請求」という名称を用いることは問題であり、「再調査の請求」から名称の変更ができない場合には、再調査の請求が事後の権利救済手続であることの周知徹底が不可欠である、との意見が表明された。[4]

このような指摘を受けて、衆議院総務委員会での附帯決議(三)および参議院総務委員会での附帯決議(二)の後段は、税務調査を経て処分を受けた納税者が不服を申し立てる際に誤解することのないよう、「再調査の請求」の事後救済手続としての位置付けを納税者に十分説明することを求めているものと考えられる。

もっとも、これは、あくまでも名称の問題であるから、税理士が代理人をしていれば特段問題はなかろうが、代理人がない場合においても事前に周知徹底が図られるよう、処分時の教示等での丁寧な説明が必要であろう。

〈審理関係人等の陳述内容が記載された文書の閲覧、謄写等についての検討（衆(四)、参(四)）〉

この度の改正では、審査請求人等による証拠物件の閲覧等の対象が処分庁から提出された物件に限らず審理員に提出された物件全般に拡充された（新法38条1項括弧書）。これに合わせて、国税不服審判所における証拠物件の閲覧等の対象も担当審判官に提出された資料全般に拡充された（改正国通法97条の3第1項）。ただし、この閲覧等の対象資料は、改正国通法96条1項・2項および97条1項2号に基づき提出された物件とされ、同項1号に規定される担当審判官による質問の記録は対象とされていないのではないか、という問題が指摘された。[5] なお、新法においても審理員の審理関係人への質問（新法36条）等の記録については、閲覧等の対象とされていない（新法38条1項括弧書）。この点、新藤

4）　衆議院会議録 第186回国会 総務委員会 第20号（平成26年5月13日（火曜日））参照。

5）　たとえば、木山泰嗣＝三木義一＝藤曲武美「座談会 行政不服審査法 半世紀を経た大改正!! 国税不服審査制度はこう変わる」税務弘報62巻6号（2014）において、三木義一青山学院大学法学部教授は以下のように述べている。

「かなり画期的な改革ですね。ただ、実際に条文を読んでみると、審判官が処分庁や関係人に対して質問をして取りまとめたものが閲覧・謄写の対象になるのかどうか、条文からはわかりません。これは『提出されたもの』ではなくて、審判官が作成するものですから。

私は、これもできるだけ『その他の物件』の中に入れて考えたほうがいいとは思っているのですが、条文の構造からするとちょっと不安ですね。これはもう少し国会で詰めていただいて、クリアにしていただきたいと思います」(74〜75頁)。

総務大臣は、審理員自らが作成する調査メモについては、処分庁と申立人の双方の主張を聞いて意見書を作成するまでの途中段階のものであり、閲覧、謄写の対象とすることが適当でないと考え、改正法案では対象としていない旨の説明をしている。[6]

このような指摘を受けたものが、衆議院総務委員会での附帯決議(四)および参議院総務委員会での附帯決議(四)であると考えられる。いずれの附帯決議においても、審理関係人等の陳述内容が記載された文書の閲覧、謄写等については、今後の検討に委ねられているので、新法附則6条に基づく施行後5年経過後の再検討の際には、その間の施行状況を勘案して、閲覧等の対象のさらなる拡大についても検討される余地がある。

もっとも、これらの文書等を担当審判官の職権により閲覧等に供することは可能であると解されるし、この度の改正により審理手続の計画的進行（改正国通法92条の2）や審理手続の計画的遂行（同法97条の2）が設けられた趣旨に鑑みれば、争点および証拠をスムーズに整理するためには、担当審判官はこれらの文書等を積極的に閲覧等に供するべきであろう。この点は、改正法施行後の運用に期待したい。

〈行政不服審査制度の不断の見直し（参(一)）〉

この度の改正法案の国会審議では、衆議院における法案修正によって本法附則にいわゆる「見直し規定」が追加された（新法附則6条）。[7]これにより、新法の施行後5年を経過した後に新法の施行状況について再検討されることとなる。

この衆議院における法案修正の後に開かれた参議院総務委員会の参考人質疑において、宇賀克也参考人は、行審法を含む行政通則法は、急速に変化する社会情勢等に鑑みて、恒常的に10年毎に見直しの機会を設けるべき、という旨の意見を表明した。[8]

6）　参議院本会議録 第186回国会 第26号（平成26年5月30日（金曜日））参照。

7）　本規定が追加された経緯については、青木丈『こう変わる！ 国税不服申立て』（ぎょうせい・2014）106〜108頁を参照されたい。

8）　宇賀克也参考人の発言は以下のとおり（参議院会議録 第186回国会 総務委員会 第24号（平成26年6月3日（火曜日））。

「この法律に限らず、我が国では一般的に行政通則法の根本的な見直しというのはなかなか行わこのような指摘を受けて、参議院総務委員会の附帯決議(一)において、上記施行後５年後の見直しに加え、「制度本来の目的が最大限発揮できるよう、制度改正後の実施状況を踏まえつつ、今後とも不断の見直しを行うこと」を政府に求めているものと考えられる。

れません。ようやく最近になりまして、法律を制定する際に、あるいは全部改正の際などに一定期間後の見直し規定というものが入れられるようになり、今回も衆議院で５年後の見直し規定が入ったわけでありますけれども、やはり公務員も日常の業務に追われていますので、やはり国会から一定期間を目途に見直せと言われないと、なかなか見直しの契機を自ら見出していくということは難しいんではないかなと考えております。

したがって、私の考え方は、５年後の見直しという規定が入ったのは大変結構なんですけれども、これはこの法案に限らず一般論といたしまして、行政通則法的な法律というのは大体もう10年ごとに見直すと。こういう５年後の見直しということになりますと、そこは一生懸命やるんですけれども、その後また長期間たってしまうということが予想されますので、やはり情報公開法にしてもそうですし、行政手続法にしてもそうですが、こうしたやっぱり社会経済情勢、非常に急速に変化していく時代ですので、決して不磨の法典ではなく、10年ごとに見直すというようなことを入れておけば、附則に入れておけば、附則といえども法律の一部ですので、随分その辺りは変わってくるのかなと考えております。」

第３部　改正国税通則法の解説[1]

1）　この部の記述については、青木丈『こう変わる！ 国税不服申立て』（ぎょうせい・2014）第３章に基本的に依拠した。

この度の行政不服審査法（以下、「行審法」という[2]）の全部改正に伴い、その特別法である国税通則法（以下、「国通法」という[3]）第8章第1節の不服審査に係る規定も整備法の1つとして（行政不服審査法の施行に伴う関係法律の整備等に関する法律（平成26年法律第69号）99条）、基本的に新行審法の改正内容と同様に全面的に見直されている。

まず、ここで改正全体の概要のイメージ図を示しておく。

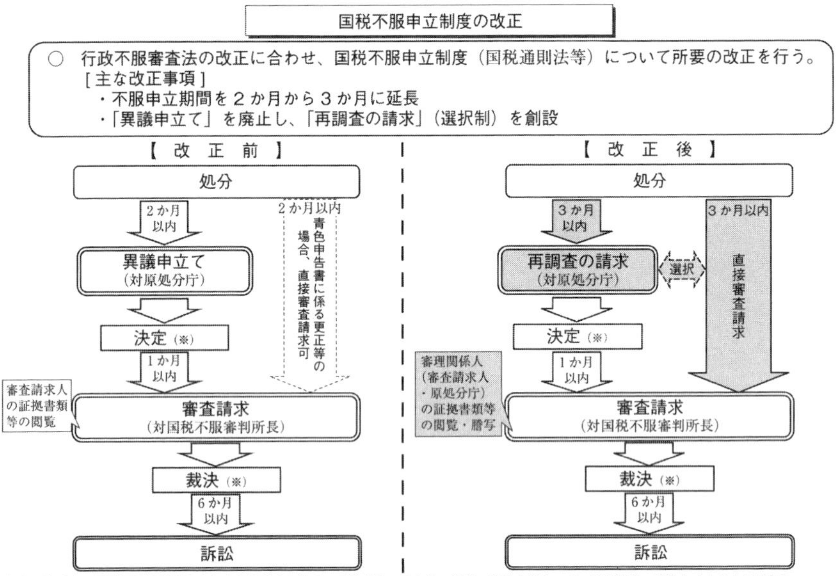

（※）原処分庁・国税不服審判所長から３か月以内に決定・裁決がない場合は、決定・裁決を経ないで、審査請求・訴訟をすることができる。
出所：財務省作成資料

以下では、この度改正された国通法の条文のうち、重要と思われるものについて、解説することとする（条文の下線部分が改正国通法による改正部分である）。

2）　全部改正された行審法を「新行審法」といい、現行行審法を「旧行審法」という。
3）　改正法を「改正国通法」といい、現行法を「現行国通法」という。

（国税に関する処分についての不服申立て）

第75条　国税に関する法律に基づく処分で次の各号に掲げるものに不服がある者は、当該各号に定める不服申立てをすることができる。

一　税務署長、国税局長又は税関長がした処分（次項に規定する処分を除く。）　次に掲げる不服申立てのうちその処分に不服がある者の選択するいずれかの不服申立て

イ　その処分をした税務署長、国税局長又は税関長に対する再調査の請求

ロ　国税不服審判所長に対する審査請求

二　国税庁長官がした処分　国税庁長官に対する審査請求

三　国税庁、国税局、税務署及び税関以外の行政機関の長又はその職員がした処分　国税不服審判所長に対する審査請求

2　国税に関する法律に基づき税務署長がした処分で、その処分に係る事項に関する調査が次の各号に掲げる職員によつてされた旨の記載がある書面により通知されたものに不服がある者は、当該各号に定める国税局長又は国税庁長官がその処分をしたものとそれぞれみなして、国税局長がしたものとみなされた処分については当該国税局長に対する再調査の請求又は国税不服審判所長に対する審査請求のうちその処分に不服がある者の選択するいずれかの不服申立てをし、国税庁長官がしたものとみなされた処分については国税庁長官に対する審査請求をすることができる。

一　国税局の当該職員　その処分をした税務署長の管轄区域を所轄する国税局長

二　国税庁の当該職員　国税庁長官

3　第１項第１号イ又は前項（第１号に係る部分に限る。）の規定による再調査の請求（法定の再調査の請求期間経過後にされたものその他その請求が適法にされていないものを除く。次項において同じ。）についての決定があつた場合において、当該再調査の請求をした者が当該決定を経た後の処分になお不服があるときは、その者は、国税不服審判所長に対して審査請求をすることができる。

4　第１項第１号イ又は第２項（第１号に係る部分に限る。）の規定による再調査の請求をしている者は、次の各号のいずれかに該当する場合には、当該再調査の請求に係る処分について、決定を経ないで、国税不服審判所長に対して審査請求をすることができる。

一　再調査の請求をした日（第81条第3項（再調査の請求書の記載事項等）の規定により不備を補正すべきことを求められた場合にあつては、当該不備を補正した日）の翌日から起算して3月を経過しても当該再調査の請求についての決定がない場合

二　その他再調査の請求についての決定を経ないことにつき正当な理由がある場合

5　国税に関する法律に基づく処分で国税庁、国税局、税務署又は税関の職員がしたものに不服がある場合には、それぞれその職員の所属する国税庁、国税局、税務署又は税関の長がその処分をしたものとみなして、第1項の規定を適用する。

〈異議申立前置主義の廃止――選択制の「再調査の請求」へ〉

⑴　改正内容

改正前の国税不服申立制度では、原則として、処分後にまず処分庁に対して異議申立てをし、かかる異議決定を経てから、国税不服審判所長に対して審査請求をしなければならず、さらにかかる裁決を経て裁判所に出訴することができることとされている（現行国通法75条・115条）。今回の改正により、このいわゆる二段階前置主義のうち、一段階目の異議申立前置主義が廃止され、税務署長等（税務署長、国税局長または税関長）による処分に不服がある者は、直接審査請求もできることとされた。また、審査請求の前段階の「異議申立て」は「再調査の請求」に名称が改められた（改正国通法75条1項1号）。

この異議申立前置主義の廃止は、新行審法と同様の趣旨であるが、特に国税不服申立手続については、平成23年度税制改正大綱において、納税者の利便性向上を図る観点から、争訟手続における納税者の選択の自由度を増すことを基本に、原則として二段階となっている現行の仕組みを抜本的に見直す方向で検討を行うこととされていたところである[4]。この改正の背景には、平成23年の国通法の改正によって、平成25年1月1日から、すべての納税者に処分時の理由付記が実施されることとされている（国通法74条の14第1項括弧書）ことが影響し

4）　平成23年度税制改正大綱（平成22年12月16日閣議決定）8頁参照。

ているものと考えられる。もっぱら法解釈について争いたい場合など、処分庁による処分の見直しは期待しづらいケースもあるので、直接審査請求できることとする改正は、審査請求や訴訟を急ぐ申立人の利便性に資するものということができる（審査請求前置主義はなお従前のままであるが、審査請求後３か月を経れば訴訟提起可能）。

もっとも、再調査の請求をしたときには、３か月経過または正当な理由がある場合の例外を除き、原則として、当該再調査の請求についての決定を経た後でなければ、審査請求はできない（改正国通法75条４項）。

⑵ 「再調査の請求」の選択

改正前の現行制度においても青色申告者等は例外的に異議申立てを経ることなく直接審査請求が可能とされているが（現行国通法75条４項）、そのうちの多数のものが異議申立てを選択している実情がある[5)]。この実情は、現行法上の異議申立てに納税者の一定のニーズがあることを示しているということができる。この度の国通法の改正により、青色申告者にかかわらず全ての納税者が、処分に不服がある際に、再調査の請求か審査請求かの選択を迫られることになる。そこで、ここでは「再調査の請求」の意義を確認しておきたい。

まず、現行法上の審査請求の前段階の異議申立てを「再調査の請求」として存置する必要性については、「要件事実の認定の当否に係る不服申立てが大量になされる処分等については、処理人員や処理期間の制約上、処分を行う際の審査に一定の限界があること等を踏まえれば、例外的に、審査請求に先立って、処分の事案・内容等を容易に把握できる行政庁に対し簡易な手続で改めて見直

5）　平成23年度の法人税関係でみると、青色申告法人は全体の99.5％（2,569,404法人中2,556,201法人）であるが（国税庁長官官房企画課「平成23年度分 会社標本調査―調査結果報告-税務統計から見た法人企業の実態」（平成25年３月）158頁）、同年度の法人税等の異議申立ての件数は562件であり、同様に審査請求の件数は453件であることから（国税庁＝国税不服審判所「平成23年度における不服申立て及び訴訟の概要」（平成24年６月））、青色申告法人の相当数が異議申立てを経ているものと推定できる。また、平成25年３月に実施されたヒアリングにおいて、質問者は日本税理士会連合会に対して「財務省によれば、青色申告に係る審査請求のかなりの部分が（異議申立てを経なくてよいにもかかわらず）異議申立てを経た上で行われているそうである」と述べている（総務省行政管理局「行政不服審査制度の見直しに係るヒアリング　議事概要」（平成25年３月22日）11頁）。

しを求める手続を設けることは、不服申立人の権利利益の簡易迅速な救済及び行政における効率的な事務遂行の双方に資する面もあると考えられる[6]」と説明されている。したがって、「再調査の請求」で救済されうる不服申立ては、要件事実の認定の当否に係るものであり、もっぱら法令解釈に関する争いは、基本的に想定されていないということに留意しておかなければならない。

そして、単に事実認定を再度見直すことで簡易に救済可能な場合には、処分庁に対する「再調査の請求」により適正な処分を促すことで、国税不服審判所への審査請求に比して、より簡易迅速な救済を図ることが可能と考えられる。実際、国税の異議申立ての平均処理期間は約2.5か月であり、審査請求の約10か月と比して圧倒的に迅速である[7]。

また、処分庁に対する「再調査の請求」には、申立先の近接性というメリットもある（処分庁である税務署は全国に524か所。審査庁である国税不服審判所は本部・12支部・７支所）。

選択制となる新制度において、以上のような「再調査の請求」の救済制度としての意義が納税者に理解され、一層簡易迅速で公正な権利救済手続の実現が期待される。

〈国税庁長官がした処分に対する不服申立て〉

国税に関する法律に基づく処分は、ほとんどの場合、税務署長により行われるが（国税局長や税関長が行う場合もある）、例外的に、国税庁長官が行う処分もある。具体的には、納税地の指定および指定の取消し（所得税法18条、法人税法18条、消費税法23条、相続税法62条など）、国等に対して財産を寄附した場合の譲渡所得等の非課税適用に係る申請の却下および承認取消し（租税特別措置法40条、同法施行令25条の17）、連結納税の適用に係る申請の却下および承認取消し（法人

6）　総務省「行政不服審査制度の見直し方針」（平成25年６月（以下、「見直し方針」という））４頁。なお、「不服申立てが大量になされる処分等については、（…中略…）処分を行う際の審査に一定の限界がある」ことについて、最判昭和49・７・19民集28巻５号759頁は、「国税の賦課に関する処分が大量かつ回帰的なものであり、当初の処分が必ずしも十分な資料と調査に基づいてされえない場合がある」と述べている。

7）　行政救済制度検討チーム WG（第５回）「各府省提出資料（財務省、総務省）」（平成23年９月７日）15頁。

税法４条の２～５）ならびに酒税法第２章（免許）に基づく処分などである。

このような国税庁長官が行う処分は、現行法では異議申立てのみできることとされているが（現行国通法75条１項３号）、改正法では、審査請求に改められた（改正国通法75条１項２号）。これは、旧行審法上、上級行政庁がある場合には審査請求、ない場合には異議申立てとされていた不服申立ての類型が、改正後は、異議申立てが廃止され審査請求に一元化されたためである。この国税庁長官に対する審査請求は、改正法では、原則として、行審法の規定によることとされている（改正国通法80条２項）。

国税通則法第76条（適用除外）の整理――行審法第７条（適用除外）――【改正後】

区　分	通則法第76条第１項	通則法第76条第２項
	通則法第75条（国税に関する処分についての不服申立て）（※）の不適用 （※）行審法第２条（処分についての審査請求）に相当	行審法第３条（不作為についての審査請求）の不適用
○通則法第８章第１節の規定による処分（一号）	・　決定（通法83）及び裁決（通法98） ・　不服申立手続上の中間処分……補正要求（通法81③・91①）、補佐人帯同についての処分（通法84③・95の２③で準用する84③）、閲覧等請求についての処分（通法97の３）、不服申立てに係る国税の徴収猶予等に関する処分（通法105）、不服申立人の地位承継の不許可（通法106④）、総代の互選命令（通法108②）、参加人の不許可（通法109①）等	・　左記処分に係る不作為
○行審法による処分（一号）	・　不作為や事実行為についての（行審法による）不服申立てについての決定及び裁決 ・　不服申立手続上の中間処分	（行審法により適用除外・行審法７①十二）
○その他通則法第75条の規定による不服申立てについてした処分（一号）	・　通則法第11条の規定による不服申立期限の延長申請に対する期日指定の処分	・　左記処分に係る不作為
○行審法第７条第１項第７号に掲げる処分（二号）	・　国税犯則取締法に基づく処分	（行審法により適用除外・行審法７①七）

出所：財務省作成資料

（適用除外）

第76条　次に掲げる処分については、前条の規定は、適用しない。

一　この節又は行政不服審査法（平成26年法律第68号）の規定による処分その他前条の規定による不服申立て（第80条第３項（行政不服審査法との関

> 係）を除き、以下「不服申立て」という。）についてした処分
> 二　行政不服審査法第７条第１項第７号（国税犯則取締法等に基づく処分）に掲げる処分
> 2　この節の規定による処分その他不服申立てについてする処分に係る不作為については、行政不服審査法第３条（不作為についての審査請求）の規定は、適用しない。

本条は、不服申立ての適用除外事項として、不服申立てについてした処分等を規定している。

この度の改正では、新行審法７条において、不作為についての審査請求についても、処分についての審査請求と同様に不服申立ての適用除外を認めることとされたので、これと合わせて、本条においても、不作為についての審査請求について、不服申立てができないことを明らかにしている（改正国通法76条２項）。

> （不服申立期間）
> 第77条　不服申立て（第75条第３項及び第４項（再調査の請求後にする審査請求）の規定による審査請求を除く。第３項において同じ。）は、処分があつたことを知つた日（処分に係る通知を受けた場合には、その受けた日）の翌日から起算して３月を経過したときは、することができない。ただし、正当な理由があるときは、この限りでない。
> 2　第75条第３項の規定による審査請求は、第84条第10項（決定の手続等）の規定による再調査決定書の謄本の送達があつた日の翌日から起算して１月を経過したときは、することができない。ただし、正当な理由があるときは、この限りでない。
> 3　不服申立ては、処分があつた日の翌日から起算して１年を経過したときは、することができない。ただし、正当な理由があるときは、この限りでない。
> 4　第22条（郵送等に係る納税申告書等の提出時期）の規定は、不服申立てに係る再調査の請求書又は審査請求書について準用する。

〈不服申立期間の延長〉

⑴　改正内容

現行法上、処分があったことを知った日の翌日から２か月以内とされている主観的不服申立期間については、新行審法上の不服申立期間の延長と同様に、再調査の請求または審査請求に係る不服申立期間が３か月以内に延長された（改正国通法77条１項）。平成16年に行訴法が改正され、取消訴訟の出訴期間が処分または裁決があったことを知った日から３か月から６か月に延長された（行訴法14条１項）こととの平仄の問題もあるが、この度の改正では、下図に示すように、国民の権利利益の救済と法律関係の早期安定のバランスの観点から、３か月以内という比較的小幅な延長にとどまっている。

また、再調査の請求についての決定に不服があり、第２審たる国税不服審判所長に対する審査請求に移行する場合の１か月の審査請求期間については、新行審法においても変更がないため、現行法上の異議決定後の審査請求期間から変更はない（改正国通法77条２項）。

さらに、「処分があつた日の翌日から起算して１年」（改正国通法77条３項）とされる客観的不服申立期間についても、新行審法においても変更がないため、

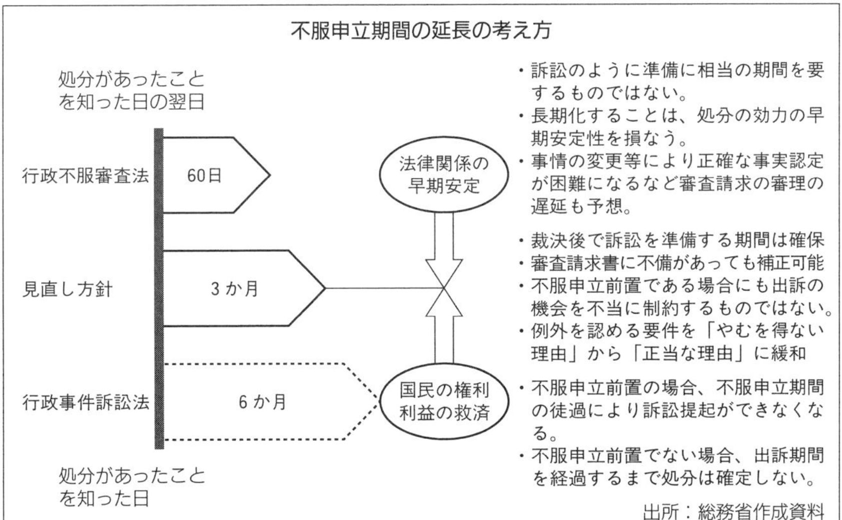

不服申立期間の延長の考え方
処分があったことを知った日の翌日
行政不服審査法
60日
見直し方針
３か月
行政事件訴訟法
６か月
処分があったことを知った日
法律関係の早期安定
国民の権利利益の救済
・訴訟のように準備に相当の期間を要するものではない。
・長期化することは、処分の効力の早期安定性を損なう。
・事情の変更等により正確な事実認定が困難になるなど審査請求の審理の遅延も予想。
・裁決後で訴訟を準備する期間は確保
・審査請求書に不備があっても補正可能
・不服申立前置である場合にも出訴の機会を不当に制約するものではない。
・例外を認める要件を「やむを得ない理由」から「正当な理由」に緩和
・不服申立前置の場合、不服申立期間の徒過により訴訟提起ができなくなる。
・不服申立前置でない場合、出訴期間を経過するまで処分は確定しない。

出所：総務省作成資料

従前どおりである。

⑵　今後の検討課題

この度の行審法の改正とあわせて、「不服申立前置の全面的見直し」が実施されていることもあり、改正に至る検討過程において、不服申立前置の場合に不服申立期間の徒過の時点で残りの出訴期間が無意味になってしまい平成16年の行訴法の改正の趣旨が没却されてしまうので、少なくとも不服申立前置の個別法については、出訴期間と同様の6か月とすべき、との強い意見が出された[8)]。この点、いみじくも、「見直し方針」において、「他方、不服申立前置の場合、不服申立期間の徒過により訴訟提起ができなくなる一方、不服申立前置でない場合は、出訴期間を経過するまで処分が確定しないから不服申立期間を出訴期間より短くする意味はない、といったことから、出訴期間と同一の6か月とすべきとの強い意見もある[9)]」と述べられているところである。国通法も不服申立前置であるから、出訴期間との平仄の問題は今後の検討課題と認識しておきたい。

〈正当な理由があるときの救済規定〉

現行法は、天災その他やむを得ない理由による不服申立期限の延長（現行国通法77条3項）と誤って長い不服申立期間を教示した場合の救済規定（同条6項）

8）「行政不服審査制度の見直しに係る検討（第1回）」では、「不服申立前置がなければ、訴訟と比較してより簡便な制度であるということで、不服申立期間を3か月としても説明がつくのだが、前置を残す場合には、不服申立期間は出訴期間と同じく6か月とするのが自然ではないか」との有識者からの発言がある（総務省行政管理局「行政不服審査制度の見直しに係る検討（第1回）議事概要」（平成25年4月11日）3～4頁阪田雅裕発言）。また、第2回検討会においても、「不服申立前置のものについて、出訴期間が6か月であるのに不服申立期間を3か月とする説明が困難である。なぜ前置が必要なのかという説明が必要ではないか」「実態として裁判をやるのは非常に大きな負担になる。自由選択制にしたとしても、それほど訴訟件数が増えるとは思えない。不服申立前置を残すのであれば不服申立期間も6か月とするのがきれいな整理」（総務省行政管理局「行政不服審査制度の見直しに係る検討（第2回）　議事概要」（平成25年4月23日）3～4頁阪田雅裕発言）、「不服申立ては訴訟に比べ便利で気楽に行えるとの説明だが、それが国民の実感にあっているのかどうか。不服申立てをする以上は訴訟までを見据えて構えて行う者もいるだろうから、少なくとも不服申立前置の場合には、不服申立期間を短くするのはどうかという思いもある。現行でも不服申立期間が出訴期間より短いが、そこの説明は整理が難しい。」（同小早川光郎発言）との有識者からの発言がある。

9）「見直し方針」12頁。

を設けている。

改正法では、これらの救済規定について、客観的不服申立期間の救済規定（改正国通法77条３項ただし書）および行訴法の規定（行訴法14条各項ただし書）に合わせて拡大し、「正当な理由」があるときは、不服申立期間経過後にも不服申立てができることとして納税者の不服申立ての機会を拡大することとしている（改正国通法77条１項・２項）。現行法上の天災その他やむを得ない理由や教示を誤った場合は、改正法上の「正当な理由」に含まれることとなる。

なお、「正当な理由」は、行訴法14条各項ただし書の場合と同様に、個別の事件ごとに判断される。

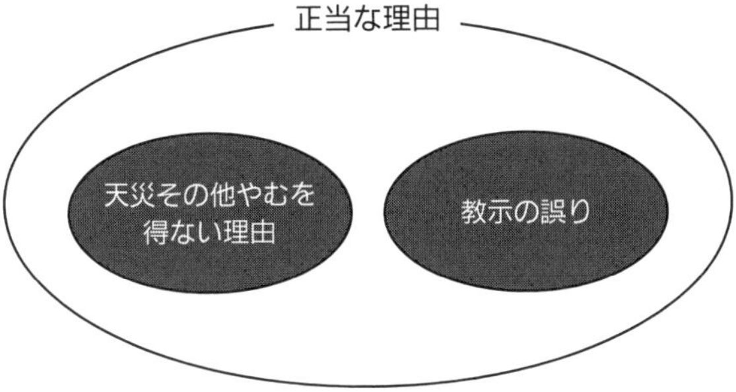

（標準審理期間）

第77条の２　国税庁長官、国税不服審判所長、国税局長、税務署長又は税関長は、不服申立てがその事務所に到達してから当該不服申立てについての決定又は裁決をするまでに通常要すべき標準的な期間を定めるよう努めるとともに、これを定めたときは、その事務所における備付けその他の適当な方法により公にしておかなければならない。

新行審法において、行手法上の申請に対する処分における標準処理期間の努力義務規定（行手法６条。ただし、国税に関する法律に基づき行われる処分等については適用除外（国通法74条の14第１項））と同様の観点から、審理の遅延を防ぎ、不服申立人の権利利益の救済を図るために、審査庁となるべき行政庁は、審理期間の目安となるものとして標準的な期間をあらかじめ定めるよう努めるとともに、これを定めたときは、事務所における備付けその他の適当な方法により公にしておかなければならないこととされた（新行審法16条、同法61条において再調査の請求に準用）。本条は、この改正に合わせ、国通法においても、同様の規定が創設されたものである。

もっとも、国税庁では、現行法下においても運用により、異議申立ては３か月、審査請求は１年と、それぞれ目標処理期間を定めており、いずれも例年90％以上という処理実績である[10]。この度の改正により、標準審理期間の設定が努力義務規定として創設されたことにより、より一層有効な審理手続が期待されるところである。

（行政不服審査法との関係）

第80条　国税に関する法律に基づく処分に対する不服申立て（次項に規定する審査請求を除く。）については、この節その他国税に関する法律に別段の定めがあるものを除き、行政不服審査法（第２章及び第３章（不服申立てに係る手続）を除く。）の定めるところによる。

２　第75条第１項第２号又は第２項（第２号に係る部分に限る。）（国税に関する処分についての不服申立て）の規定による審査請求については、この節（次款及び第３款（審査請求）を除く。）その他国税に関する法律に別段の定めがあるものを除き、行政不服審査法の定めるところによる。

３　酒税法第２章（酒類の製造免許及び酒類の販売業免許等）の規定による処分に対する不服申立てについては、行政不服審査法の定めるところによるものとし、この節の規定は、適用しない。

〈国税不服申立てと行審法の関係〉

本条は、一般法たる行審法と特別法たる国通法の関係につき規定している。

国税に関する法律に基づく処分に対する不服申立て（以下、「国税不服申立

10)　平成25年度の異議申立ての３か月以内の処理件数割合は97.0％（国税庁「平成25年度における異議申立ての概要」（平成26年６月））、審査請求の１年以内の処理件数割合は96.2％（国税不服審判所「平成25年度における審査請求の概要」（平成26年６月））。

て」という）については、一般的な行審法上の定めに対する特例が、国通法第8章第1節（不服審査）に定められている。したがって、この関係においては、国通法は一般法たる行審法の特別法と位置づけられるが、一般法である行審法と同様の手続であっても、国通法は、基本的に、ほぼ自己完結的に規定していることに特徴がある。すなわち、国通法は、国税不服申立てについては、原則として、行審法第2章および第3章（不服申立てに係る手続）を適用除外とした上で（改正国通法80条1項括弧書)、不服申立てに係る一連の個別の規定を定めている。

新行審法の目次と国税不服申立ての適用関係は、基本的に、以下に示すようになっている。

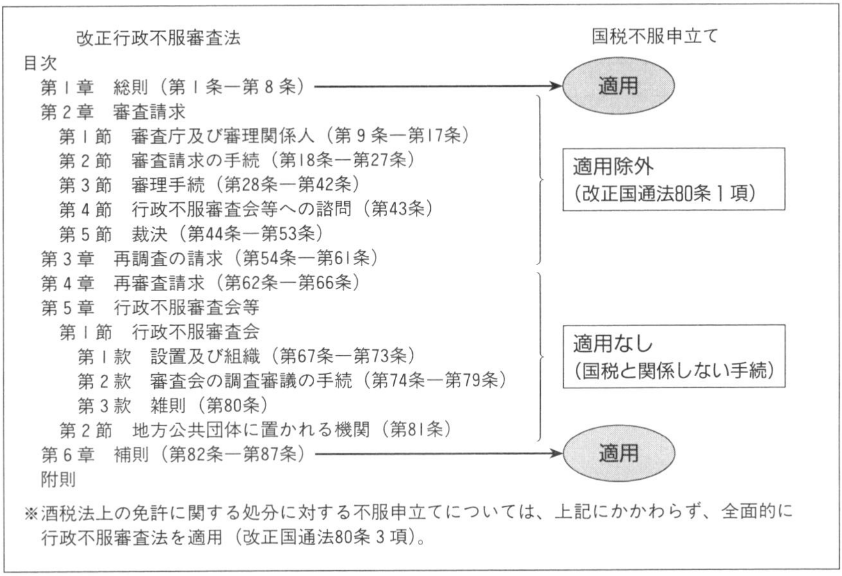
改正行政不服審査法
国税不服申立て
目次
第１章　総則（第１条—第８条）
適用
第２章　審査請求
第１節　審査庁及び審理関係人（第９条—第17条）
第２節　審査請求の手続（第18条—第27条）
第３節　審理手続（第28条—第42条）
第４節　行政不服審査会等への諮問（第43条）
第５節　裁決（第44条—第53条）
第３章　再調査の請求（第54条—第61条）
適用除外
（改正国通法80条１項）
第４章　再審査請求（第62条—第66条）
第５章　行政不服審査会等
第１節　行政不服審査会
第１款　設置及び組織（第67条—第73条）
第２款　審査会の調査審議の手続（第74条—第79条）
第３款　雑則（第80条）
第２節　地方公共団体に置かれる機関（第81条）
適用なし
（国税と関係しない手続）
第６章　補則（第82条—第87条）
適用
附則
※酒税法上の免許に関する処分に対する不服申立てについては、上記にかかわらず、全面的に行政不服審査法を適用（改正国通法80条３項）。

新行審法第2章および第3章は、改正国通法80条1項括弧書により適用除外とされているが、これに加え、新行審法第4章（再審査請求）および第5章（行政不服審査会等）は、そもそも国税不服申立てとは関係しない手続である。したがって、結果的に、国税の領域で新行審法が適用されるのは、第1章（総則）および第6章（補則）のみということになる。さらに具体的には、国税不

服申立てに新行審法が適用されるのは、第１章のうち１条（目的等）と第６章のうち82条（不服申立てをすべき行政庁等の教示）から85条（公表）に限られる。ただし、現行国通法第８章第１節第２款（異議申立て）が適用される国税庁長官に対する異議申立てについては、今回の改正では、同款の適用対象外とされたので、原則として、新行審法が適用される（改正国通法80条２項参照）。

なお、国税不服申立てについては、国通法にその手続規定が設けられているが、行政庁の不作為および事実行為についての不服申立て、酒税法第２章（酒類の製造免許及び酒類の販売業免許等）および税理士法等に基づくものについては、従来どおり、新行審法の適用を受けるほか、国税庁長官の処分に対する審査請求（今回の改正により、異議申立てから審査請求に変更）についても新行審法の適用を受けることとなる。

国税の不服申立てに関する法令の適用関係【改正後】

	処分の根拠法	不服申立てに関する法令の適用関係
「国税に関する法律」（注１）に基づく処分	・　所得税法 ・　法人税法 ・　国税徴収法 ・　酒税法（第２章を除く。）等	・　税務署長、国税局長、税関長、登記官等の処分（通法80①） ⇒基本的に国税通則法の適用 イ）　行審法第２章（審査請求）及び第３章（再調査の請求）の規定は、適用されない。 ロ）　通則法第８章第１節その他国税に関する法律の別段の定め（注２）は、行審法に優先して適用される。 （→行審法の適用は同法第１条（目的等）、第82条（不服申立てをすべき行政庁等の教示）、第83条（教示をしなかった場合の不服申立て）、第84条（情報の提供）、第85条（公表）に限られることとなる。） ・　国税庁長官の処分（通法80②） ⇒基本的に行政不服審査法の適用 通則法第８章第１節（第２款（再調査の請求）及び第３款（審査請求）を除く。）その他国税に関する法律の別段の定めは、行審法に優先して適用される。 （→審査請求の審理手続、行政不服審査会への諮問など基本的に行審法が適用されることとなる。）
	・　酒税法第２章（酒類の製造免許及び酒類の販売業免許等）	行政不服審査法の適用（通法80③）
上記以外の法律に基づく処分	・　酒税の保全及び酒類業組合等に関する法律 ・　税理士法　等	行政不服審査法の適用（通法75①）

出所：財務省作成資料

〈国税庁長官に対する不服申立て〉

現行法では異議申立てのみできることとされている国税庁長官に対する不服申立ては、改正法では審査請求に改められたが（改正国通法75条１項２号）、国通法上の審査請求は、国税不服審判所に対するものであること等の理由から、この度の改正では、この国税庁長官に対する審査請求については、基本的には、新行審法の規定によることとされた（改正国通法80条２項）。

（再調査の請求書の記載事項等）

第81条　再調査の請求は、次に掲げる事項を記載した書面を提出してしなければならない。

一　再調査の請求に係る処分の内容

二　再調査の請求に係る処分があつたことを知つた年月日（当該処分に係る通知を受けた場合には、その受けた年月日）

三　再調査の請求の趣旨及び理由

四　再調査の請求の年月日

2　前項の書面（以下「再調査の請求書」という。）には、同項に規定する事項のほか、第77条第１項又は第３項（不服申立期間）に規定する期間の経過後に再調査の請求をする場合においては、同条第１項ただし書又は第３項ただし書に規定する正当な理由を記載しなければならない。

3　再調査の請求がされている税務署長その他の行政機関の長（以下「再調査審理庁」という。）は、再調査の請求書が前２項又は第124条（書類提出者の氏名、住所及び番号の記載等）の規定に違反する場合には、相当の期間を定め、その期間内に不備を補正すべきことを求めなければならない。この場合において、不備が軽微なものであるときは、再調査審理庁は、職権で補正することができる。

4　再調査の請求人は、前項の補正を求められた場合には、その再調査の請求に係る税務署その他の行政機関に出頭して補正すべき事項について陳述し、その陳述の内容を当該行政機関の職員が録取した書面に押印することによつても、これをすることができる。

5　第３項の場合において再調査の請求人が同項の期間内に不備を補正しない

とき、又は再調査の請求が不適法であつて補正することができないことが明らかなときは、再調査審理庁は、第84条第１項から第６項まで（決定の手続等）に定める審理手続を経ないで、第83条第１項（決定）の規定に基づき、決定で、当該再調査の請求を却下することができる。

本条は、再調査の請求書の記載事項を定めるとともに、再調査の請求が国税に関する法律の規定に従っていない場合の補正および審理手続を経ないでする却下決定について規定している。

再調査の請求書の原則的な記載事項は、①再調査の請求に係る処分の内容（改正法により「の内容」が加えられた）、②再調査の請求に係る処分があったことを知った日等、③再調査の請求の趣旨および理由および④再調査の請求の年月日の４項目であり（改正国通法81条１項各号）、基本的に現行法から変わりはない。

この度の改正では、「異議申立て」から「再調査の請求」に名称が改められたことに伴う所要の規定の整備（「異議申立書」→「再調査の請求書」、「異議審理庁」→「再調査審理庁」、「異議申立人」→「再調査の請求人」）のほか、不服申立期間について正当な理由があるときの救済規定が設けられた（改正国通法77条１項）ことに伴い、かかる救済規定を適用する際に当該正当な理由の記載を義務付ける規定が新設されている（同法81条２項）。

また、補正の対象が再調査の請求書の記載事項として明確化された（改正国通法81条３項）。

さらに、補正期間内に補正しないときまたは不適法であって補正することができないことが明らかなときに、審理手続を経ないでする却下決定の規定（改正国通法81条５項）が新設された。ここで、「不適法であって補正することができないことが明らかなとき」とは、たとえば、再調査の請求期間を徒過し、そのことについての正当な理由が認められないことが明らかな場合などをいう。このような場合にまで、口頭意見陳述の申出の機会を与える等の手続は無用であることから規定されたものである。[11)]

11）　財務省ホームページ「平成26年度 税制改正の解説」1128～1129頁参照。

（決定の手続等）

第84条　再調査審理庁は、再調査の請求人又は参加人（第109条第３項（参加人）に規定する参加人をいう。以下この款及び次款において同じ。）から申立てがあつた場合には、当該申立てをした者（以下この条において「申立人」という。）に口頭で再調査の請求に係る事件に関する意見を述べる機会を与えなければならない。ただし、当該申立人の所在その他の事情により当該意見を述べる機会を与えることが困難であると認められる場合には、この限りでない。

２　前項本文の規定による意見の陳述（以下この条において「口頭意見陳述」という。）は、再調査審理庁が期日及び場所を指定し、再調査の請求人及び参加人を招集してさせるものとする。

３　口頭意見陳述において、申立人は、再調査審理庁の許可を得て、補佐人とともに出頭することができる。

４　再調査審理庁は、必要があると認める場合には、その行政機関の職員に口頭意見陳述を聴かせることができる。

５　口頭意見陳述において、再調査審理庁又は前項の職員は、申立人のする陳述が事件に関係のない事項にわたる場合その他相当でない場合には、これを制限することができる。

６　再調査の請求人又は参加人は、証拠書類又は証拠物を提出することができる。この場合において、再調査審理庁が、証拠書類又は証拠物を提出すべき相当の期間を定めたときは、その期間内にこれを提出しなければならない。

７　再調査の請求についての決定は、主文及び理由を記載し、再調査審理庁が記名押印した再調査決定書によりしなければならない。

８　再調査の請求についての決定で当該再調査の請求に係る処分の全部又は一部を維持する場合における前項に規定する理由においては、その維持される処分を正当とする理由が明らかにされていなければならない。

９　再調査審理庁は、第７項の再調査決定書（再調査の請求に係る処分の全部を取り消す決定に係るものを除く。）に、再調査の請求に係る処分につき国税不服審判所長に対して審査請求をすることができる旨（却下の決定である場合にあつては、当該却下の決定が違法な場合に限り審査請求をすることができる旨）及び審査請求期間を記載して、これらを教示しなければならない。

10　再調査の請求についての決定は、再調査の請求人（当該再調査の請求が処分の相手方以外の者のしたものである場合における前条第3項の規定による決定にあつては、再調査の請求人及び処分の相手方）に再調査決定書の謄本が送達された時に、その効力を生ずる。

11　再調査審理庁は、再調査決定書の謄本を参加人に送付しなければならない。

12　再調査審理庁は、再調査の請求についての決定をしたときは、速やかに、第6項の規定により提出された証拠書類又は証拠物をその提出人に返還しなければならない。

旧行審法上の異議申立ては、基本的には、上級行政庁がない場合の不服申立てとして、上級行政庁がある場合の審査請求に準拠するものとして位置付けられていることに対して、現行国通法上の異議申立ては審査請求の前段階の処分庁に対する不服申立てとして位置付けられていることから、現行国通法上の異議申立ては旧行審法上の異議申立てと同水準の審理手続の規定がとられていない。すなわち、現行国通法上の異議申立ての審理手続については、口頭意見陳述についての規定（現行国通法84条1項・2項）があるのみで、その余の手続については、事件の内容に応じ、弾力的な運営が行われるよう規定が簡素化されている。[12)]

新行審法では、旧行審法の上級行政庁がない場合の異議申立ては審査請求に一元化され、審査請求の前段階の処分庁に対する異議申立て（国通法上の異議申立てと同義）は、再調査の請求として規定された。すなわち、新行審法と改正国通法の再調査の請求は同じ位置付けとされたわけである。

そのため、改正国通法においては、新行審法上の再調査の請求決定に至る審理手続と同水準の規定が以下のように整備されている。

〈口頭意見陳述（再調査の請求）〉

請求人等からの申立てにより口頭意見陳述の機会が与えられ（改正国通法84条1項本文）、許可を得て補佐人とともに出頭することもでき（同条3項）、必要が

12）　志場喜徳郎＝荒井勇＝山下元利＝茂串俊共編『国税通則法精解〔平成25年改訂〕』（大蔵財務協会・2013）976頁参照。

ある場合に処分庁の職員に口頭意見陳述を聴かせることができること（同条4項）は、現行法と基本的に同様であるが、これに加え、以下の規定が整備された。

① 申立人の所在その他の事情により口頭意見陳述の機会を与えることが困難である場合の例外（同条1項ただし書）

② 口頭意見陳述の期日および場所の指定と再調査の請求人および参加人の招集（同条2項）

③ 事件に関係のない事項など相当でない場合の口頭意見陳述の制限（同条5項）

〈再調査の請求人等による証拠書類等の提出と返還〉

再調査の請求人または参加人は、証拠書類または証拠物を提出することができ（提出期限が設けられることもある）（改正国通法84条6項）、決定後は速やかに返還しなければならない（同条12項）。

（審査請求書の記載事項等）

第87条　審査請求は、政令で定めるところにより、次に掲げる事項を記載した書面を提出してしなければならない。

一　審査請求に係る処分の内容

二　審査請求に係る処分があつたことを知つた年月日（当該処分に係る通知を受けた場合にはその通知を受けた年月日とし、再調査の請求についての決定を経た後の処分について審査請求をする場合には再調査決定書の謄本の送達を受けた年月日とする。）

三　審査請求の趣旨及び理由

四　審査請求の年月日

2　前項の書面（以下この款において「審査請求書」という。）には、同項に規定する事項のほか、次の各号に掲げる場合においては、当該各号に定める事項を記載しなければならない。

一　第75条第4項第1号（国税に関する処分についての不服申立て）の規定により再調査の請求についての決定を経ないで審査請求をする場合　再調査の請求をした年月日

二　第75条第４項第２号の規定により再調査の請求についての決定を経ないで審査請求をする場合　同号に規定する正当な理由

三　第77条第１項から第３項まで（不服申立期間）に規定する期間の経過後において審査請求をする場合　これらの各項のただし書に規定する正当な理由

3　第１項第３号に規定する趣旨は、処分の取消し又は変更を求める範囲を明らかにするように記載するものとし、同号に規定する理由においては、処分に係る通知書その他の書面により通知されている処分の理由に対する審査請求人の主張が明らかにされていなければならないものとする。

審査請求書の原則的な記載事項は、①審査請求に係る処分の内容（改正法により「の内容」が加えられた）、②審査請求に係る処分があったことを知った日等、③審査請求の趣旨および理由および④審査請求の年月日の４項目であり（改正国通法87条１項各号）、基本的に現行法から変わりはない。

また、再調査の請求決定を経ないで審査請求をする場合に、①３月経過による場合（改正国通法75条４項１号）は再調査の請求をした年月日を、②正当な理由による場合（同項２号）は当該正当な理由を、それぞれ記載しなければならないことも現行法どおりである（同法87条２項１号・２号）。

この度の改正では、不服申立期間について正当な理由があるときの救済規定が設けられた（改正国通法77条１項～３項各ただし書）ことに伴い、かかる救済規定を適用する際に当該正当な理由の記載を義務付ける規定が新設されている（同法87条２項３号）。

（審査請求書の補正）

第91条　国税不服審判所長は、審査請求書が第87条（審査請求書の記載事項等）又は第124条（書類提出者の氏名、住所及び番号の記載等）の規定に違反する場合には、相当の期間を定め、その期間内に不備を補正すべきことを求めなければならない。この場合において、不備が軽微なものであるときは、国税不服審判所長は、職権で補正することができる。

2　審査請求人は、前項の補正を求められた場合には、国税不服審判所に出頭して補正すべき事項について陳述し、その陳述の内容を国税不服審判所の職員が録取した書面に押印することによつても、これをすることができる。

現行法では、審査請求に係る補正の対象について、「審査請求が国税に関する法律の規定に従つていないもので補正することができるものであると認めるとき」（現行国通法91条１項）と抽象的に規定している。この度の改正では、再調査の請求書の補正（改正国通法81条３項）と同様に、審査請求書の記載事項等が法令に違反する場合として（同法91条１項）、補正の対象が明確化された。

（審理手続を経ないでする却下裁決）
第92条　前条第１項の場合において、審査請求人が同項の期間内に不備を補正しないときは、国税不服審判所長は、次条から第97条の４まで（担当審判官等の審理手続）に定める審理手続を経ないで、第98条第１項（裁決）の規定に基づき、裁決で、当該審査請求を却下することができる。
2　審査請求が不適法であつて補正することができないことが明らかなときも、前項と同様とする。

再調査の請求決定と同様に（改正国通法81条５項）、補正期間内に補正しないときまたは不適法であって補正することができないことが明らかなときに、審理手続を経ないでする却下裁決の規定（同法92条１項・２項）が新設された。ここで、「不適法であって補正することができないことが明らかなとき」の意義については、前述の改正国通法81条５項の解説を参照されたい。

なお、この規定により却下する場合には、処分庁による答弁書の提出義務が免除される（改正国通法93条１項前段）。

（審理手続の計画的進行）
第92条の２　審査請求人、参加人及び次条第１項に規定する原処分庁（以下

「審理関係人」という。）並びに担当審判官は、簡易迅速かつ公正な審理の実現のため、審理において、相互に協力するとともに、審理手続の計画的な進行を図らなければならない。

スムーズな審理のためには、書類等の提出期限を遵守する等審理に携わる者の相互の協力なくして実現できるものではないという考えから、新行審法において28条が創設されたことと合わせて、改正国通法においてもこの審理手続の計画的進行という審理関係人の責務規定が設けられた。

また、本条において、審査請求人、参加人および原処分庁をあわせて、「審理関係人」と定義づけている。

なお、新行審法において各審理手続を行う「審理員」については、国通法上は、従来と同様に、国税不服審判所においてその実質審理を行う「担当審判官」が相当するものとして、本条以下に規定されている。

（担当審判官等の指定）

第94条　国税不服審判所長は、審査請求に係る事件の調査及び審理を行わせるため、担当審判官１名及び参加審判官２名以上を指定する。

２　国税不服審判所長が前項の規定により指定する者は、次に掲げる者以外の者でなければならない。

一　審査請求に係る処分又は当該処分に係る再調査の請求についての決定に関与した者

二　審査請求人

三　審査請求人の配偶者、４親等内の親族又は同居の親族

四　審査請求人の代理人

五　前２号に掲げる者であつた者

六　審査請求人の後見人、後見監督人、保佐人、保佐監督人、補助人又は補助監督人

七　第109条第１項（参加人）に規定する利害関係人

〈担当審判官の指定時期〉

現行法は、担当審判官の指定時期について、「答弁書が提出されたとき」とされているが（現行国通法94条１項）、改正法では、この「答弁書が提出されたときは」との文言が削除されている（改正国通法94条１項）。改正法の条文上、担当審判官の指定時期は明らかでないが、答弁書の提出よりも前段階（たとえば形式審査の終了時）でも担当審判官を指定することができることとして、迅速性を高める趣旨と考えられる。[13]

〈イメージ：担当審判官の指定時期〉

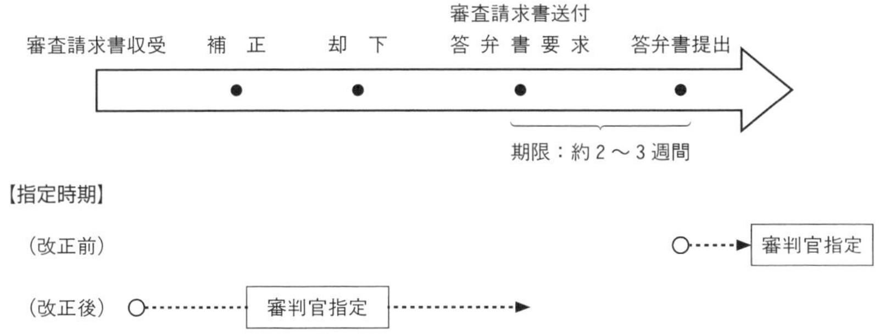

出所：財務省作成資料

〈担当審判官の除斥事由〉

国税不服審判所長が指定する担当審判官は、以下に掲げる者以外の者でなければならないという担当審判官の除斥事由の規定が新設された（改正国通法94条２項）。

【担当審判官として指定することができない者】

・原処分または再調査の請求についての決定に関与した者

13）　この点、財務省主税局の担当官は、「具体的には、原則として国税不服審判所長による形式審査により却下する事件を除き、補正を了した段階で担当審判官を指定することができることとされました。さらに、補正に時間を要する場合もあることから、審査請求人の主張整理を行うことを目的とした審査請求人面談等を実施するため、補正を了する前に担当審判官を指定することもできることとされています」と説明している（財務省ホームページ「平成26年度 税制改正の解説」1134頁）。

・審査請求人（であった者を含む）
・審査請求人の配偶者、４親等内の親族または同居の親族（であった者を含む）
・審査請求人の代理人または後見人、後見監督人、保佐人、保佐監督人、補助人もしくは補助監督人
・利害関係人（不服申立人以外の者であって不服申立てに係る処分の根拠となる法令に照らし当該処分につき利害関係を有するものと認められる者（改正国通法109条１項括弧書））

（反論書等の提出）

第95条　審査請求人は、第93条第３項（答弁書の送付）の規定により送付された答弁書に記載された事項に対する反論を記載した書面（以下この条及び第97条の４第２項第１号ロ（審理手続の終結）において「反論書」という。）を提出することができる。この場合において、担当審判官が、反論書を提出すべき相当の期間を定めたときは、その期間内にこれを提出しなければならない。

2　参加人は、審査請求に係る事件に関する意見を記載した書面（以下この条及び第97条の４第２項第１号ハにおいて「参加人意見書」という。）を提出することができる。この場合において、担当審判官が、参加人意見書を提出すべき相当の期間を定めたときは、その期間内にこれを提出しなければならない。

3　担当審判官は、審査請求人から反論書の提出があつたときはこれを参加人及び原処分庁に、参加人から参加人意見書の提出があつたときはこれを審査請求人及び原処分庁に、それぞれ送付しなければならない。

審査請求人は、原処分庁から提出された答弁書に対する反論書を提出することができ（改正国通法95条１項前段）、担当審判官が提出期間を定めたときはその期間内に提出しなければならないこと（同項後段）は、現行法から変わりはない。

この度の改正では、参加人意見書の提出を認める規定が新設された（改正国通法95条２項前段）。参加人意見書は、反論書の場合と同様に、担当審判官が提

出期間を定めたときはその期間内に提出しなければならない（同項後段）。

なお、反論書または参加人意見書が相当の期間内に提出されないことから、担当審判官が一定の期間を示して提出を求めたにもかかわらず、これに応じなかったときは、担当審判官は審理手続を終結することができる（改正国通法97条の4第2項1号ロ・ハ）。

（口頭意見陳述）

第95条の2　審査請求人又は参加人の申立てがあつた場合には、担当審判官は、当該申立てをした者に口頭で審査請求に係る事件に関する意見を述べる機会を与えなければならない。

2　前項の規定による意見の陳述（次項及び第97条の4第2項第2号（審理手続の終結）において「口頭意見陳述」という。）に際し、前項の申立てをした者は、担当審判官の許可を得て、審査請求に係る事件に関し、原処分庁に対して、質問を発することができる。

3　第84条第1項ただし書、第2項、第3項及び第5項（決定の手続等）の規定は、第1項の口頭意見陳述について準用する。この場合において、同条第2項中「再調査審理庁」とあるのは「担当審判官」と、「再調査の請求人及び参加人」とあるのは「全ての審理関係人」と、同条第3項中「再調査審理庁」とあるのは「担当審判官」と、同条第5項中「再調査審理庁又は前項の職員」とあるのは「担当審判官」と、それぞれ読み替えるものとする。

4　参加審判官は、担当審判官の命を受け、第2項の許可及び前項において読み替えて準用する第84条第5項の行為をすることができる。

現行法は、担当審判官は、審査請求人から口頭意見陳述の申立てがあったときは、その機会を与えなければならないこととしているが（現行国通法84条1項前段・101条1項）、口頭意見陳述に紛争の相手方である原処分庁が同席することは規定されていない。この点、この度の改正により、口頭意見陳述における全ての審理関係人（審査請求人、参加人および原処分庁）の招集（改正国通法84条2項・95条の2第3項）および審査請求人の原処分庁に対する質問権（同法95条の2

第2項）が規定された。これは、対審的な審理構造を導入することにより、審査請求人の手続保障の充実を図ろうとするものである。ここで、原処分庁に対する質問についての応答義務は規定されていないが、これは、全ての審理関係人を招集して審理を行う趣旨に鑑みて、質問に対して原処分庁が適切に応答すべきことは当然であることから、あえて応答義務を規定する必要性はない、との趣旨である。[14)]

また、再調査の請求に係る口頭意見陳述の規定を準用し、以下の規定が整備されている。

① 申立人の所在その他の事情により口頭意見陳述の機会を与えることが困難である場合の例外（改正国通法84条1項ただし書・95条の2第3項）

② 口頭意見陳述の期日および場所の指定（同法84条2項・95条の2第3項）

③ 事件に関係のない事項など相当でない場合の口頭意見陳述の制限（同法84条5項・95条の2第3項）

なお、審査請求人または参加人が、正当な理由なく、口頭意見陳述に出頭しないときは、担当審判官は審理手続を終結することができる（改正国通法97条の4第2項2号）。

（証拠書類等の提出）

第96条　審査請求人又は参加人は、証拠書類又は証拠物を提出することができる。

2　原処分庁は、当該処分の理由となる事実を証する書類その他の物件を提出することができる。

3　前2項の場合において、担当審判官が、証拠書類若しくは証拠物又は書類その他の物件を提出すべき相当の期間を定めたときは、その期間内にこれを提出しなければならない。

14）　見直し方針には、「口頭意見陳述における処分庁に対する質問について、応答義務を課すべきとの意見もあるが、全ての審理関係人を招集して審理を行う趣旨等を踏まえると、質問に対し処分庁等が適切に回答すべきものであることは当然であり、あえて応答義務を規定する必要はないものと考えられる」と記述されている（「見直し方針」11頁）。

審理関係人（審査請求人、参加人および原処分庁）に証拠書類等の提出権が認められており（改正国通法96条１項・２項）、担当審判官が証拠書類等の提出期間を定めたときは、その期間内に提出しなければならない（同条３項）ことは、現行法から変わりはない。

なお、証拠書類等が相当の期間内に提出されないことから、担当審判官が一定の期間を示して提出を求めたにもかかわらず、これに応じなかったときは、担当審判官は審理手続を終結することができる（改正国通法97条の４第２項１号ニ）。

（審理のための質問、検査等）

第97条　担当審判官は、審理を行うため必要があるときは、審理関係人の申立てにより、又は職権で、次に掲げる行為をすることができる。

一　審査請求人若しくは原処分庁（第４項において「審査請求人等」という。）又は関係人その他の参考人に質問すること。

二　前号に規定する者の帳簿書類その他の物件につき、その所有者、所持者若しくは保管者に対し、相当の期間を定めて、当該物件の提出を求め、又はこれらの者が提出した物件を留め置くこと。

三　第１号に規定する者の帳簿書類その他の物件を検査すること。

四　鑑定人に鑑定させること。

2　国税審判官、国税副審判官その他の国税不服審判所の職員は、担当審判官の嘱託により、又はその命を受け、前項第１号又は第３号に掲げる行為をすることができる。

3　国税審判官、国税副審判官その他の国税不服審判所の職員は、第１項第１号及び第３号に掲げる行為をする場合には、その身分を示す証明書を携帯し、関係者の請求があつたときは、これを提示しなければならない。

4　国税不服審判所長は、審査請求人等（審査請求人と特殊な関係がある者で政令で定めるものを含む。）が、正当な理由がなく、第１項第１号から第３号まで又は第２項の規定による質問、提出要求又は検査に応じないため審査請求人等の主張の全部又は一部についてその基礎を明らかにすることが著しく困難になつた場合には、その部分に係る審査請求人等の主張を採用しないことができる。

5　第１項又は第２項に規定する当該職員の権限は、犯罪捜査のために認められたものと解してはならない。

本条は、担当審判官等に職権調査の権限を与えるとともに、審査請求人または原処分庁が、正当な理由なく、質問、検査等に応じないためにその主張の基礎を明らかにすることが著しく困難になった場合には、その主張を採用しないことができる旨を規定している。

現行法では、担当審判官による質問検査権は、審査請求人もしくは参加人の申立てまたは職権により認められているが（現行国通法97条・109条４項）、この度の改正では、審査請求人または参加人に加え、同じく審理関係人（「審理関係人」は、審査請求人、参加人および原処分庁と定義づけられている（改正国通法92条の２））を構成する原処分庁も申立てができることとされた（改正国通法97条１項柱書）。この改正は、後述の原処分庁による閲覧等の請求（改正国通法97条の３）と同様に、新行審法の規定に準拠するものではなく、改正国通法独自のものである。新行審法では、処分庁の最上級行政庁が審査庁となることから、あえて原処分庁からの職権調査申立てを規定する必要がないものと考えられたが、国税不服申立てにおいては、原処分庁とは独立した第三者的機関である国税不服審判所が審理することから、原処分庁にも担当審判官による職権調査の申立てができることとされたものと考えられる。

また、提出物件の留置きに際して、相当の期間を定めることが加えられた（改正国通法97条１項２号）。

なお、帳簿書類その他の物件が相当の期間内に提出されないことから、担当審判官が一定の期間を示して提出を求めたにもかかわらず、これに応じなかったときは、担当審判官は審理手続を終結することができる（改正国通法97条の４第２項１号ホ）。

（審理手続の計画的遂行）
第97条の２　担当審判官は、審査請求に係る事件について、審理すべき事項が多数であり又は錯綜（そう）しているなど事件が複雑であることその他の事情により、迅速かつ公正な審理を行うため、第95条の２から前条第１項まで（口頭意見陳述等）に定める審理手続を計画的に遂行する必要があると認める場合には、期日及び場所を指定して、審理関係人を招集し、あらかじめ、これらの審理手続の申立てに関する意見の聴取を行うことができる。

2　担当審判官は、審理関係人が遠隔の地に居住している場合その他相当と認める場合には、政令で定めるところにより、担当審判官及び審理関係人が音声の送受信により通話をすることができる方法によつて、前項に規定する意見の聴取を行うことができる。

3　担当審判官は、前２項の規定による意見の聴取を行つたときは、遅滞なく、第95条の２から前条第１項までに定める審理手続の期日及び場所並びに第97条の４第１項（審理手続の終結）の規定による審理手続の終結の予定時期を決定し、これらを審理関係人に通知するものとする。当該予定時期を変更したときも、同様とする。

新行審法では、審理すべき事項が多数でありまたは錯綜しているなど事件が複雑である場合には、弁明書および反論書が提出されたのみでは審査請求の趣旨や審査請求人と処分庁の主張の対立点等を正確に把握できないことが考えられることから、簡易迅速に国民の権利利益の救済を図るために、審理手続を計画的に遂行するための規定が創設された（37条）。この見直しに合わせ、改正国通法においても本条が設けられたものである。

具体的には、審理すべき事項が多数でありまたは錯綜しているなど事件が複雑である場合等につき、口頭意見陳述（改正国通法95条の２）、証拠書類等の提出（同法96条）および審理のための質問検査等（同法97条１項）の手続をスムーズに実施するために、事前に指定された日時に担当審判官が指定する場所に出頭してまたは電話によって、審理関係人（審査請求人、参加人および原処分庁）に対して、担当審判官が意見を聴取することができることとされた（同法97条の２第１項・２項）。この意見の聴取を行った場合、担当審判官は、審理手続の終結の予定時期を審理関係人に遅滞なく通知するもの（予定時期を変更したときも同様）とされている（同条３項）。

近年、国税不服審判所では、透明性の確保を図るために実施する施策の一環として、担当審判官、審査請求人等および原処分庁との間で、事件の理解を共通にし、主張および争点を明確にすることにより、適正かつ迅速な裁決に資するため、担当審判官は、当事者双方と同席の上、当事者から主張等について説明を求める「同席主張説明」や、当事者双方の主張を的確に把握し争点が課税要件事実に沿って整理されているか否かを確認するため、また、当事者双方が争点を共通にして認識するため、担当審判官による当事者双方への「争点の確認表の交付」などを、運用上、行っている。

改正法施行後は、本条による争点および証拠の整理に係る手続が、現在、運用上行われている「同席主張説明」や「争点の確認表の交付」などとあわせて、効率的に実施されることが期待される。

（審理関係人による物件の閲覧等）

第97条の3　審理関係人は、次条第1項又は第2項の規定により審理手続が終結するまでの間、担当審判官に対し、第96条第1項若しくは第2項（証拠書類等の提出）又は第97条第1項第2号（審理のための質問、検査等）の規定により提出された書類その他の物件の閲覧（電磁的記録にあつては、記録された事項を財務省令で定めるところにより表示したものの閲覧）又は当該書類の写し若しくは当該電磁的記録に記録された事項を記載した書面の交付を求めることができる。この場合において、担当審判官は、第三者の利益を害するおそれがあると認めるとき、その他正当な理由があるときでなければ、その閲覧又は交付を拒むことができない。

2　担当審判官は、前項の規定による閲覧をさせ、又は同項の規定による交付をしようとするときは、当該閲覧又は交付に係る書類その他の物件の提出人の意見を聴かなければならない。ただし、担当審判官が、その必要がないと認めるときは、この限りでない。

3　担当審判官は、第1項の規定による閲覧について、日時及び場所を指定することができる。

4　第1項の規定による交付を受ける審査請求人又は参加人は、政令で定めるところにより、実費の範囲内において政令で定める額の手数料を納めなければならない。

5　担当審判官は、経済的困難その他特別の理由があると認めるときは、政令で定めるところにより、前項の手数料を減額し、又は免除することができる。

現行法は、審査請求人および参加人に対して、原処分庁から提出された書類その他の物件の閲覧請求権を認めている（現行国通法96条・109条5項）。この度の改正により、この閲覧請求権に加え謄写請求権（当該書類の写しまたは当該電磁的記録に記録された事項を記載した書面の交付の求め）も認めるとともに、この閲覧・謄写請求権の対象に担当審判官の職権収集資料（改正国通法97条1項2号に基づき提出された物件が対象）が加えられた（同法97条の3第1項）。

〈担当審判官の職権収集資料の閲覧等〉

担当審判官は、当事者双方の主張を整理するだけでなく、職権で自ら事実関係を調査することもできるので（改正国通法97条）、担当審判官の職権収集資料が閲覧・謄写の対象とされることは、審理の透明性や公正性に資する趣旨ということができる。

なお、担当審判官の職権収集資料（改正国通法97条1項2号）に加え、担当審判官による質問（同項1号）の記録についても閲覧等の対象とすべきと考えられるが、この点は、衆・参の両総務委員会でなされた附帯決議において言及されているものの、審理手続における審理関係人または参考人の陳述の内容が記載された文書の閲覧・謄写については、今後の検討に委ねられている（本書第2部 補論――附帯決議参照）。

〈謄写権（「当該書類の写し若しくは当該電磁的記録に記録された事項を記載した書面の交付」）の創設〉

謄写権が規定されることは、複雑難解な税務の閲覧資料を書き写している従来の状況[15]からすれば、審査請求人の利便性に資する趣旨ということができる。

15)　国税不服審判所「審査事務の手引」（平成23年7月）には以下の記述がある（88～89頁）。
「（書類等の謄写等の要求）
615　担当審判官は、閲覧請求人が閲覧をした書類等の謄写（写真撮影を含むが書き写すことは含まない。）及び写しの交付を求められたときは、これには応じないものとする」

なお、謄写の際は、当然のことながら、「実費の範囲内」で手数料の納付が求められることとなる（改正国通法97条の3第4項）。経済的困難その他特別の理由があると担当審判官が認めるときは、この手数料は減額ないし免除される（同条5項）。謄写の手数料の額や減免の手続については、今後制定される行審法施行令の規定に合わせて、国通法施行令で定められることとなる。

〈原処分庁への閲覧等請求権の付与〉

現行法では閲覧請求権は審査請求人および参加人に認められているが（現行国通法96条・109条5項）、改正法上の閲覧・謄写請求権の主体は「審理関係人」とされ、原処分庁にも閲覧・謄写請求権が認められることが確認的に規定されている（改正国通法97条の3第1項）。この改正は、前述の原処分庁からの担当審判官による職権調査の申立て（同法97条1項柱書）と同様に、新行審法に準拠するものではなく、改正国通法独自のものである。現行法においても、運用上、担当審判官の裁量により原処分庁にも閲覧させることは可能と考えられるが、近時の国税審判官の民間登用[16]や国通法99条の改正（改正内容は後述）を受けて、国税不服審判所の第三者性が高まっていることから、明文をもって原処分庁にも閲覧・謄写請求権を認めることが適当とされたものと考えられる[17]。

16）国税不服審判所では、「国税審判官への外部登用の工程表」（平成22年12月17日公表）に基づき、民間専門家の国税審判官への外部登用の拡大が図られており、平成25年7月以降、民間専門家から登用した国税審判官の在籍者数は、事件を担当する審判官の半数に相当する50名に達している（国税不服審判所「国税審判官（特定任期付職員）の採用について」（平成26年7月））。

17）新行審法では、処分庁の最上級行政庁が審査庁となることを踏まえ、処分庁からの閲覧・謄写請求権については、あえて規定されていないが（「見直し方針」11頁参照）、国税不服審判所は処分庁とは独立した第三者的機関であることから、国通法上は原処分庁による閲覧・謄写請求権が規定されたものと考えられる。

平成23年度税制改正大綱には、「証拠書類の閲覧・謄写の範囲については審査請求人と処分庁とのバランスを踏まえつつ拡大する方向で、それぞれ検討を行う」との記述がある（8頁）。

また、原処分庁による閲覧・謄写請求権を規定する必要性について、財務省は以下のように述べている（総務省行政管理局「行政不服審査制度の見直しに係るヒアリング 議事概要」（平成25年3月22日）7頁）。

「国税不服審判所と国税庁は緊張関係にあり、現制度においても、国税通則法第96条で審査請求人には閲覧請求権が認められているが、原処分庁には認められていないことから、処分庁側が閲覧したい資料を審判所から閲覧させてもらえるわけではない。処分庁としては、閲覧請求できるようにしてほしいという気持ちがある。また、国税不服審判所の第三者性が高まっている中で、そうした懸念が強まってきているところもある」

（審理手続の終結）
第97条の４　担当審判官は、必要な審理を終えたと認めるときは、審理手続を終結するものとする。
２　前項に定めるもののほか、担当審判官は、次の各号のいずれかに該当するときは、審理手続を終結することができる。
一　次のイからホまでに掲げる規定の相当の期間内に、当該イからホまでに定める物件が提出されない場合において、更に一定の期間を示して、当該物件の提出を求めたにもかかわらず、当該提出期間内に当該物件が提出されなかつたとき。
イ　第93条第１項前段（答弁書の提出等）　答弁書
ロ　第95条第１項後段（反論書等の提出）　反論書
ハ　第95条第２項後段　参加人意見書
ニ　第96条第３項（証拠書類等の提出）　証拠書類若しくは証拠物又は書類その他の物件
ホ　第97条第１項第２号（審理のための質問、検査等）　帳簿書類その他の物件
二　第95条の２第１項（口頭意見陳述）に規定する申立てをした審査請求人又は参加人が、正当な理由がなく、口頭意見陳述に出頭しないとき。
３　担当審判官が前２項の規定により審理手続を終結したときは、速やかに、審理関係人に対し、審理手続を終結した旨を通知するものとする。

本条は、迅速な処理および審理関係人の手続的権利を保障する観点から、新行審法41条（審理手続の終結）の創設と合わせて、改正国通法上も規定されたものである。

担当審判官は、必要な審理を終えたと認めるときは、審理手続を終結し（改正国通法97条の４第１項）、その旨を、速やかに、審理関係人に通知するものとされている（同条３項）。

また、以下に掲げる書類等が相当の期間内に提出されないことから、担当審判官が一定の期間を示して提出を求めたにもかかわらず、これに応じなかったときは、担当審判官は審理手続を終結することができ（改正国通法97条の４第２項１号）、終結したときは、その旨を速やかに審理関係人に通知する（同条３項）。

① 答弁書（改正国通法93条1項前段）

② 反論書（同法95条1項後段）

③ 参加人意見書（同法95条2項後段）

④ 証拠書類等（同法96条3項）

⑤ 担当審判官の質問検査権に基づく帳簿書類等（同法97条1項2号）

さらに、審査請求人または参加人が正当な理由なく口頭意見陳述に出頭しないときも同様に、担当審判官は審理手続を終結することができ（改正国通法97条の4第2項2号）、終結したときは、その旨を速やかに審理関係人に通知する（同条3項）。

（国税庁長官の法令の解釈と異なる解釈等による裁決）

第99条　国税不服審判所長は、国税庁長官が発した通達に示されている法令の解釈と異なる解釈により裁決をするとき、又は他の国税に係る処分を行う際における法令の解釈の重要な先例となると認められる裁決をするときは、あらかじめその意見を国税庁長官に通知しなければならない。

2　国税庁長官は、前項の通知があつた場合において、国税不服審判所長の意見が審査請求人の主張を認容するものであり、かつ、国税庁長官が当該意見を相当と認める場合を除き、国税不服審判所長と共同して当該意見について国税審議会に諮問しなければならない。

3　国税不服審判所長は、前項の規定により国税庁長官と共同して国税審議会に諮問した場合には、当該国税審議会の議決に基づいて裁決をしなければならない。

本条は、この度の新行審法に伴う整備法として改正されたものではなく、平成26年度税制改正（所得税法等の一部を改正する法律（平成26年法律第10号））により改正されたものであり、当該改正法は、平成26年3月31日に公布され、同年4月1日より施行されている。本条の改正は、平成26年度税制改正の大綱（平成25年12月24日閣議決定）においては、本書で解説している行審法の改正に伴う国税不服申立ての見直しの内容とセットで記載されており[18)]、先行的に改正・施

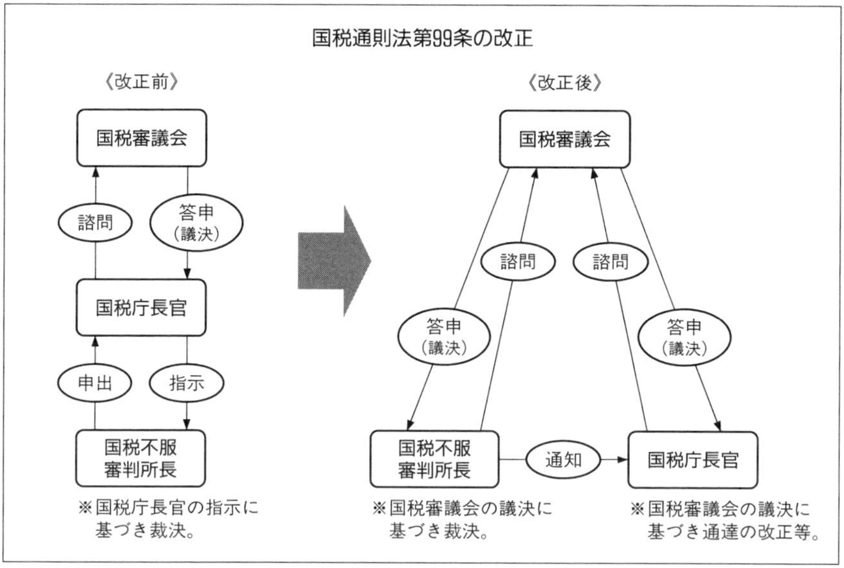

行されたものということができる。そこで、本書においても、かかる改正内容につき解説することとする。

〈改正の内容〉

本条は、国税不服審判所長が国税庁長官の法令解釈と異なる解釈による裁決または重要な先例となる裁決をするときの手続につき規定しているが、改正により、国税庁長官の国税不服審判所長に対する指示が廃止された。改正後の現行法では、国税不服審判所長は、あらかじめその意見を国税庁長官に通知し（国通法99条１項）、国税庁長官が国税不服審判所長の意見を相当と認める一定の場合を除き、国税庁長官および国税不服審判所長の連名で国税審議会に諮問し（同条２項）、国税審議会は双方に答申（議決）、その議決に基づいて、国税不服審判所長は裁決し（同条３項）、国税庁長官は通達の改正等を行うこととなる。なお、ここで、「他の国税に係る処分を行う際における法令の解釈の重要な先

18）　平成26年度税制改正の大綱（平成25年12月24日閣議決定）106～107頁参照。

国税通則法第99条に基づく意見申出事案の状況

1．国税不服審判所長の申出に対し、国税庁長官が当該意見を相当と認めたもの――9件

	裁決年月（審査請求年月）	処理期間	件名	意見申出の趣旨	結論
1	昭和46年9月（昭和44年2月）	2年8月	仮装経理に基因する減額更正に伴う法人税の還付について	法人税法第70条第1項は、解散している法人には適用されないから、仮装経理に基づく減額更正に伴う過誤納金を破産会社に即時還付すべきである。	所長意見通り（原処分の一部取消し）
2	昭和47年11月（昭和46年3月）	1年8月	外国人である被相続人に課されるべき国税の承継について	被相続人が外国人である場合の共同相続人の国税通則法第5条第2項の規定による納付義務の承継額は、民法の規定による相続分ではなく、法例第25条の規定により、被相続人の本国法による相続分により計算すべきである。	所長意見通り（原処分の一部取消し）
3	昭和49年3月（昭和47年2月）	2年1月	外国人である役員等の休暇帰国に当たって支給した旅費について	外国法人が外国人である役員及び使用人に支給した休暇帰国のための旅費は、外国法人の業務上必要な旅費に当たるから、賞与と認定した原処分は取り消されるべきである。	所長意見通り（原処分の全部取消し）
4	昭和54年9月（昭和54年3月）	6月	資産を取得するために要した借入金利子の取得費算入について	土地取得後、これを利用することなく譲渡した場合には、その土地の取得に要した借入金の利子は、当該土地の取得費に算入するのが相当である。	所長意見通り（原処分の全部取消し）
5	昭和54年9月（昭和54年3月）	6月	資産を取得するために要した借入金利子及び借入債務担保のための抵当権設定費用の取得費算入について	土地取得後、これを利用することなく譲渡した場合には、その土地の取得に要した借入金の利子及び借入債務担保のための抵当権設定費用は、当該土地の取得費に算入するのが相当である。	所長意見通り（原処分の一部取消し）
6	昭和55年12月（昭和53年10月）	2年2月	相続税における定期預金の評価について	相続税における定期預金の評価上、既経過利子の額の算定については、解約利率により算定した額から源泉所得税額を控除すべきである。	所長意見通り（原処分の全部取消し）
7	平成2年6月（昭和63年12月）	1年7月	既に居住している家屋の共有持分を追加取得した場合における住宅取得特別控除の適用について	共有持分権は、一個独立の所有権たる性質を有するものであって、通常の所有権と同じく目的物を使用・収益・処分する機能を持つものと解されるから、既に居住している家屋の共有持分の追加取得は、租税特別措置法第41条に規定する「既存住宅の取得」に当たる。	所長意見通り（原処分の一部取消し）
8	平成3年4月（昭和63年12月）	2年5月	代償分割が行われた場合の相続税の課税価格の計算について	裁判所における審判、調停、和解等により代償分割が行われ、かつ、その代償分割により金銭を交付する者が遺産分割により取得した財産で代償分割の対象になったものの代償分割時における通常取引価額を明確に把握することができるものについては、相続税の課税価格の計算上代償分割債権の価額の圧縮を認めるのが相当である。	所長意見通り（原処分の一部取消し）
9	平成21年2月（平成20年1月）	1年1月	居住用家屋の共有持分を追加取得した場合の住宅借入金等特別控除の取扱いについて	居住用家屋について、離婚による財産分与等により共有持分を追加取得した場合は、住宅借入金等特別控除の適用に当たり、「家屋を2以上有する場合」に該当せず、当初から保有していた共有持分と追加取得した共有持分のいずれについても住宅借入金等特別控除が適用されるべきである。	所長意見通り（原処分の全部取消し）

2．国税不服審判所長の申出に対し、国税庁長官が当該意見を不相当としたもの――0件

出所：行政救済制度検討チーム第8回会合「各府省提出意見・追加提出資料」8頁

例となると認められる裁決をするとき」とは、法令の解釈に関する国税庁長官通達が存在しない場合であって、裁決で採用しようとする法令の解釈が他の処分を行う際における重要な先例となると認められるときをいう（不服審査基本通達（審査請求関係）99-1）。

〈本条に基づくこれまでの意見申出事案の状況〉

昭和45年5月に国税不服審判所が設置されて以来、国通法99条が適用されたケースは9件であり（286頁参照）、そのすべてが国税不服審判所長の申出に対し国税庁長官が当該意見を相当と認めたものであり、国税不服審判所長の申出に対し国税庁長官が当該意見を不相当としたものは0件である。

（誤つた教示をした場合の救済）

第112条　国税に関する法律に基づく処分をした行政機関が、不服申立てをすべき行政機関を教示する際に、誤つて当該行政機関でない行政機関を教示した場合において、その教示された行政機関に対し教示された不服申立てがされたときは、当該行政機関は、速やかに、再調査の請求書又は審査請求書を再調査の請求をすべき行政機関又は国税不服審判所長若しくは国税庁長官に送付し、かつ、その旨を不服申立人に通知しなければならない。

2　国税に関する法律に基づく処分（再調査の請求をすることができる処分に限る。次項において同じ。）をした行政機関が、誤つて再調査の請求をすることができる旨を教示しなかつた場合において、国税不服審判所長に審査請求がされた場合であつて、審査請求人から申立てがあつたときは、国税不服審判所長は、速やかに、審査請求書を再調査の請求をすべき行政機関に送付しなければならない。ただし、第93条第3項（答弁書の提出等）の規定により審査請求人に答弁書を送付した後においては、この限りでない。

3　国税に関する法律に基づく処分をした行政機関が、誤つて審査請求をすることができる旨を教示しなかつた場合において、税務署長、国税局長又は税関長に対して再調査の請求がされた場合であつて、再調査の請求人から申立てがあつたときは、当該税務署長、国税局長又は税関長は、速やかに、再調査の請求書等を国税不服審判所長に送付しなければならない。

4　前2項の規定により審査請求書又は再調査の請求書等の送付を受けた行政機関又は国税不服審判所長は、速やかに、その旨を不服申立人及び参加人に通知しなければならない。
5　第1項から第3項までの規定により再調査の請求書又は審査請求書が再調査の請求をすべき行政機関又は国税不服審判所長若しくは国税庁長官に送付されたときは、初めから再調査の請求をすべき行政機関に再調査の請求がされ、又は国税不服審判所長若しくは国税庁長官に審査請求がされたものとみなす。

新行審法において、行政庁は、処分時に処分の相手方に対して不服申立てをすることができる旨ならびに不服申立先および不服申立期間を原則として書面で教示しなければならないこととされており（新行審法82条）、この取扱いは国税不服申立てにも適用される。この教示を誤った場合の救済措置に係る規定が、本条である。

まず、不服申立先を誤って教示し、その誤った不服申立先に不服申立てがされた場合は、当該不服申立てを受けた行政機関は、正しい不服申立先に、速やかに、不服申立書（再調査の請求書または審査請求書）を送付し、その旨を不服申立人に通知しなければならない、とされている（改正国通法112条1項）ことは基本的に現行法と同様である。

この度の改正では、再調査の請求が選択制とされた（改正国通法75条1項1号）ことに伴い、誤った教示をした場合の以下の2つの救済規定が新設されている。

まず、誤って再調査の請求をすることができる旨を教示しなかった場合において、審査請求がされており、答弁書の送付の前段階のときは、審査請求人からの申立てに応じて、国税不服審判所長は、速やかに、審査請求書を再調査の請求を受ける税務署長等に送付しなければならない（改正国通法112条2項）。

次に、誤って審査請求をすることができる旨を教示しなかった場合において、再調査の請求がされているときは、再調査の請求人からの申立てに応じて、再調査の請求を受けた税務署長等は、速やかに、再調査の請求書を国税不服審判所長に送付しなければならない（改正国通法112条3項）。

これらの送付を受けた税務署長等または国税不服審判所長は、速やかに、その旨を不服申立人および参加人に通知しなければならない（改正国通法112条４項）。

（国税庁長官に対する審査請求書の提出等）
第113条の２　第75条第１項第２号又は第２項（第２号に係る部分に限る。）（国税に関する処分についての不服申立て）の規定による審査請求をする場合における行政不服審査法第19条第２項（審査請求書の提出）の規定の適用については、同項第１号中「及び住所又は居所」とあるのは、「、住所又は居所及び国税通則法（昭和37年法律第66号）第124条第３項に規定する番号（当該番号を有しない者にあつては、その氏名又は名称及び住所又は居所）」とする。
２　第75条第２項（第２号に係る部分に限る。）の規定による審査請求は、当該審査請求に係る処分をした税務署長を経由してすることもできる。この場合において、審査請求人は、当該税務署長に審査請求書を提出してするものとする。
３　前項の場合には、同項の税務署長は、直ちに、審査請求書を国税庁長官に送付しなければならない。
４　第２項の場合における審査請求期間の計算については、同項の税務署長に審査請求書が提出された時に審査請求がされたものとみなす。
５　国税庁長官は、第75条第２項（第２号に係る部分に限る。）の規定による審査請求についての裁決をした場合には、裁決書の謄本を、審査請求人のほか、参加人及び当該審査請求に係る処分をした税務署長に送付しなければならない。

本条は、この度の改正で新設されたものである。国税庁長官に対する不服申立てについては、改正法においては、原則として、行審法の規定によることとされたところであるが（改正国通法80条２項）、本条は、審理手続以外の雑則的な手続について、国通法上に特別の定めを置くものである。

〈番号法への対応〉

行政手続における特定の個人を識別するための番号の利用等に関する法律（平成25年法律第27号）では、税務に関する全ての申告書、届出書および調書等に個人番号または法人番号を付することとされている（平成28年１月施行の見込み）。そこで、国税庁長官に対する審査請求書（新行審法の規定による）の記載事項にも番号を追加することとされた（改正国通法113条の２第１項）。

〈税務署長経由による国税庁長官に対する審査請求〉

国税庁長官に対する審査請求についても、不服申立人の便宜を図る観点から、改正国通法82条（改正内容は主として異議申立てが再調査の請求とされたことに伴う用語の整備にとどまるので、本書では解説を省略）に規定される税務署長経由による再調査の請求と同様の規定が置かれた（改正国通法113条の２第２項～４項）。

（不服申立ての前置等）

第115条　国税に関する法律に基づく処分（第80条第３項（行政不服審査法との関係）に規定する処分を除く。以下この節において同じ。）で不服申立てをすることができるものの取消しを求める訴えは、審査請求についての裁決を経た後でなければ、提起することができない。ただし、次の各号のいずれかに該当するときは、この限りでない。

一　国税不服審判所長又は国税庁長官に対して審査請求がされた日の翌日から起算して３月を経過しても裁決がないとき。

二　更正決定等の取消しを求める訴えを提起した者が、その訴訟の係属している間に当該更正決定等に係る国税の課税標準等又は税額等についてされた他の更正決定等の取消しを求めようとするとき。

三　審査請求についての裁決を経ることにより生ずる著しい損害を避けるため緊急の必要があるとき、その他その裁決を経ないことにつき正当な理由があるとき。

2　国税に関する法律に基づく処分についてされた再調査の請求又は審査請求について決定又は裁決をした者は、その決定又は裁決をした時にその処分についての訴訟が係属している場合には、その再調査決定書又は裁決書の謄本をその訴訟が係属している裁判所に送付するものとする。

本条は、国税不服申立てができる処分については、原則として審査請求の裁決を経た後でなければ取消訴訟を提起することができないこと、すなわち「審査請求前置主義」について規定している。

〈審査請求前置主義の存置〉

この度の行政不服審査制度の見直しでは、不服申立構造の見直しの一環として、不服申立前置主義をとる様々な個別法の規定についても、所要の見直しが行われている（個別法96のうち68法律で廃止ないし縮小)。この不服申立前置の見直しにあたって、次のようなものについては不服申立前置を存置することとされている[19]。

① 不服申立ての手続に１審代替性（高裁に提訴）があり、国民の手続負担の軽減が図られている場合

② 大量の不服申立てがあり、直ちに出訴されると裁判所の負担が大きくなると考えられる場合

③ 第三者的機関が高度に専門技術的な判断を行う等により、裁判所の負担が低減されると考えられる場合

国通法については、このうち②の基準に該当するので、審査請求前置主義は、存置されることとされた（改正国通法115条１項)。

なお、この不服申立前置の見直しによって、二重前置（21法律）については全て解消されており、改正国通法75条の項で解説したように、国通法上の異議申立前置主義についても廃止されている（従来の異議申立てに代わる再調査の請求は選択制)。

〈改正の内容〉

現行法上の国税庁長官に対する異議申立てが廃止されたこと（行審法上の審

19）「見直し方針」16～18頁参照。

査請求に一元化）および異議申立前置主義が廃止され新たな再調査の請求は選択制とされたことに伴う所要の整備がなされている。

> 行政不服審査法の施行に伴う関係法律の整備等に関する法律（平成26年法律第69号）
>
> 附　則
>
> （施行期日）
>
> 第1条　この法律は、行政不服審査法（平成26年法律第68号）の施行の日から施行する。

国通法を含む関係法律の施行期日は、原則として、新行審法の施行日である。新行審法の施行期日は、公布の日から起算して2年を超えない範囲内において政令で定める日である（新行審法附則1条本文）。施行期日を定める政令は、現時点では公布されていないが、新行審法は平成26年6月13日に公布されているので、平成28年度から新制度に移行することになるものと思われる。

事項索引

◆著者紹介

橋本 博之（はしもと　ひろゆき）
東京大学法学部卒業
現在　慶應義塾大学大学院法務研究科教授
著書　『行政法解釈の基礎』（日本評論社・2013）、『行政判例ノート〔第３版〕』（弘文堂・2013）、『行政法〔第４版〕』（弘文堂・2013、共著）、『行政判例と仕組み解釈』（弘文堂・2009）、『要説行政訴訟』（弘文堂・2006）、『行政救済法〔第２版〕』（弘文堂・2015、共著）、『現代行政法〔第２版〕』（有斐閣・2006、共著）、『解説改正行政事件訴訟法』（弘文堂・2004）、『行政訴訟改革』（弘文堂・2001）、『行政法学と行政判例』（有斐閣・1998）など

青木　丈（あおき　たけし）
千葉商科大学大学院政策研究科博士課程修了（博士〔政策研究〕）
2009年11月から2013年１月まで、内閣府行政刷新会議事務局上席政策調査員、総務省行政管理局企画官等を歴任。
現在　税理士、千葉商科大学大学院商学研究科客員教授、青山学院大学大学院法学研究科非常勤講師、行政管理研究センター客員研究員、日本税理士会連合会規制改革対策特別委員会委員。
著書　『税理士事務所のマイナンバー完全マニュアル』（ぎょうせい・2015）、『税理士は必ずおさえておきたい！　マイナンバー制度の実務ポイント』（清文社・2015、共著）、『こう変わる！　国税不服申立て』（ぎょうせい・2014）、『税法で読み解く！　法令用語と立法の基礎知識』（税務経理協会・2013）、『法的紛争処理の税務　下巻〔第３版〕』（民事法研究会・2009、共編著）、『税務争訟ガイドブック』（民事法研究会・2008、共編著）、『事例で学ぶ租税争訟手続』（財経詳報社・2006、共編著）など

植山 克郎（うえやま　かつろう）
東京大学法学部卒業
総務庁に入り、内閣府賞勲局審査官、内閣府参事官（共生社会政策国際担当）、福岡大学教授、総務省行政管理局企画調整課行政手続・制度調査室長、同局管理官（行政通則法担当）等を歴任。
現在　総務省統計局統計調査部調査企画課長

新しい行政不服審査制度

2014（平成26）年11月30日　初版1刷発行
2015（平成27）年9月15日　同　2刷発行

著　者　橋本博之・青木　丈・植山克郎
発行者　鯉　渕　友　南
発行所　株式会社　弘　文　堂　101-0062 東京都千代田区神田駿河台1の7
TEL 03(3294)4801　振替 00120-6-53909
http://www.koubundou.co.jp

装　丁　松　村　大　輔
印　刷　港北出版印刷
製　本　井上製本所

ISBN978-4-335-35600-1